21世纪高等学校经济管理系列规划教材

# 国际金融学

徐晓慧 编

中国财经出版传媒集团
中国财政经济出版社

图书在版编目（CIP）数据

国际金融学／徐晓慧编．—北京：中国财政经济出版社，2016.8
21世纪高等学校经济管理系列规划教材
ISBN 978-7-5095-6840-8

Ⅰ.①国…　Ⅱ.①徐…　Ⅲ.①国际金融学-高等学校-教材　Ⅳ.①F831

中国版本图书馆CIP数据核字（2016）第151908号

责任编辑：张若丹　　　　　　　　责任校对：胡永立
封面设计：汪俊宇

中国财政经济出版社 出版

URL：http：//ckfz.cfeph.cn
E-mail：ckfz@cfeph.cn
（版权所有　翻印必究）
社址：北京市海淀区阜成路甲28号　邮政编码：100142
营销中心电话：010-88190406
天猫网店：中国财政经济出版社旗舰店
网址：https://zgczjjcbs.tmall.com
北京财经印刷厂印刷　各地新华书店经销
710×1000毫米　16开　13印张　260 000字
2016年8月第1版　2016年8月北京第1次印刷
定价：35.00元
ISBN 978-7-5095-6840-8／F·5501
（图书出现印装问题，本社负责调换）
质量投诉电话：010-88190744
打击盗版举报热线：010-88190492、QQ：634579818

# 前言

开放经济条件下,国际金融领域的理论与实践与一国经济发展关系最为密切,学习国际金融学可以使学生掌握国际金融的基本概念与原理,理解跨国界的金融相关理论,认识国际金融市场的演变规律,具备国际金融实务操作的初步知识,培养学生对国际金融实际问题的基本分析能力,这符合创新型人才培养的整体目标和任务。

在全球经济一体化的影响无处不在的今天,不了解全球金融领域的基本运行规律、不了解国家之间金融合作的理论依据的大学生,其知识体系将难以满足社会对人才的全方位需求。

从课程设置来看,国际金融学不仅是经济学门类相关专业,也是管理学门类诸多专业本科学生的一门重要课程,还有一些非经管类专业的学生也会通过选修学习国际金融学这门课。

本教材内容设置主要着眼于以下教学和人才培养目标:

第一,提高学生在国际金融学科方面的知识和理论素养,使学生具备国际金融学的思维理念和思考方法。

第二,使学生对国际金融领域的基本构架与运行模式等有较全面的认识和理解。

第三,使学生具备认识和分析国际金融问题的思路,培养解决国际金融实际问题的能力。

全书为九章,主要是为满足课程设置在48课时及48课时以下《国际金融学》的教学需要。

本教材主要适用对象是各高校非金融专业的本科学生,也可供从事国际金融、国际贸易行业的工作人员以及其他国际金融学爱好者学习使用。

本教材在编写过程中力求做到以下几点:

第一,脉络清楚,结构合理,注重章节之间知识的逻辑关系。

第二，突出讲清重点问题，不求面面俱到。

第三，理论与实际紧密结合，给读者呈现新数据、新案例。

第四，本教材对2015年以来我国国际金融领域的一些新动态予以关注，包括我国国际收支平衡表新的编制规则的采用、人民币加入特别提款权篮子货币、2015年8月最新的人民币汇率改革、人民币离岸市场的发展以及英国公投"脱欧"等问题，本教材都结合理论进行了阐述，这些都是较新的内容。

在本教材编写过程中，编者吸收、借鉴、参考了众多国际金融学前辈、学者以及同仁的著作、教材和文章，在此表示衷心的感谢。由于篇幅所限以及编者疏漏，参考资料可能未全部列入参考文献，同时致以深深的敬意及歉意。

感谢李磊、张若丹编辑等中国财政经济出版社的工作人员对本书出版的支持，感谢张若丹编辑对本书提出的诸多宝贵的修改建议。

由于编者水平有限，书中的错误和疏漏在所难免，恳请同行专家、学者和广大读者提出宝贵意见和建议，以便我们今后进一步修订完善。

编　者

2016年7月

# 目 录

导论 ……………………………………………………………………（ 1 ）

**第一章　外汇与汇率** ……………………………………………（ 9 ）
　　第一节　国际货币概述 ……………………………………（ 9 ）
　　第二节　外汇 ………………………………………………（ 13 ）
　　第三节　汇率 ………………………………………………（ 15 ）

**第二章　国际货币体系** …………………………………………（ 24 ）
　　第一节　国际货币体系概述 ………………………………（ 24 ）
　　第二节　国际金本位制 ……………………………………（ 25 ）
　　第三节　布雷顿森林体系 …………………………………（ 30 ）
　　第四节　牙买加体系 ………………………………………（ 35 ）

**第三章　国际收支** ………………………………………………（ 41 ）
　　第一节　国际收支 …………………………………………（ 41 ）
　　第二节　国际收支平衡表的编制 …………………………（ 43 ）
　　第三节　国际收支平衡表的分析 …………………………（ 53 ）
　　第四节　国际收支失衡的原因及调节 ……………………（ 57 ）

**第四章　汇率的决定与汇率变动** ………………………………（ 74 ）
　　第一节　汇率的决定 ………………………………………（ 74 ）
　　第二节　汇率的变动 ………………………………………（ 79 ）
　　第三节　汇率决定理论 ……………………………………（ 88 ）

**第五章　外汇市场与外汇交易** …………………………………（ 97 ）
　　第一节　外汇交易的场所——外汇市场 …………………（ 97 ）

第二节　外汇交易基本业务 ·················································· (105)
　　第三节　外汇期货和外汇期权 ·············································· (112)
　　第四节　货币互换 ····························································· (118)

# 第六章　外汇风险及管理 ·················································· (124)
　　第一节　外汇风险的概念与分类 ·········································· (124)
　　第二节　外汇风险的管理 ··················································· (128)

# 第七章　国际储备 ····························································· (133)
　　第一节　国际储备的性质 ··················································· (133)
　　第二节　国际储备的构成 ··················································· (136)
　　第三节　国际储备的管理 ··················································· (140)

# 第八章　汇率制度与外汇管制 ············································ (150)
　　第一节　汇率制度 ···························································· (150)
　　第二节　外汇管制 ···························································· (158)
　　第三节　我国的汇率制度与外汇管理 ···································· (166)

# 第九章　国际金融市场 ······················································ (174)
　　第一节　国际金融市场概述 ················································ (174)
　　第二节　国际货币市场、资本市场与黄金市场 ························ (180)
　　第三节　欧洲货币市场 ······················································ (183)
　　第四节　人民币离岸市场 ··················································· (188)

# 主要参考文献 ···································································· (197)

# 导 论

**【学习目标】**
1. 了解国际金融学的产生和发展。
2. 理解国际金融学的概念。
3. 了解国际金融学发展的新动向。
4. 熟悉国际金融学课程的内容体系。

## 一、国际金融学概述

（一）国际金融学的产生与发展过程

随着世界经济的发展，国际贸易呈加快发展之势，相应的，有关外汇、汇率和国际结算等方面的问题就有了研究的必要。

1776年，亚当·斯密出版了《国富论》，在这部经济学的开山之作里，有别于以往缺乏系统理论的重商主义思想，斯密论述了国与国之间开展国际贸易的原因——绝对比较优势，在此基础上，相对比较优势理论、要素禀赋论等传统国际贸易理论随之产生。绝对比较优势理论解释了国际贸易最初的原因。随后全球国际贸易规模迅速扩大，尤其是当时经济发展水平较高的英国、法国等国家在国际贸易中积累了大量财富。当然，我们今天并不是要深入论述国际贸易的发展。我们要说明的是，正是有了国际贸易以及在此基础上发展的国际投资、国际借贷——更广义地说，我们可概括地称之为国际收支，国与国之间的货币兑换、结算、支付等与货币密切相关的问题越来越多地需要进行专门研究。

可以假想一下，如果各国使用的是同一种货币，则国际贸易与国内贸易无异，通过同一种货币发挥价值尺度、流通手段、储藏手段和支付手段等职能，就可以使贸易等经济活动顺利开展。问题是，国际贸易产生之初，各国都普遍发行自己的货币，比如说，甲国和乙国之间现在有一笔国际贸易产生，甲国向乙国出口一大宗商品，乙国在约定的时间向甲国支付双方协商一致的货款。如果双方在贸易开展之前，先订立一项合同（实际上先签订合同是国际贸易的常态），思考一下，应该以哪种货币作为合同货币？该货币与甲国、乙国货币之间的兑换关系是什么？该合同货币在交割（实际支付货币）之日是否保持金额不变，还是应该参照某些货币的汇率进行变动？在国际贸易中，进口商和出口商可以选择哪些交易类型来减少由于汇率变动带来的风险？在学习了《国际金融学》之后，这些问题都可以迎刃而解。

## (二) 国际金融学科的发展阶段

从学科发展来看,"国际金融学"作为一门独立的学科距今不过 30 多年的时间。20 世纪 40 年代,国际贸易学发展成了国际经济学,其中包括了国际贸易和国际金融两大块内容,这也体现了实际中国际金融与国际贸易二者之间密不可分的关系。此后,随着国际经济的进一步发展,一系列国际金融问题都需要深入研究。第二次世界大战后建立的布雷顿森林体系由于自身存在固有的缺陷,从产生之初就问题不断。尤其是 20 世纪 70 年代以来,一方面,国际债务问题凸显出来。石油危机使诸多发展中国家和最不发达国家陷入债务危机,这些国家如何偿还贷款本息?如何对这些国家提供资金融通?这对国际货币基金组织(IMF)提出了更高的要求。另一方面,牙买加体系的最终确立使浮动汇率合法化,在国际资本流动加快、外汇交易规模不断扩张的同时,国际金融市场外汇风险随之加大,保值外汇交易和投机外汇交易活跃了起来,外汇风险管理也成了一个新的课题。如此复杂的研究内容,国际经济学已经很难包容了,国际金融开始成为一门相对独立的学科。从 20 世纪 80 年代开始,西方国家开始编写独立的国际金融教科书。

## (三) 国际金融学的研究对象

了解了国际金融学科的发展过程,接下来我们要探讨的问题是,国际金融的研究对象是什么?对此,不同学者从不同角度进行了界定。这里主要呈现两种代表性的观点。

定义一(北京大学,易纲①):国际金融学研究的是跨国界的货币、资金、融通和信用问题。

这个概念对接触过金融学的同学来说并不陌生。金融学,概括地说,是研究货币流通和信用活动以及与之相联系的经济活动的总称。上述定义以国家为分界点,强调了国际金融学对"跨越国界"的与货币相关的问题的研究。换言之,这一概念认为国际金融学是金融学的延伸。

接下来再看另一个角度的定义。

定义二(复旦大学,姜波克②):国际金融学是从货币金融角度研究开放经济条件下内外均衡目标同时实现的问题的一门学科。

该定义与一国宏观经济的政策调控目标密切相关。开放经济条件下,一国宏观经济政策调控的四大目标包括:经济增长、充分就业、物价稳定及国际收支平衡。其中,国际收支平衡是与国际金融研究领域直接相关的内容。该定义阐明了开放经济条件下,一国在处理居民与非居民之间货币金融相关问题以及采取相关调控政策时的目标指向。

结合国际金融学科研究的主要内容,可以对国际金融学的内容作一个初步的、

---

① 现任中国人民银行党委委员、副行长。
② 复旦大学教授,国际金融学领域知名的国内学者。

概括的定义：国际金融学是研究国家间货币运动规律的一门科学，是对国际收支、国际货币制度、国际信用、国际金融市场交易和国际金融机构等理论与实践的科学概括。从一国角度出发，国际金融学的研究目的是在开放经济条件下同时实现经济内外均衡的目标。

### 二、国际金融发展新动向

当前国际金融发展的主要动向有：国家间贸易不平衡的加剧、国际收支统计体系改革的深化、世界金融市场一体化进程的加速、汇率波动加剧了投机、国际金融危机频发等。欧洲货币同盟及欧元问题、发展中国家汇率制度的选择、国际货币体系改革等问题凸显。

全球金融一体化的加深，也给这个新时代带来了全新的问题，经济联系的加强使经济危机、金融危机传播速度加快、传播范围加大，影响也更加深远。一国债务危机的解决需要多个国家的合作及国际组织的协调，问题解决起来更加棘手。我们引入几个案例让大家有一些更直观的认识。

1. 案例一：美国次贷危机引发的全球经济危机

用美联储前主席格林斯潘的话说，美国2008年遭遇的金融危机超过了1929年的大萧条。从年初开始，房市雪崩，金融业航母一艘一艘地沉没，例如华尔街第五大投资银行贝尔斯登以及美国抵押贷款债券业务上连续40年独占鳌头、有着158年历史的雷曼兄弟公司等都陷入危机。

股市大幅下挫，石油期货价格从夏天的每桶147美元俯冲到47美元，而失业则像瘟疫一样蔓延。美国的这场危机给世界其他国家和地区带来的不利影响也十分明显。危机在全球范围内传播，在之后七八年的时间里，很多国家都尚未从危机的阴霾中走出来。

2. 案例二：世界金融历史上最大的金融欺诈案——麦道夫诈骗案

2008年12月11日，美国纳斯达克股票市场公司前董事会主席伯纳德·麦道夫因涉嫌欺诈被捕。检方指控麦道夫通过操纵对冲基金致使投资者损失超500亿美元。

而美国《华尔街日报》2008年12月13日报道，麦道夫欺诈案受害者包括美国多家公司和欧洲、日本众多投资者，其中国际投资大行如法国巴黎银行、日本野村证券、瑞士银行等均可能蒙受损失。

实际上，麦氏欺诈手法并不新鲜——用高额回报引诱投资者，同时用后来投资者资金偿付前期投资者。然而，上当受骗者中却不乏美国投资老手和金融巨头。

麦道夫2009年6月29日被纽约南区联邦法院判处150年监禁。

3. 案例三：欧洲主权国家债务危机

欧洲主权债务危机是以主权债务危机的形式出现的国家债务问题。该问题起源于国家信用，即政府的资产负债表出现问题，也就是政府入不敷出，政府最初可能会靠对外借债来缓解收入的短缺，但这只是治标不治本，国家经济的生产性出现问题，而支出又不减少，在新的一轮财政周期中问题同样出现。借债是要偿还的，当政府无力偿还外债时，政府的信用评级就会下降，政府再举借外债已无门，而财政收入与财政支出之间的结构调整又不是短期可以解决的，政府陷入僵局，我们称之为债务危机。欧洲国家的主权债务危机有其历史、体制和自身的原因，但最根本的原因是这些国家的经济失去了"生产性"。以希腊为例，在希腊发生的金融危机严重影响居民消费，导致经济下滑，货币高估使得出口始终较差，而没有灵活的货币政策，政府不得不依靠投资和消费拉动经济，赤字不断累积。赤字与出口下滑的恶性循环最终使得希腊的主权信用风险逐步积累，并在本次债务危机中完全暴露出来。

欧盟欧元区的几个成员国相继陷入国家债务危机，使人们开始思考主权国家内部的改革与保持欧元币值稳定的双重挑战问题。

欧洲联盟（European Union，EU，简称欧盟），现有成员国包括：法国、德国、意大利、荷兰、比利时、卢森堡、英国①、丹麦、爱尔兰、希腊、西班牙、葡萄牙、奥地利、瑞典、芬兰、塞浦路斯、匈牙利、捷克、爱沙尼亚、拉脱维亚、立陶宛、马耳他、波兰、斯洛伐克、斯洛文尼亚、罗马尼亚、保加利亚。

其中，债务危机比较严重的国家主要有葡萄牙、意大利、爱尔兰、希腊和西班牙等国家，在互联网或报刊上有时会看到"欧猪五国"（PIGS）这一戏称，其实就是借指发生债务危机的这五个国家——"PIGS"取自葡萄牙（Portugal）、意大利（Italy）、爱尔兰（Ireland）、希腊（Greece）和西班牙（Spain）这五个国家的首字母。其中，又以希腊的债务危机最为严重。

主权国家债务危机问题，仅靠发生危机的一国或欧盟自身的力量已经难以解决，为应对危机，国际货币基金组织牵头组织了欧盟内部的德国、英国、法国等国家、美国等其他发达国家以及以"金砖五国"为代表的发展中国家的多方力量共同磋商商议，提出了一些解决方案，但方案的落实需要时间，更为重要的是发生债务危机的国家的改革进程不是一蹴而就的。

4. 案例四：人民币汇率问题

近些年，尤其是2010年10月以来，欧美对人民币汇率升值的加压不断升级。在美国众议院2010年9月通过《汇率改革促进公平贸易法案》后，欧洲部分国家和美国高层轮番表态，就人民币低估问题向中国发难，向人民币汇率施压的局面已由美国"独唱"逐渐演变为多国组成的"大合唱"。

中国人民银行行长周小川表示，中国会抵制美国和欧洲就人民币汇率问题施加的压力，人民币汇率短期内不会出现快速升值。周小川说："中国的人民币汇率会在市场供需基础之上找到恰当的平衡点。"他还表示："这是一个渐进的过程，不同于任何类型一步到位的休克疗法。"

---

① 当地时间2016年6月23日，英国就是否留在欧盟举行全民公投。最终脱欧阵营以51.9%的得票率获胜，这使得英国成为历史上第一个通过公投退出欧盟的国家。不过根据《里斯本条约》的规定，英国最快也要等到2018年才可能真正离开欧盟。英国"脱欧"事件具体参见导论中的"案例六"。

5. 案例五：巴林银行倒闭案

巴林银行是创建于1763年的英国老牌贵族银行，Nick Leeson未经授权，在新加坡国际货币交易所（SIMEX）从事东京证券交易所日经225股票指数期货合约交易失败，致使巴林银行亏损6亿英镑，这远远超出了该行的资本总额（3.5亿英镑）。

1995年2月26日，英国中央银行英格兰银行宣布：巴林银行不得继续从事交易活动并将申请资产清理。10天后，这家拥有233年历史的银行以1英镑的象征性价格被荷兰国际集团收购。这意味着巴林银行彻底倒闭。但荷兰国际集团继续以"巴林银行"的名字接手经营。

巴林银行之所以倒闭，是因为它有一个致命的弱点，就是让Leeson既直接从事交易又担任交易负责人，两种职能未能完全分开。而监督巴林银行的英格兰银行却没有发现这个致命的弱点，这是巴林银行倒闭的一个主要原因。

巴林银行的倒闭，还在于Leeson下注的不是一般的金融产品，而是国际金融衍生产品，金融衍生产品的特点在于可以用少量的保证金做大笔交易，若运用得当，可以获取高收益，运用不当，将损失惨重。而在国际金融市场进行相关操作，由于汇率波动的不可控因素增加，风险更大。

6. 案例六：英国举行全民公投退出欧盟

2016年6月23日，英国就是否留在欧盟举行全民公投，随后，英国公投382个投票区计票最终结果显示，51.9%的民众选择支持脱离欧盟。

尽管此前英国将就是否"脱欧"举行全民公投的事件引起了全世界的广泛关注，但结果公布后，还是在全球范围内带来了巨大轰动效应：英国"脱欧"不仅重创了英国金融市场，导致英镑兑美元汇率暴跌8.9%，英镑汇率创30年来新低，而且也引发了全球金融市场的震荡和不安。欧美股市前景暗淡，亚洲股市也应声下跌。

随后，英国首相卡梅伦宣布辞去首相一职。卡梅伦于2015年在首相竞选中获得连任，本来任期到2020年才结束，卡梅伦在任期内曾主张推进欧盟改革，他表示自己已经"尽心竭力"。伦敦当地时间2016年7月13日，特雷莎·梅正式就任英国新首相。

英国"脱欧"是对欧洲一体化进程的重大打击，是对区域经济一体化的巨大挑战，让人们不得不反思地区一体化的实现机制问题。欧洲主权国家债务危机爆发以来，欧盟制度本身的缺陷已经开始暴露，即统一的货币和分散的财政制度之间具有不可调和的矛盾。英国"脱欧"也将欧洲各国之间文化的差异、责任和利益分配的不对等以及各国政治经济理念的分歧等具体问题暴露了出来。

从经济层面来说，英国退出欧盟对欧盟是不小的打击。英国是世界第五大经济体，在欧盟内部，英国是仅次于德国的第二大经济体，英国GDP占欧盟GDP的比例约为18%，英国对欧盟委员会会费的贡献率也居于前列，根据欧洲委员会统计，2015年欧盟预算1450亿欧元，其中德国贡献21.36%，法国贡献15.72%，英国排名第三，贡献 12.57%，约为 182.3 亿欧元。此外，英国"脱欧"也将会对欧盟在国际舞台的影响力、话语权等产生至关重要的影响。

英国"脱欧"对英国自身来说，不能轻易判断利弊。从公投结果来看，支持"脱欧"和"留欧"的比例非常接近，而且从公投前的民意调查显示，支持"留欧"的比例占 52%，超过了支持"脱欧"的比例，公投结果出乎很多人的意料。有媒体评论说，卡梅伦在各方压力下启动了公投，却又因公投的结果把自己逼入绝境，这是他始料未及的。"脱欧"公投也掺杂着英国国内的党派之争，在"脱欧"公投中，近些年崛起的独立党①无疑是最大的受益者，而传统的两大党派保守党和工党则处境尴尬。但在英国公投结果出来不久，独立党领袖法拉奇于当地时间 2016 年 7 月 4 日提出辞职，被批"不负责"，也使英国"脱欧"的进程增加了更多的不确定因素。

英国"脱欧"绝不是出于偶然，回顾英国在欧洲一体化进程中的立场和与之相关的关键事件，可以看出英国"脱欧"的历史渊源。

1957 年，法国、联邦德国、意大利、荷兰、比利时和卢森堡 6 个国家发起成立欧共体，英国并不在最初的发起国之列，英国一直在观望。1961 年 8 月，英国政府首次提出加入欧共体的申请，但过程曲折，期间遭到了以法国总统戴高乐为首的欧共体领导人的反对。英国两次申请，两次被拒绝，直到 1973 年 1 月，英国才和爱尔兰和丹麦一起正式成为欧共体成员国。英国成功入欧后，国内"疑欧"情绪并未缓解，1975 年，英国在加入欧共体后不久就举行过一场"脱欧"公投，虽结果是留下，但之后"疑欧"情绪仍在英国社会存在和发酵。

1992 年，欧洲货币危机的爆发使英国与欧盟渐行渐远。1992 年，欧盟通过了《马斯特里赫特条约》（简称"马约"），决定在 1999 年 1 月 1 日开始实行单一货币欧元，同时规定欧盟成员国的货币实行联合浮动汇率。此时正值东西德统一，德国经济繁荣，马克升值，马克利率提高，过高的马克利率引起了外汇市场出现抛售英镑、里拉等货币而抢购马克的风潮，除了马克，其他欧盟国家的货币面临贬值，英镑和里拉汇率大跌，贬值最厉害，英格兰银行损失数十亿美元。英镑被迫自由浮动，退出联合浮动汇率制。也正是因为这次货币危机，1993 年"马约"正式生效时，"马约"赋予了英国政府自行决定是否在 1999 年加入欧元区的权利。

1999 年欧元正式诞生，2002 年 1 月 1 日起，欧元纸币和硬币正式流通，但英国选择了和瑞典和丹麦一样，暂不加入欧元区。在欧元正式流通后英国进行的第一次民调显示，只有 21% 的人认为英国应该加入欧元区，而 73% 的英国人反对加入。直到今天，这三个欧盟国家始终没有加入欧元区。

欧洲主权国家债务危机的爆发进一步恶化了英欧关系的外部环境和内部格局，

---

① 英国独立党是英国持有"疑欧主义"的右翼政党，成立于 1993 年。2009 年，首次获得欧洲议会席位；2014 年 5 月，在欧洲议会选举中成为欧洲议会中英国第一大党。在 2015 年英国大选中，独立党获得总票数仅次于保守党和工党，是英国的第三大党。

英国疑欧之心快速发酵,英国脱欧的脚步也加快了。

2013年1月23日,卡梅伦就英国与欧盟关系前景发表讲话,表达了英国对非欧元区国家遭受欧债危机拖累的不满以及对欧洲一体化进程可能损害英国利益的担忧。他承诺如果其领导的保守党赢得2015年大选,将在2017年年底前举行"脱欧"公投,以回应保守党和极右翼政党英国独立党日益高涨的"脱欧"呼声。成功连任后,卡梅伦在2015年11月10日就英国留在欧盟的条件发表演讲,提出了改革欧盟的四个目标。他表示,如果这些条件得不到满足,将不排除英国通过公投脱离欧盟的可能性。

英国的政治文化一贯倾向于保障自由、减少管制。这可能是英国"脱欧"的深层原因。但当公投真的启动,"脱欧"结果出来的时候,英国已是"箭在弦上,不得不发"。

即便如此,英国"脱欧"的进程也要经历相对漫长的时间。《里斯本条约》①第50条规定:任何成员国需至少提前两年通知欧洲理事会其要脱离欧盟的意愿。在这两年内,退出方将与欧盟其他成员国谈判退出协议,协议内容将主要涉及退出条款以及退出后之间的关系。协议生效之前,英国将继续遵守欧盟的各项条款,但在立法和决议上将不再拥有任何话语权。

截至2016年7月,《里斯本条约》第50条还未启动。英国新任首相特雷莎·梅称,在启动《里斯本条约》第50条之前,英国需花费时间明确其目标和方向。而欧盟也表示,在英国"脱欧"官方程序启动之前,欧盟不会就英国"脱欧"和英国开展谈判。这意味着英国离正式退欧至少还有两年时间。

总体来看,英国"脱欧"对欧洲地区的稳定是不利因素,对欧洲一体化的进程也是一个打击。对英国来说,"脱欧"的利弊如何短期内很难显现。

### 三、课程主要内容

本书主要内容包括以下章节:第一章,外汇与汇率;第二章,国际货币体系;第三章,国际收支;第四章,汇率的决定与汇率变动;第五章,外汇市场与外汇交易;第六章,外汇风险及管理;第七章,国际储备;第八章,汇率制度与外汇管制;第九章,国际金融市场。

需要说明的是,"国际货币体系"这一章节的内容在很多教材里放在比较靠后的位置,笔者在本书把其放在比较靠前的章节,是因为笔者在多年的教学过程中发现,先给学生厘清国际货币体系的发展演变过程,便于学生理解储备资产的构成、汇率的形成机制以及国际收支的调节机制等内容。

---

① 《里斯本条约》是在原《欧盟宪法条约》的基础上修改而成,经欧盟成员国全体同意后生效,于2009年12月1日正式实施,是有关欧洲一体化发展的最新条约。

### 四、学习国际金融等的意义

开放经济条件下,国际金融领域的理论与实践与一国经济发展关系最为密切,学习国际金融可以使学生掌握国际金融的基本概念与原理,理解跨国界的金融相关理论,认识国际金融市场的演变规律,具备国际金融实务操作的初步知识,培养学生对国际金融实际问题的基本分析能力,这符合创新型人才培养的整体目标和任务。在全球经济一体化步伐日益加快的今天,不了解全球金融领域的基本运行规律、不了解国家之间金融合作的理论依据的本科毕业生,其知识体系将难以满足社会对人才的需求。

在国际金融课程的学习过程中,其人才培养目标主要有以下几个方面:

第一,使学生对国际金融的基本构架与运行范式、国际金融交易等有较全面的认识和理解。

第二,使学生具备认识和分析国际金融问题的思路和方法,培养解决国际金融实际问题的能力。

第三,使学生熟悉外汇交易的基本类型,初步掌握外汇交易的规则和程序。

第四,使学生树立国际金融意识和全新的国际金融理念,提高学生在国际金融学科方面的理论和知识素养。

## 课后复习题

1. 国际金融学学习的主要内容是什么?
2. 关注最近一周内国际金融领域发生的热点事件并进行简单分析。

# 第一章

# 外汇与汇率

【学习目标】
1. 理解国际货币的职能。
2. 掌握外汇的概念,理解外汇的特征和分类。
3. 掌握汇率的概念和标价法。
4. 理解汇率的分类,掌握交叉汇率的计算方法。

## 第一节 国际货币概述

### 一、国际货币职能的产生

在理解国际货币之前,先思考一个问题,货币的五大职能是什么?学过金融学的同学对这个问题都很容易给出答案。货币的职能也就是货币在人们的经济生活中所承担的角色和发挥的作用。在商品经济的条件下,货币具有五大职能:价值尺度、流通手段、贮藏手段、支付手段和世界货币。其中,价值尺度和流通手段是货币的基本职能,其他三种职能则是在商品经济发展的过程中陆续出现的。

货币的最后一个职能是世界货币,即在全球市场发挥作用。世界货币的作用主要包括以下几个方面:第一,作为结算手段,使国际收支的相关交易顺利进行,例如用来购买外国的商品、收取出口商品的货款或作为国际投资的支付手段等;第二,作为储备资产被各国政府或私人部门储存起来,以备不时之需;第三,是一国政府在干预本国外汇市场、影响本国货币的汇率走势时可以支配使用的某种资产。

严格来说,能够充当世界货币的只有金和银,包括国际金本位制度下的金币和银币,因为黄金和白银作为贵金属,其价值是被普遍接受的。现行的牙买加体系下,黄金非货币化,也就是货币与黄金脱钩,各国都发行纸币,纸币本身没有价值,各国均以法律赋予纸币法定的购买力。但超出国界的居民和非居民之间的经济交易,应该由哪些货币来充当"世界货币"呢?

实际上,在纸币本位制度下,没有哪一个国家发行的哪一种货币是被所有国家普遍接受的，因为纸币本身没有价值，纸币的购买力和清偿力需要以发行该货币国家的经济实力为后盾。因此，世界货币的职能逐渐由一些特定的"国际货币"来执行，发行这些货币的国家通常经济较为发达，对外经济参与度高，国内金融体系较为稳定，世界市场对该国货币的信心较高，多数国家愿意在国际贸易和投资中使用这些货币，并愿意储存其中的几种货币作为储备资产。

**二、国际货币的层次**

按照国际货币职能的延伸，国际货币分为四个层次，国际结算货币、国际储备货币、国际干预货币和国际关键货币。四个层次之间是递进关系，也就是说通常只有具备了前一个或几个职能，才能承担更进一步的职能。

（一）国际结算货币

顾名思义，所谓国际结算货币是指在居民与非居民之间的经济交易中，可用作计价以及支付的货币。例如，国际贸易合同中的计价货币、国际投资或国际借贷等所使用的货币。国际结算货币并不一定是各国所普遍接受的货币，但却是被一些国家在国际收支中经常使用的特定国的货币。

曾经承担或正承担着国际结算职能的货币主要有：美元（USD）、加拿大元（CAD）、欧元（EUR）、英镑（GBP）、丹麦克朗（DKR）、瑞典克朗（SKR）、挪威克朗（NKR）、瑞士法郎（CHF）、日元（JPY）、港币（HKD）、新加坡元（SGD）、澳大利亚元（AUD）、新西兰元（NZD）、德国马克（DEM）、法国法郎（FRF）、意大利里拉（ITL）、荷兰盾（NLG）、比利时法郎（BEU）、奥地利先令（ATS）等。

2002年欧元正式进入流通领域后，曾经极为活跃的德国马克、法国法郎、意大利里拉、荷兰盾以及比利时法郎、奥地利先令等逐渐退出国际结算的舞台。

一国货币要成为国际结算货币需具备以下几个条件：

第一，该国或地区经济较为发达，经济实力强，货币购买力较为稳定。因为货币本质上是一个"债权证明书"，国家作为"最后的债务承担者"，应保证债权人能获得与货币购买力相当的商品。并且该货币发行国对外经济程度高，其他国家容易获得该国货币。

第二，该货币必须是可自由兑换货币，这点也是最为重要的。所谓的可自由兑换是指无论是在国际收支的经常项目还是资本及金融项目下，该种货币均可自由使用，货币发行国对货币的兑换不加限制，并且允许该国货币自由地兑换为其他储备货币。

（二）国际储备货币

国际储备货币是指各国政府或央行为对外支付作准备而保存的货币。一国货币要成为国际储备货币，首先应具备国际结算货币具有的可自由兑换的基本条件；其次发行该种货币的国家经济实力居于世界前列，其货币在国际货币体系中也同样占有重要地位；最后，一种货币要承担国际储备的职能，应使各国有途径获得，且购买力稳定。

目前国际货币体系中主要的国际储备货币有美元、欧元、日元、英镑以及瑞士法郎等。

**(三) 国际干预货币**

从一国角度来说，国际干预货币是某国实行钉住汇率制时本币所钉住的外币；弹性浮动汇率制下制定基本汇率时所选择的外币；平抑外汇市场动荡时所投放的外币。

绝大多数国家以美元作为干预货币；但前英镑区、前法郎区曾以英镑、法郎作为干预货币。

**(四) 国际关键货币**

国际关键货币是指集国际结算、国际储备以及汇率干预等为一身的货币。目前从全球角度来看，能充当国际关键货币的只有美元。

---

**阅读材料**

### 离岸结算中心不断崛起　人民币国际化稳步推进

人民币国际化近日再下一城。在卡塔尔多哈建立的中东地区第一个人民币清算中心，其启动和签字仪式上周正式举行。据悉，虽然该清算中心开始运营的时间尚未明确，但可以确定将是5月的某个时间。

全球离岸人民币结算中心不断崛起

2014年11月，中国与卡塔尔通过多轮磋商签订双边金融协定，成立地区清算中心正是金融协定的主要内容之一。

作为唯一一家卡塔尔驻中国的银行，卡塔尔国家银行（QNB）集团宣布，全力支持多哈建立中东地区第一个人民币清算中心，并将进一步探索潜在机遇。QNB资金交易部代理总经理Noor表示："作为中东和非洲地区的第一个人民币清算中心，该清算中心的成立将更好地满足客户需求，并推动多哈成为中东地区与中国的贸易核心，并可作为一条重要的'中—西'走廊，为那些希望以人民币进行交易，并与全球最大经济体进行贸易往来的客户和企业提供便利。"

事实上，近几年全球离岸人民币结算中心不断崛起。今年3月23日，北美首个人民币交易中心在加拿大安大略省成立。随后，BMO银行金融集团完成了该清算中心启动后的首笔交易。BMO资本市场部外汇产品兼中国资本市场全球负责人C. J. Gavsie表示："在加拿大境内完成首笔人民币交易是中加贸易的重要里程碑，使美洲公司在对华商务往来中能与其全球竞争对手开展公平竞争。"

相关资料显示，自2011年以来，中国大陆已分别于台湾地区、新加坡、伦敦、法兰克福、巴黎、卢森堡、首尔及多伦多设立人民币清算行。

**跨境人民币使用规模增长较快**

我国在推进人民币国际化方面取得的进展远不止于此。以跨境人民币业务为例，来自2015年跨境人民币业务暨有关监测分析工作会议的信息显示，2014年，人民币跨境收支9.95万亿元，占全部跨境收支的比重接近四分之一；2014年年末，RQFII（RMB Qualified Foreign Institutional Investors，是指人民币合格境外投资者）试点已拓展到10个境外国家和地区，可投资额度达8700亿元，在14个国家和地区建立人民币清算安排，支持人民币成为区域计价、结算及投融资货币。

另据央行网站消息，仅今年3月以来，中国央行已先后与苏里南中央银行、亚美尼亚中央银行、南非储备银行等签署双边本币互换协议，规模分别为10亿元人民币/5.2亿苏里南元、10亿元人民币/770亿亚美尼亚元和300亿元人民币/540亿南非兰特，互换协议有效期均为三年。

而根据环球银行金融电信协会（SWIFT）数据，去年11月，人民币首次成为全球第五大支付货币，市场份额为2.17%，位于美元、欧元、英镑和日元之后。

值得一提的是，最新的一项面向全球央行外汇储备管理者的调查显示，人民币作为储备货币的地位将在未来十年逐步提升，占全球外汇储备的比重将有望于2025年达到10.4%。其中，亚洲受访对象的看法最为乐观，有亚洲外储管理者甚至认为，人民币将在2030年前占全球外汇储备总额的50%。

**解决人民币可兑换问题**

在上述调查中，有35家央行表示已投资，或正在考虑投资人民币资产。但外储管理者普遍认为，如果进一步投资人民币，主要需解决的是人民币可兑换性问题。

今年的政府工作报告中明确提出"要稳步实现人民币资本项目可兑换"，相比去年政府工作报告中提出"推进人民币资本项目可兑换"的表述，决策层的态度无疑更加坚决。中国人民银行行长周小川亦在博鳌亚洲论坛、中国发展高层论坛多个重要场合表示，今年将努力实现人民币资本项目可兑换。

在今年两会举行的记者会上，中国人民银行副行长、外汇管理局局长易纲表示，中国正在评估，并与国际货币基金组织（IMF）积极沟通，希望人民币在可见的、不远的将来能成为特别提款权（SDR）的篮子货币。

德意志银行表示，推动人民币国际化，已成为中国提升国际影响力的重要决策之一。人民币国际化的下一步已然明了，即政府将力推人民币成为SDR成员。

德银指出，若要申请加入SDR货币篮子，人民币需满足由IMF定义提出的"可自由使用"标准。如今，人民币已实现贸易及旅游项下可自由兑换，但在绝大部分资本项目下，还未实现可兑换。因此，IMF今年10月对SDR货币篮子的审查，将是中国政府在今年推动资本账户开放的一个重要契机，而今年资本账户开放的成果也将对人民币入选SDR有所帮助。德银预计人民币今年入选SDR货币篮子的可能性为40%，在2016年年底前入选的可能性将扩大至七成。

（资料来源：《上海金融报》，2015年4月21日）

通常认为，人民币国际化须经历三个阶段：以人民币进行贸易结算；以人民币进行金融交易计价；人民币成为世界储备货币之一。其中，人民币计价是指人民币在国际范围内的私人用途和官方用途中，承担价值衡量和记账工具职能。毫无疑问，跨境贸易人民币结算试点将推动人民币国际化进程，提升人民币的国际地位。

## 第二节 外 汇

### 一、外汇的定义

外汇的含义有动态和静态之分。

（一）动态含义

从动态角度说，外汇是指国际汇兑。汇指资金的移动，兑指货币的转换，外汇表示一种活动，即把一国货币兑换成另一国货币借以清偿国家间债权债务关系的专门性活动。在这种业务活动中通过国际信用工具（主要为汇票）的买卖将由于出口或进口贸易或其他国际经济交易而发生的债权债务集中到银行的存款账户上加以抵消，达到国家间支付的目的。因此，其动态含义与国际结算含义相同。

（二）静态含义

从静态角度说，外汇是指以外币表示的用于国际结算的支付手段或凭证。即国际货币或用国际货币表示的用于国际结算的支付凭证等。

（三）国际货币基金组织对外汇的解释

外汇是货币行政当局（央行、货币管理机构、外汇平准组织及财政部）以银行存款、财政部库券、长短期政府债券等形式持有的在国际收支逆差时可以使用的债权。这一概念是国际货币基金组织对一国"国际清偿力"给定的概念，实际上是外汇储备的概念，本质上与真正的外汇概念是相区别的。

（四）我国的外汇定义

我们国家对外汇的界定集中体现在《中华人民共和国外汇管理条例》（以下简称《条例》）中。1980年，我国发布了《中华人民共和国外汇管理暂行条例》，正式条例于1996年1月29日发布，1997年1月14日第一次修订。现行的《条例》

是在 2008 年 8 月 1 日第二次修订通过，2008 年 8 月 5 日正式实施的。其中，《条例》第三条对外汇进行了定义：本条例所称外汇，是指下列以外币表示的可以用作国际清偿的支付手段和资产：（1）外币现钞，包括纸币、铸币；（2）外币支付凭证或者支付工具，包括票据、银行存款凭证、银行卡等；（3）外币有价证券，包括债券、股票等；（4）特别提款权；（5）其他外汇资产。

## 二、外汇的特征

按照静态的含义，作为国际支付手段的外汇必须具备三个特征：可支付性、可获得性和可兑换性。

可支付性是指在国际市场上普遍被接受的支付手段。其发行国具有雄厚的经济基础和物质保证。

可获得性是指在任何情况下都能够索偿的支付手段。外汇必须是在国外能得到补偿的债权，而空头支票和拒付的汇票不能视为外汇。

可兑换性是指可兑换成任何国家货币或其他各种外汇资产的支付手段。亦即外汇是用可兑换货币表示的支付手段，不可兑换货币表示的支付手段不能视为外汇。

另外，外汇必须是以外币表示的资产，用本币表示的信用工具和有价证券不能视为外汇。

## 三、外汇的种类

外汇可以按照不同的标准进行划分。

（一）按照外汇是否可以自由兑换划分，可分为记账外汇和自由外汇

记账外汇，也称双边外汇或协定外汇，是指记载在国际收支参与双方指定银行账户上的外汇，不能兑换成其他货币，也不能对第三者支付。参与国际收支的双方国家通过约定，在一定时期内双边的经济交易中外汇的收支采用记账的形式，不需每笔外汇都进行实际的支付，而只需在约定期的期末支付差额，有些时候经贸往来比较密切的国家，甚至在记账的期末也不进行差额支付，而是把差额作为期初余额转入下一记账年度。

记账外汇多在外汇短缺时期以及友好国家之间使用。一些彼此友好的国家及第三世界国家之间为了节省双方的自由外汇，常采用记账外汇的方式进行进出口贸易。历史上原来隶属于《华沙条约》组织的东欧国家之间的进出口贸易，曾经采用部分或全部记账外汇方式来办理清算。又如，中国和俄罗斯之间也使用过记账外汇。

记账外汇不得转给第三方国家或地区使用，仅限协定国家账面记账使用，与自由外汇相对而言。

除了国与国之间记账外汇的约定，其余自由使用的外汇均称为自由外汇。自由外汇，是指可自由买卖的、在经济主体间广泛使用的、可以无限制兑换的外汇。

## （二）按照外汇的来源和用途划分，可分为贸易外汇和非贸易外汇

各国编制的国际收支平衡表是对本国国际收支的系统记录，国际收支基本项目包括经常项目、资本及金融项目以及储备资产等。其中经常项目下的货物及服务记录的是有形贸易和无形贸易的收支，顾名思义，在这两类项目中收到和支出的外汇都称为贸易外汇，除此之外的其他项目所收支的外汇统称为非贸易外汇。

为什么会有这样的划分呢？因为长期来看，影响一国国际收支情况的最稳定的因素就是国际贸易了。国际贸易也是一国开展对外经济活动的最基本的形式，因此，这样的划分也有历史的渊源。

## （三）按照外汇交易的期限划分，可分为即期外汇和远期外汇

说到即期外汇和远期外汇，不得不说按照外汇交易合同的期限进行划分的即期外汇交易和远期外汇交易。即期外汇交易是指在外汇买卖成交后，原则上在2个工作日以内办理交割的外汇交易。远期外汇交易是指在外汇买卖合约成立后，于2个工作日以外的预约时间再办理交割的外汇业务。即期外汇与远期外汇正好与之相对应，分别是在即期外汇交易和远期外汇交易中所使用的外汇。

即期外汇也称现汇，指在2个营业日内办理实际收付的外汇。远期外汇，也称期汇，指按约定汇价，在约定日期交割的外汇。

另外，从外汇管制的角度也可以对外汇进行分类。从外汇的管理对象来分，可分为居民外汇和非居民外汇、单位外汇和个人外汇等。

# 第三节　汇　率

## 一、汇率及其标价方法

### （一）汇率的概念

汇率（Exchange Rate），又称汇价，是指一个国家的货币折算成另一个国家货币的比率或比价，也可以说是用一国货币所表示的另一国货币的价格。

汇率为什么这么重要？可以先思考这样一个例子，对一个中国人来讲，外国进口商品的人民币价格是由哪两个主要因素决定的？这个问题很简单，假设不考虑关税，这两个因素包括：(1) 该商品以某种外国货币计价的价格；(2) 该外国货币与人民币之间的汇率。

同样，原产地是中国的一种出口商品在国外某一国家的价格是否具有竞争力呢？除去关税这一稳定的因素，影响中国出口商品的国外价格的因素也包括两个方面：(1) 该商品在国内以人民币计价的价格；(2) 国外某国计价货币与人民币之间的兑换比率，也即汇率。

商品的价格主要由成本决定，在短期内如果没有技术革新因素以及原材料的价

格下降，成本下降的可能性不大，而在浮动汇率制度下，汇率的波动却是时时都有的。举例来说，我国是石油进口大户，不仅以美元计价的国际石油市场的价格会影响我国消费者购买成品油的价格，美元与人民币之间的汇率波动也会或多或少地影响国内市场成品油的价格。

再比如说，2015 年日元走势低迷，人民币对日元的汇率走高趋势明显，相应地，中国游客到日本旅游的人数增加显著，尤其中国游客的海外购买力是有目共睹的。日本国内也采取了更多吸引海外游客的营销策略，以通过服务贸易出口拉动经济增长，并使日元贬值的趋势得以转变。

（二）汇率的标价方法（Exchange Quotation）

1. 直接标价法（Direct Quotation）

直接标价法是指以一定单位（1 个或 100 个、10000 个单位等）的外国货币作为标准，折算成若干数额的本国货币来表示汇率。即用一定单位的外国货币为基准来计算应付多少本国货币，所以又叫应付标价法。

2. 间接标价法（Indirect Quotation）

间接标价法是指以一定单位的本国货币为标准，折算为若干数额的外国货币来表示汇率。即用一定单位的本国货币为基准来计算应收入多少外国货币，所以又叫应收标价法。

需要说明的是，应付标价法和应收标价法是从银行买外汇的角度来进行界定的。应付标价法的含义可以理解为：银行每从客户手里购买一单位外汇，应该支付给客户多少本币。应收标价法的含义是银行从客户手里买外汇，银行每支付给客户一个单位的本币，应该从客户手里收多少外汇。

（三）主要货币的标价法

全球大多数国家采用直接标价法；采用间接标价法的主要货币有英镑、欧元、澳元、新西兰元等。

美元的标价法比较特殊。美国过去一直采用直接标价法，1978 年 9 月 1 日后美元改用间接标价法。但现今在国际外汇业务交易时，为了沿袭主要货币的标价习惯，银行同业间的报价一般采用"美元标价法"。即美元对英镑、欧元这两种采用间接标价的主要货币仍采取以美元为外币的间接标价法，即 1 单位该种货币等于多少美元；而对除英镑、欧元等少数货币以外的其他货币采用以美元为外币的直接标价法，即 1 美元等于多少该种货币。表 1-1 是中国银行发布的外汇牌价。

（四）货币升贬值的判断

结合汇率标价法，货币升值与贬值的判断方法如下：

（1）在直接标价法下——汇率数值变大：本币贬值，外币升值；
　　　　　　　　　　　　汇率数值变小：本币升值，外币贬值。

（2）在间接标价法下——汇率数值变大：本币升值，外币贬值；
　　　　　　　　　　　　汇率数值变小：本币贬值，外币升值。

表 1-1　　　　　　　　　　中国银行发布的外汇牌价

| 货币名称 | 交易单位 | 现汇买入价 | 现钞买入价 | 现汇卖出价 | 现钞卖出价 | 中行折算价 | 报价时间 |
|---|---|---|---|---|---|---|---|
| 澳大利亚元 | 100 | 446.68 | 432.87 | 451.16 | 451.16 | 453.26 | 2015-09-01 22:00 |
| 巴西里亚尔 | 100 | - | 168.41 | - | 184.2 | 176.04 | 2015-09-01 22:00 |
| 加拿大元 | 100 | 482.27 | 467.36 | 487.11 | 487.11 | 484.82 | 2015-09-01 22:00 |
| 瑞士法郎 | 100 | 659.23 | 638.88 | 664.53 | 664.53 | 661.98 | 2015-09-01 22:00 |
| 丹麦克朗 | 100 | 95.75 | 92.79 | 96.51 | 96.51 | 96.05 | 2015-09-01 22:00 |
| 欧元 | 100 | 713.89 | 691.83 | 721.07 | 721.07 | 717.18 | 2015-09-01 22:00 |
| 英镑 | 100 | 972.63 | 942.62 | 979.47 | 979.47 | 979.88 | 2015-09-01 22:00 |
| 港币 | 100 | 81.96 | 81.3 | 82.27 | 82.27 | 82.26 | 2015-09-01 22:00 |
| 印尼卢比 | 100 | - | 0.0436 | - | 0.0468 | 0.0453 | 2015-09-01 22:00 |
| 日元 | 100 | 5.29 | 5.1268 | 5.3272 | 5.3272 | 5.2667 | 2015-09-01 22:00 |
| 韩国元 | 100 | 0.5378 | 0.5184 | 0.5422 | 0.5624 | 0.5412 | 2015-09-01 22:00 |
| 澳门元 | 100 | 79.66 | 76.99 | 79.97 | 82.53 | 79.93 | 2015-09-01 22:00 |
| 林吉特 | 100 | 152.21 | - | 153.27 | - | 153.54 | 2015-09-01 22:00 |
| 挪威克朗 | 100 | 76.53 | 74.17 | 77.15 | 77.15 | 77.09 | 2015-09-01 22:00 |
| 新西兰元 | 100 | 402.64 | 390.21 | 405.46 | 407.89 | 404.84 | 2015-09-01 22:00 |
| 菲律宾比索 | 100 | 13.56 | 13.14 | 13.66 | 14.08 | 13.66 | 2015-09-01 22:00 |
| 卢布 | 100 | 9.72 | 9.13 | 9.8 | 9.8 | 9.93 | 2015-09-01 22:00 |
| 瑞典克朗 | 100 | 75.05 | 72.73 | 75.65 | 75.65 | 75.48 | 2015-09-01 22:00 |
| 新加坡元 | 100 | 449.26 | 435.4 | 452.42 | 452.42 | 452.13 | 2015-09-01 22:00 |
| 泰国铢 | 100 | 17.71 | 17.16 | 17.85 | 18.4 | 17.81 | 2015-09-01 22:00 |
| 新台币 | 100 | - | 18.96 | - | 20.32 | 19.68 | 2015-09-01 22:00 |
| 美元 | 100 | 635.13 | 630.04 | 637.67 | 637.67 | 637.52 | 2015-09-01 22:00 |

## 二、汇率的类别

（一）从银行买卖外汇的角度划分，可以分为买入汇率、卖出汇率和现钞汇率

1. 买入汇率（Buying Rate or Bid Price）和卖出汇率（Selling Rate or Offer Price）

买入汇率，也称买入价，是银行从同业或客户手里买入外汇时所使用的汇率。卖出汇率，也称卖出价，是银行向同业或客户卖出外汇时所使用的汇率。

国际贸易是一国对外经济活动初期最主要的形式。对于一国的出口商和进口商来说，银行更多地从出口商手里买外汇，银行更多地把外汇卖给进口商，所以，买入汇率也常常被称为出口汇率，而卖出汇率常常被称为进口汇率。

需要进一步强调的是，买入价和卖出价都是从报价银行的角度来界定的。银行买卖外汇的目的是为了追求利润，即通过低买高卖赚取买卖差价。因此，我们可以判定，外汇买入价是低于卖出价的。

那么在不同标价法下,买入价和卖出价是如何判断的呢?现举例说明。

**【例 1-1】** (1) 某日某时多伦多外汇市场上现汇汇率为 USD1 = CAD1.3091~1.3170;(2) 某日某时伦敦外汇市场上现汇汇率为 GBP1 = USD1.6358~1.6368。

首先,对于外汇银行的报价作一简单说明,对于现汇汇率,无论是直接标价法还是间接标价法,银行总是报出小大排列的两个数字,它们可以是(小,大)的形式,也可以是小—大的形式。这两个汇率分别是现汇的买入价和卖出价。在不同的标价法下,哪一个是买入价,哪一个是卖出价,需要进行区分。而远期汇率的报价就复杂一些,我们在外汇交易那一章再具体讲解。

先判断(1)的情形。首先判断这是直接标价法。按照银行低买高卖的原则,银行从客户手里买美元,对于每1美元外汇,银行只愿意支付更少的加拿大元,所以 1.3091 是买入价。反过来,如果银行把美元外汇卖给客户,对于每1美元,银行会收取更多的加元,所以 1.3170 是卖出价。

直接标价法的其他货币之间的汇率,也同样可以判断出买入价和卖出价。所以,对于直接标价法可以知道,对于小大排列的两个汇率,前一个是买入价,后一个是卖出价,或写为(买入价,卖出价)。

再判断(2)的情形。首先还是判断标价法。这是间接标价法,英镑是本币,美元是外币。依然按照银行低买高卖的原则,银行从客户手里买美元,相应支付给客户本币英镑,银行每向客户支付1英镑本币,银行希望买入更多的外汇美元,所以 1.6368 是买入价;反过来,如果银行把美元外汇卖给客户,对于客户的每1英镑本币,银行会支付更少的美元外汇,所以 1.6358 是卖出价。

间接标价法的其他货币之间的汇率,也同样可以判断出买入价和卖出价。所以,对于间接标价法可以知道,对于小大排列的两个汇率,前一个是卖出价,后一个是买入价,或写为(卖出价,买入价)。

2. 中间汇率

买入汇率和卖出汇率的算术平均数称为中间汇率(Medial Rate or Middle Rate),其计算公式为:

中间汇率 = (买入汇率 + 卖出汇率)/2

中间汇率通常在计算远期升、贴水率和简单的套算汇率中使用,各国政府规定和公布的官方汇率以及经济理论著作或报道中出现的汇率一般也是中间汇率。由于买入汇率和卖出汇率的数值变化方向一致,所以,当我们要考察一段时间内某种汇率的变化趋势时,可以用中间汇率来表示,简单方便。

而我们需要注意的是,中间汇率不是在外汇买卖业务中使用的实际汇率,只是为了分析便利。中间汇率是对汇率的一种简化形式。

3. 现钞汇率(Bank Notes Rate)

前面讨论的买入汇率和卖出汇率都是以账面外汇为分析对象的,也就是说,买卖的外汇都是通过银行卡、银行票据等形式存在,并不涉及外汇现钞的买卖。但在现实中，外币现钞的买卖虽然交易量不多，但也是存在的。表 1-1 显示的中国银行的外汇牌价中也可以看到"现钞买入价"和"现钞卖出价"。当涉及现钞的买入和卖出时，银行又会报出怎样的价格呢？

和前面讲的一样，现钞的买入价和卖出价也是从银行角度进行界定的。尽管理论上买卖外币现钞的兑换率与外汇买入价和卖出价应该相同，但银行作为追求利润最大化的营利性组织，时刻在考虑自身的收益情况。因为外国货币一般不能在本国流通，外币现钞只有运到发行国或经营欧洲货币的银行才能成为有效的支付手段。银行在买入客户的外币现钞后必须将运输、保险等费用考虑在内，因此银行会给客户一个较低的汇率，通常比外汇买入价低 2%~3%。而外币现钞的卖出汇率和外汇卖出价相同，这一点也不难理解。客户购买外币现钞是出于自身需要，客户携带外币现钞可能产生的费用或不便由自身承担，银行不会为此而给予价格优惠。

因此，现钞的卖出价和现汇的卖出价是一样的，而现钞的买入价则低于现汇的买入价。

（二）从一国汇率制度来看，可分为固定汇率和浮动汇率

固定汇率是在一国实行固定汇率制度时所使用的汇率，是指两国货币比价基本固定，其波动被限制在一定幅度内。固定汇率制有一个中心汇率，汇率围绕中心汇率上下波动，如果汇率的波动暂时超过上下限，通过汇率的自动稳定机制或政府会对汇率走势进行干预，汇率会逐步向中心汇率回归。

浮动汇率是一国在实行浮动汇率制度时所使用的汇率。浮动汇率制没有一个中心汇率，相应地，也没有明确的汇率波动的上下限。汇率波动以市场供求为基础，政府通常对汇率的走势不加干预，除非汇率波动太大对经济产生较大的负面影响，政府才会对外汇市场进行干预，从而影响汇率走势。

（三）按交割期限划分，可分为即期汇率和远期汇率

即期汇率，即现汇汇率，是在 2 个营业日内进行交割的外汇交易所使用的汇率。

远期汇率，即期汇率，是指在 2 个营业日之外的约定到期日进行交割的外汇交易所使用的汇率。远期汇率常以对即期汇率的升水或贴水来报价。在"外汇交易"一章会进行详细讲解。这里可以先牢记以下含义：

升水（Premium），是指相对于本币来说，外币远期升值。

贴水（Discount），是指相对于本币来说，外币远期贬值。

平价（Par），是指本币与外币的远期汇率保持不变。

（四）按交易对象划分，可分为同业汇率和商人汇率

按照交易对象来划分也是从银行交易的角度进行界定的，分为同业汇率和商人汇率。

同业汇率（Inter-bank Rate），指银行同业之间买卖外汇所使用的汇率。

商人汇率（Commercial Rate），指银行与客户之间买卖外汇所使用的汇率。

（五）单一汇率与复汇率

单一汇率（Single Exchange Rate）是指在一个国家内，在所有的国际经济活动之中，两种不同货币之间只有一个比价。在市场经济较为发达、外汇管制较松、采用浮动汇率制的国家，官方往往只规定一种汇率，即采用单一汇率。

复汇率（Multiple Exchange Rate）是外汇管制的产物，是指一国的外汇管理机构对本币与某种外币的兑换规定2种或2种以上的汇率。复汇率曾被很多国家采用过。我国在1981~1993年实行的外汇双轨制就是复汇率的一种主要形式。

---

**阅读资料**

### 我国的复汇率

党的十一届三中全会以后，为鼓励外贸企业出口的积极性，我国的汇率体制从单一汇率制转为双重汇率制。经历了官方汇率与贸易外汇内部结算价并存（1981~1984年）和官方汇率与外汇调剂价格并存（1985~1993年）两个汇率双轨制时期。其中，以外汇留成制为基础的外汇调剂市场的发展，对促进企业出口创汇、外商投资企业的外汇收支平衡和中央银行调节货币流通均起到了积极的作用。但随着我国改革开放的不断深入，官方汇率与外汇调剂价格并存的人民币双轨制的弊端逐渐显现出来。一方面，多种汇率的并存，造成了外汇市场秩序混乱，助长了投机；另一方面，长期外汇黑市的存在不利于人民币汇率的稳定和人民币的信誉。外汇体制改革的迫切性日益突出。直至1994年1月1日，我国的外汇管理体制进行了重大改革，人民币取消汇率双轨制，实现汇率并轨，同时开始实行以市场供求为基础的、单一的、有管理的浮动汇率制度。

（资料来源：根据百度百科"人民币汇率制度"整理）

---

（六）按换算标准划分，可分为基础汇率和套算汇率

1. 基础汇率（Basic Rate）

基础汇率，是一国货币同关键货币的比价。前面的章节讲到，关键货币就是集国际结算、国际储备和国际干预货币职能于一身的货币。通常一国汇率的形成首先是和关键货币的比价。一国如果采用钉住汇率制，其货币与所钉住的那种货币之间的比价也可以称为基础汇率。例如，前英镑区国家，除英国之外的国家的货币与英镑的比价就是这些货币的基础汇率。换言之，英镑在前英镑区实际发挥着关键货币的职能。前法郎区也是同样道理。目前，绝大多数国家选择的关键货币是美元，其基础汇率是本币与美元的比价。

2. 套算汇率（Cross Rate）

套算汇率，又称交叉汇率，即两国货币的汇率通过各自对关键货币的汇率套算得出。举例来说，人民币和日元选择的关键货币都是美元，人民币和日元之间的汇率就是通过套算来获得的，所以可以把人民币和日元之间的汇率称为套算汇率。现举例来说明交叉汇率的计算。

**【例 1-2】** 假定：1 美元 = 131.34 ~ 131.42 日元，1 美元 = 7.7990 ~ 7.7996 港元，1 英镑 = 1.4315 ~ 1.4325 美元。

(1) 求港元与日元的交叉汇率。

假设客户用 1 单位港元兑换日元（即银行卖出日元），兑换时经过的货币转换是：港元—美元—日元。

从银行作为盈利者的角度分析，对于每 1 单位港元，银行只会给客户更少的美元，所以，1 单位港元客户可以换得的美元数为 1/7.7996 单位，1/7.7996 单位美元可以换得多少日元呢？对于银行来说，只愿意给客户更少的日元，所以 1/7.7996 单位美元客户可以换得的日元是 (1/7.7996)×131.34 单位。

假设客户用 1 单位日元兑换港元（即银行买入日元），兑换时经过的货币转换是：日元—美元—港元。

从银行作为盈利者的角度分析，对于每 1 单位日元，银行只会给客户更少的美元，所以，1 单位日元客户可以换得的美元数为 1/131.42 单位，1/131.42 单位美元可以换得多少港元呢？对于银行来说，只愿意给客户支付更少的港元，所以 1/131.42 单位美元客户可以换得的港元是 (1/131.42)×7.7990 单位。

用（小，大）的汇率形式表示出来，则港元兑日元的交叉汇率为 (131.34/7.7996，131.42/7.7990)；日元兑港元的交叉汇率则为 (7.7990/131.42，7.7996/131.34)。

(2) 求英镑与港元的交叉汇率。

假设客户用 1 单位英镑兑换港元（即银行卖出港元），兑换时经过的货币转换是：英镑—美元—港元。

从银行作为盈利者的角度分析，对于每 1 单位英镑，银行只会给客户更少的美元，所以，1 单位英镑客户可以换得的美元数为 1.4315 单位，1.4315 单位美元可以换得多少港元呢？对于银行来说，只愿意给客户更少的港元，所以 1.4315 单位美元可以换得的港元是 1.4315×7.7990 单位。

假设客户用 1 单位港元兑换英镑（即银行买入港元），兑换时经过的货币转换是：港元—美元—英镑。

从银行作为盈利者的角度分析，对于每 1 单位港元，银行只会给客户更少的美元，所以，1 单位港元客户可以换得的美元数为 1/7.7996 单位，1/7.7996 单位美元可以换得多少英镑呢？对于银行来说，只愿意给客户更少的英镑，所以 1/7.7996 单位美元可以换得的英镑是 1/(7.7996×1.4325) 单位。

用（小，大）的汇率形式表示出来，则英镑兑港元的汇率为 (1.4315×7.7990，1.4325×7.7996)；港元兑英镑的交叉汇率则为 $(\frac{1}{7.7996 \times 1.4325}, \frac{1}{1.4315 \times 7.7990})$。

对于以上交叉汇率的推导，可以总结出如下交叉汇率的计算规律：

如果总体是"除法"的关系，则把两组关键汇率的四个数字交叉相除，以构成（小，大）排列的两个汇率数字。

如果总体是"乘法"的关系，则把两组关键汇率的四个数字同边相乘，以构成（小，大）排列的两个汇率数字。

可以作如下验证：求日元与港元的交叉汇率，总体是除法关系，则交叉相除得到的交叉汇率为（7.7990/131.42，7.7996/131.34）或（131.34/7.7996，131.42/7.7990）。

而求英镑与港元的交叉汇率，总体是乘法关系，则同边相乘得到的交叉汇率为$(1.4315 \times 7.7990, 7.7996 \times 1.4325)$或$(\dfrac{1}{7.7996 \times 1.4325}, \dfrac{1}{1.4315 \times 7.7990})$。

由于银行低买高卖的行为存在，套算汇率的计算会使结果（小，大）排列的两个数字之间的差距增大。

（七）按是否剔除通货膨胀的因素划分，可分为名义汇率与实际汇率

名义汇率，是指通过外汇市场报价，如银行外汇牌价等形式直接公布和使用的表示两种货币之间比价关系的汇率，也可以简称为一国官方公布的市场汇率。

实际汇率，是考虑到两国价格水平对名义汇率进行调整后的汇率，也就是在名义汇率基础上剔除了两国不同通货膨胀水平影响后的汇率。实际汇率反映了以同种货币表示的两国商品的相对价格，也可以理解为一国居民可以用一国商品或劳务交换另一国相同物品与劳务的比率。用公式表示为：

$$e = \dfrac{EP^*}{P}$$

其中：$e$——实际汇率；

$E$——直接标价法下的名义汇率；数值上升表示本币名义贬值；

$P^*$——外国商品的价格水平；

$P$——本国商品的价格水平。

假设期初的实际汇率为$e_0$，经过一段时期后，名义汇率$E$、国外物价水平以及本国的物价水平均可能发生不同程度的变化，后者也就是在这段时期内，两国的通货膨胀水平不同。假设此时的实际汇率为$e_1$。

若$e_1 > e_0$，则本币实际贬值。因为此时，购买到1单位外国商品（兑换成本币后）的货币可以购买到更多的相同本国商品。也可以理解为，对于相同的商品来说，如果以同种货币来表示其价格，国外的价格更高。所以本币实际贬值。

若$e_1 < e_0$，则本币实际升值。因为此时，购买到1单位外国商品（兑换成本币后）的货币只能购买到更少的相同本国商品。也可以理解为，对于相同的商品来说，如果以同种货币来表示其价格，则国内的价格更高。所以本币实际升值。

这种数值的变化是由$E$、$P^*$和$P$共同影响的。如果一段时期内名义汇率基本不变或变化很小，而两国物价总水平变化差异明显，则通货膨胀率较高的国家的货币其汇率实际升值，而通货膨胀率较低的国家的货币其汇率实际贬值。

实际汇率可以用来衡量不同国家出口的同类商品的竞争力水平。对两个国家的出口竞争商品而言,如果一国货币实际汇率变大,则本国商品在国际市场上更有竞争力;而一国货币实际汇率变小的话,意味着该国商品相对于另一国家而言,其出口商品的竞争力下降。

## 课后复习题

1. 什么是外汇,外汇一般包括哪些内容?
2. 汇率的标价方法有哪些,外币与本币的升贬值是如何判断的?
3. 买入汇率与卖出汇率各是什么含义?查找最近一周内某一天中国银行的外汇牌价,熟悉买入汇率与卖出汇率以及现钞汇率。
4. 设英镑兑美元的汇率为 GBP1 = USD1.5878 ~ 1.5892,美元兑日元的汇率为 USD1 = JPY127.4867 ~ 127.4875,计算英镑兑日元的交叉汇率。

# 第二章

# 国际货币体系

【学习目标】
1. 理解国际货币体系的概念；掌握国际货币体系包含的主要内容。
2. 了解国际金本位制的发展阶段及特点；理解金本位制瓦解的原因。
3. 理解布雷顿森林体系的特点及其崩溃的原因。
4. 掌握牙买加体系实际运行的特点；理解牙买加体系的缺陷。

## 第一节 国际货币体系概述

### 一、国际货币体系的概念

国际货币体系（International Monetary System），亦称国际金融制度或国际货币制度，是指为适应国际结算、国际支付的需要，各国自发或协商一致所形成的支配各国货币关系的规则，以及与货币兑换、支付有关的一系列安排和惯例，也包括协调上述关系的国际机构。

概括而言，"安排"和为使"安排"得到落实而建立的机构，被称为国际货币体系。

国际货币制度旨在提供一种货币秩序或结构，使某些货币能够充分发挥国际交易媒介和国际价值储藏作用，以利于国际贸易和国际资本流动等跨国经济活动。

这里所说的国际机构主要是指布雷顿森林体系下成立的国际货币基金组织（International Monetary Fund，IMF），其是根据1944年7月在布雷顿森林会议签订的《国际货币基金协定》于1945年12月27日在华盛顿成立。IMF与世界银行同时成立，并列为世界两大金融机构之一，职责是监察货币汇率和各国贸易情况，提供技术和资金协助，确保全球金融制度运作正常，总部设在华盛顿。我们常听到的"特别提款权"就是该组织于1969年创设的。IMF对维护各国之间的货币秩序发挥着至关重要的作用。

## 二、国际货币制度包含的主要内容

国际货币制度主要包含三方面的内容。

第一，汇率制度，主要是指各国货币之间的兑换比率即汇率是如何决定和维持的，倡导国家建立固定汇率制度还是浮动汇率制度，是钉住某一种货币还是允许汇率随市场供求自由变动。

第二，国际储备的安排，主要是指各国为应付国际收支之需应该保持哪些资产或货币作为国际储备资产，资产的构成如何。

第三，国际收支调节机制，主要是指在国际收支失衡时，各国应该采取哪些措施来调节国际收支，为了避免损害其他国家的利益又应该尽量避免采用哪些措施。

在这三项主要内容中，汇率制度是核心，国际储备资产的安排是基础，而国际收支调节机制是最难建立统一制度安排的一项内容。

## 三、国际货币制度的分类

国际货币制度的划分标准主要有汇率制度的形态和储备资产的保有形式。迄今经历的三种国际货币体系的特点同样也主要从汇率制度和储备资产两方面进行区分，外加国际收支调节机制的不同。

按汇率制度分类，有两种基本形式：固定汇率制和浮动汇率制。

以国际储备的形式分类，情况要复杂一些，主要有黄金储备、和黄金挂钩的外汇储备以及和黄金不再挂钩的外汇储备资产。以下在介绍不同阶段的国际货币体系时，会详细进行阐述。

国际货币制度的发展，大概经历国际金本位制、布雷顿森林体系、牙买加体系三个阶段。以下分别进行介绍。

# 第二节 国际金本位制

## 一、国际金本位制的概念与建立

国际金本位制是以一定成色的黄金作为各国本位货币，并建立起流通中各种纸币与黄金间固定兑换关系的一种货币制度。

国际金本位制是世界上首次出现的国际货币制度，是在19世纪70年代至1914年第一次世界大战前，各主要资本主义国家普遍实行金本位制的情况下自发形成的。1816年英国颁布了《金本位制度法案》，最先采用了金本位制度。随后，其他资本主义国家也纷纷效仿，于1871~1897年间相继采用了金本位制度，标志着金本位制的诞生。

## 二、国际金本位制的三个阶段

金本位制按其货币与黄金的联系紧密程度,可分为金币本位制(gold specie standard)、金块本位制(gold bullion standard)和金汇兑本位制(gold exchange standard)三个阶段。

### (一)金币本位制

金币本位制也称为金铸币本位制、纯粹金本位制,是19世纪下半叶至第一次世界大战前西方各资本主义国家采用的货币制度,其典型特征是:在金币本位制下,黄金具有货币的全部职能,即价值尺度、流通手段、储存手段、支付手段和充当世界货币。

具体而言,金币本位制具有以下特点:(1)黄金作为储备资产充当国际货币的职能,成为各国之间的最后清偿手段。(2)金币可以自由铸造和熔化,金币面值与所含黄金实际价值可保持一致;金币或黄金可自由兑换,因此价值符号(辅币和银行券)名义价值稳定,不会发生通货贬值;黄金可以自由输出输入,保证各国货币之间的兑换率相对固定和世界市场的统一,货币兑换率由两种货币的含金量之比来确定,是严格的固定汇率制。(3)黄金可在市场完全兑换以供资本流动。(4)国际金本位制具有自动调节国际收支的机制,即所谓的价格—铸币流动机制,在国际收支一章会详细讲解。

所以说,金币本位制是最典型的金本位制。国家以法律规定货币含金量,和金币同时参加流通的还有以百分之百黄金发行准备的银行券。金币可以自由铸造、自由兑换,黄金可以自由地输出或输入本国,这通常被称为金币本位制的"三个自由"。

在这一时期世界经济理想化的运转中,各国政策的实行、制度的贯彻都受到"游戏规则"自动的控制和协调,国际货币体系具有相对稳定性,金本位对资本主义发展起着促进作用,主要表现在:促进生产的发展和商品流通扩大;促进资本主义信用制度的发展;促进国际贸易和国际投资的发展;物价收入稳定;自动调节国际收支,国际收支基本平衡。

国际金本位制度盛行之时,正值资本主义自由竞争的全盛时期,国内和国际政治都比较稳定,经济发展迅速。因此,第一次世界大战之前的国际金本位制度被视为国际货币制度史上的黄金时代。

国际金本位制也有自身的一些缺陷,主要缺点是:(1)货币供应量受到黄金数量的限制,不能适应经济增长对国际清偿力的需要;(2)当一国出现国际收支逆差时,该国货币贬值,进口商或债务方会输出黄金进行结算,这会导致本国货币供应量减少,引发国内的生产停滞和工人失业。

### (二)金块本位制

金块本位制,是残缺不全的金本位制,又称为"生金本位制",即以黄金作为准备金，而以价值符号作为流通手段的货币制度。国内不再铸造也不流通金币，只发行代表一定重量黄金（法定含金量）的银行券（或纸币）来流通，而价值符号是不能自由兑换黄金和金币的，只能按一定条件向发行银行兑换成金块。

金块本位制是如何产生的呢？

第一次世界大战时期，各资本主义国家为准备战争、积累财富，加紧了对国内外黄金的掠夺，绝大多数国家禁止黄金的输出，为了节省黄金，这些国家相继不再发行金币，而是大量发行银行券，使金币本位制运转机制受到破坏。

第一次世界大战改变了世界经济及政治面貌。战后，一些国家出现了严重的通货膨胀。这一时期中，货币币值起伏不定，汇率变化无常，许多国家呼吁恢复金币本位制，但资本主义各国已经无力恢复金币本位制，主要资本主义国家相继建立起金块本位制。

1922年在意大利热那亚城召开的世界货币会议上决定采用"节约黄金"的原则，实行金块本位制和金汇兑本位制。

实行金块本位制的国家主要有英国、法国等。在金块本位制度下，金币本位制上述"三个自由"不再具备，其主要特点是：

（1）国家不再铸造金币，但纸币按照国家法律规定含金量。国家不再铸造金币和实行金币流通，国家也不再允许公民自由铸造金币。国家发行价值符号，价值符号由国家法律规定含金量。黄金只作为货币发行的准备金集中于中央银行，流通中的货币完全由银行券或纸币等价值符号所代替。

（2）价值符号不能自由地兑换金块。在国际支付或者工业上需要黄金时，居民可按规定的最低数量，以银行券或纸币按含金量向本国中央银行兑换黄金。英国以银行券兑换黄金的最低限额为相当于400盎司黄金的银行券（约合1700英镑），低于限额不予兑换。法国规定银行券兑换黄金的最低限额为21500法郎，等于12公斤的黄金，这是一般居民很难达到的。国家以设定最低兑换数量为门槛，限制了大多数居民的黄金兑换行为。

（3）黄金不能自由输出入。中央银行掌管黄金的输出和输入，禁止私人输出黄金。

（4）国家仍储备金块，作为储备资产。中央银行保持一定数量的黄金储备，以维持黄金与货币之间的联系。

（三）金汇兑本位制

金汇兑本位制是金本位制的第三个阶段，又称虚金本位制，主要以外汇资产作为准备金，实行纸币流通的货币制度。

实行金汇兑本位制的国家，其货币同另一个实行金本位制国家的纸币保持固定的比价，这种货币可以自由兑换成联系国家的货币，联系国家的货币可以直接兑换黄金。这样使本国货币同黄金间接地挂钩。

金汇兑本位制是如何建立起来的呢？

第一次世界大战结束后,世界经济形势发生了较大的变化。首先,各国的经济实力对比发生了变化。美国在第一次世界大战期间大发战争财,由债务国变成了债权国。老牌资本主义国家英国在战争中海外资产损失严重,由债权国变为了债务国。其次,第一次世界大战期间,各国为了筹措军费,实行通货膨胀政策,这导致战后各国物价与工资上涨水平大不相同,真正的均衡汇率难以确定。最后,由于物价的普遍上涨,而黄金价格保持原有水平不变,结果导致黄金生产数量下降很多,黄金存量相对于国际贸易量以及世界经济总量的比率远低于战前。

在这种情形下,原来的金币本位制度难以恢复,各国只得允许汇率浮动。第一次世界大战后,除美国仍坚持金本位制以外,其他国家的货币都不稳定。而且,一些国家利用本币主动贬值来促进出口,各国为了防止其他国家竞争性的货币贬值,除加强外汇管制外,还对进口贸易施加种种限制,不仅缩小了世界贸易的范围,长远来看也不利于各国经济发展。在此基础上,国际货币制度的重建问题受到各国普遍重视。

1922年,主要国家在意大利热那亚召开了经济与金融会议,会议讨论了重建国际货币体系的问题。大会建议采取金汇兑本位制以节约黄金的使用,缓解黄金总量相对于国际清偿力不足的问题,主要内容包括:

(1) 各国发行货币单位,货币单位规定含金量。
(2) 国内不流通金币,国家发行银行券(纸币)当作本位币流通。
(3) 银行券只能购买外汇,这些外汇可在国外兑换黄金。
(4) 本国货币同另一实行金本位制的国家的货币保持固定的比价,并在该国存放大量外汇或黄金作为平准基金,以便随时干预外汇市场来稳定汇率。这是一种使货币与黄金间接联系的本位制度。
(5) 主要金融中心仍旧维持其货币同外汇(可自由兑换黄金的货币)的完全可兑换性。

热那亚会议之后,除美国仍实行金币本位制、英国和法国实行金块本位制外(这两种货币制度都与黄金直接挂钩),其他欧洲国家的货币均通过间接挂钩的形式实行了金汇兑本位制。1925年,国际金汇兑本位制正式建立起来。

实行金汇兑本位制度的国家,通过在金块本位制或金币本位制国家保存外汇,准许本国货币无限制地兑换外汇,以维持本国货币的对外汇率。在这些国家的国际储备中,除黄金外,外汇占有一定的比重,黄金仍是最后的支付手段。这个时期的国际货币体系仍然属于国际金本位货币体系范畴,但是,这一时期的国际金本位货币体系的基础已经严重削弱,不如战前的金币本位制了。

金汇兑本位制的特点包括:(1) 国内流通纸币,纸币与规定的含金量保持等价关系。(2) 国家不仅储备黄金,还储备外汇;外汇主要包括英镑、美元、法国法郎等。(3) 纸币兑换的对象是金块、金币或存在国外的外汇。(4) 请求兑换者无权选择金块、金币或外汇,由中央银行根据国际储备状况酌情决定。(5) 黄金不能自由输出入。

总结一下金本位制三个阶段的特点，如表 2-1 所示。

表 2-1  金本位制三个阶段的比较

| 阶段 | 流通的货币 | 储备资产 | 黄金能否自由输出 | 价值符号可否兑换黄金 |
| --- | --- | --- | --- | --- |
| 金币本位制 | 金币 | 黄金 | 能 | 金币自由兑换黄金 |
| 金块本位制 | 规定含金量的纸币 | 黄金 | 不能 | 达到最低数量可以兑换 |
| 金汇兑本位制 | 规定含金量的纸币 | 外汇（主要）和黄金 | 不能 | 由货币当局决定兑换成金币、金块还是外汇 |

### 三、国际金本位制的作用和缺陷

（一）国际金本位制的积极作用

(1) 保持汇率稳定，促进了国际贸易发展。在金本位制度下，各国货币的汇率十分稳定，它以铸币平价为基础，在黄金的输出与输入点之间波动，因而属于一种固定汇率制度。这种相对稳定的汇率制度为世界各国的经济发展和对外贸易创造了有利的条件。

(2) 促进资本流动，自动调节国际收支。当一国的国际收支发生逆差，外汇供不应求，汇率上涨并引起黄金外流时，会导致货币流通减少，市场银根吃紧，短期资金利率上升。当本国利率高于同期外国利率时，资金就会内流，反之，则会引起资金的外流。这种资金流动可以改进一国的国际收支，稳定国际金融市场，有利于各国经济政策的协调。

（二）国际金本位制的缺陷

(1) 国际收支逆差导致的黄金流出、货币紧缩，会加剧国内经济的恶化，使经济陷入严重的萧条。

(2) 黄金的供应必须能够满足世界经济增长的需要，而黄金产量无法与之相适应。

(3) 国际金本位制顺利运行的基础是各国必须遵守金本位制度下"三个自由"的游戏规则，在没有一个权威性的国际金融机构对其进行监督的情况下执行是困难的。

### 四、国际金本位制的瓦解

随着世界经济的发展，破坏国际金本位体系稳定性的因素也日益增长。到 1913 年，英、美、法、德、俄五个国家的黄金拥有量占世界黄金总量的 2/3，这就削弱了其他国家实现国际金本位制度的基础。第一次世界大战的爆发彻底摧毁了这一制度。战争期间,各国为筹备军费,对黄金的流动实行控制,同时发行大量的银行券,使得银行券不能自由地兑换金币。由于维持国际金本位制的一些必要条件遭到破坏,国际金本制宣告结束。

国际金本位制崩溃的深层原因是黄金产量的不足。黄金作为稀有贵金属,储量有限。黄金产量的不足使其难以承担日益增长的世界经济所需的国际清偿职能。这一根本原因也是与黄金挂钩的任何货币体系都难以避免瓦解命运的原因,包括布雷顿森林体系。正是基于以上原因,主要资本主义国家相继放弃了金本位制。

1929年10月,巴西、阿根廷、澳大利亚等国家放弃金本位制。

1931年初,奥地利、德国放弃了金汇兑本位制。

1931年9月,英国被迫放弃金本位制,同英镑有联系的一些国家和地区,也相继放弃金汇兑本位制。

1933年3月,美国放弃金币本位制。

1936年,法、比、瑞士、意、波等国组成的金集团也都放弃了金块本位制和金汇兑本位制。

## 第三节 布雷顿森林体系

1944年7月,在美国新罕布什尔州的布雷顿森林召开了有44国参加的"联合与联盟国家货币金融会议",通过了《国际货币基金协定》和《国际复兴开发银行协定》,总称《布雷顿森林协定》,建立了战后的国际货币体系。

### 一、布雷顿森林体系的主要内容

(一) 各国货币比价的挂钩

各国货币比价的挂钩,即汇率的规定与调整原则,主要规定如下:

(1) 美元与黄金挂钩。即各国确认1934年1月美国规定的35美元1盎司的黄金官价,每1美元的含金量为0.888671克黄金。各国政府或中央银行可用美元按官价向美国兑换黄金。这样,美元居于等同黄金的地位,其他国家的货币则不能兑换黄金。为使黄金官价不受自由市场金价冲击,各国政府需协同美国政府在国际金融市场上维持这一黄金官价。

(2) 其他国家货币与美元挂钩。其他国家政府规定各自货币的含金量,通过含金量的比例确定同美元的汇率。会员国也可以不规定货币的含金量,而只规定同美元的汇率。例如,1946年1英镑的含金量为3.58134克纯金,1美元的含金量为0.888671克纯金,则英镑与美元的含金量(黄金平价)之比为1英镑=3.58134/0.888671=4.03美元,这便是法定汇率。

(3) 实行可调整的固定汇率。《国际货币基金协定》(以下简称《协定》)规定，各国货币对美元的汇率，一般只能在法定汇率上下各1%的幅度内波动。若市场汇率超过法定汇率1%的波动幅度，各国政府有义务在外汇市场上进行干预，以维持汇率的稳定。布雷顿森林体系的汇率制度被称为"可调整的钉住汇率制度"。若会员国法定汇率的变动超过1%，就必须得到国际货币基金组织的批准。1971年12月，这种即期汇率变动的幅度扩大为上下2.25%的范围。

（二）各国货币的兑换性与国际支付结算的原则

《协定》规定了各国货币自由兑换的原则：任何会员国对其他会员国在经常项目往来中积存的本国货币，若对方为支付经常项货币换回本国货币，会员国应予以兑换。由于各国立即普遍实行货币自由兑换原则是不现实的，故《协定》又作了"过渡期"的规定。

关于国际支付与国际结算的原则，《协定》规定，会员国未经基金组织同意，不得对国际收支经常项目的支付或清算加以限制。

（三）国际储备资产的确定

在这种制度中，外汇与黄金并列，共同构成国际储备资产。《协定》中关于货币平价的规定，使美元处于"等同"黄金的地位，成为各国外汇储备中最主要的国际储备货币。

（四）国际收支的调节

国际货币基金组织会员国份额的25%以黄金或可兑换成黄金的货币缴纳，另外的75%则以本国货币缴纳。会员国发生国际收支逆差时，可用本国货币向基金组织按规定程序购买（即借贷）一定数额的外汇，并在规定时间内以购回本国货币的方式偿还借款。会员国所认缴的份额越大，得到的贷款也越多。贷款只限于会员国用于弥补国际收支赤字，即用于经常项目的支付。

（五）成立国际货币基金组织

建立永久性国际金融机构——国际货币基金组织（IMF）是布雷顿森林体系的一大特色。

《协定》确定了IMF的宗旨：（1）建立IMF机构，促进国际货币合作。（2）促进国际贸易和投资的均衡发展，借此提高会员国的就业和实际收入水平，并扩大生产能力。（3）促进汇率稳定，维护正常汇兑关系，借以避免竞争性货币贬值。（4）建立多边支付体系，设法消除外汇管制。（5）为会员国提供资金融通，纠正国际收支失衡。（6）缩小或减少国际收支赤字或盈余的扩大。

《协定》赋予IMF以下职能：（1）监督职能。监督会员国遵守《协定》的各项条款，以维护国际金融与外汇交易秩序。（2）磋商职能。会员国原则上每年进行一次定期磋商；定期举行世界经济形势与前景的磋商；当某会员国修改汇兑措施、汇率政策，或执行对其他会员国发生重大影响的政策，或基金组织认为某会员国的汇率政策不符合《协定》指导原则时，IMF总裁就同该国进行特别磋商。（3）融通资金职能。即对逆差国提供贷款，以稳定外汇市场和扩大国际贸易。

布雷顿森林体系中,美元可以兑换黄金和各国实行固定汇率制度,是这一货币制度的两大支柱,IMF 则是这一货币体系正常运转的中心机构。

### 二、布雷顿森林体系的特点

布雷顿森林体系的实质是建立一种以美元为中心的国际货币体系。其基本内容是美元与黄金挂钩,其他国家的货币与美元挂钩,实行固定汇率制度。其主要特点包括:

(一) 美元的中心地位

美元等同于黄金,作为国家间主要清算支付工具和储备货币,美国对各国政府承担以美元兑换黄金的义务,按 1 美元价值 0.888671 克纯金比率确定美元含金量,即美元和黄金保持 1 金衡盎司黄金 = 35 美元的官价。IMF 成员国政府必须确认美国政府这一官价,并把这一官价作为国际货币制度基础。

(二) 可调整的固定汇率

布雷顿森林体系是固定汇率制度。IMF 会员国的各国货币通过各自法定含金量即黄金平价与美元含金量对比,套算出对美元的汇率,也可不规定含金量直接确定与美元的比率。这一汇率不经 IMF 批准不得轻易变动。会员国须将汇率维持在黄金平价的上下 1% 限度内。

在实际运行中,会员国的汇率调整是很少见的。这一现象与布雷顿森林体系缔造者们的设想不完全一致,在这一时期并不是没有国际收支失衡产生,而是汇率调整产生了困难。

(三) 对国际收支的调节

根据《布雷顿森林协定》,国际收支的失衡可以通过两种方法调节:一是由 IMF 提供信贷资金解决短期失衡;二是由调整汇率来解决长期失衡。

各成员国国际收支出现不平衡时,可以通过 IMF 贷款来调节,但主要依靠各国自身改变国内支出。除非 IMF 批准,认为该国国际收支处于"根本性失衡",才可通过变动含金量、调整汇率、对外法定贬值或法定升值来改善国际收支状况。

但是,事实上在这一时期,国际收支问题一直没有得到很好的解决。要维持以美元为中心的布雷顿森林体系的运转,保证"双挂钩"原则的实现,必须具备以下三项基本条件:(1) 美国国际收支保持顺差,美元对外价值稳定;(2) 美国黄金准备充足,保证美元对黄金的有限兑换性;(3) 黄金价值维持在官价水平。这三个条件是相互联系、相互影响的,当以上三个条件不能满足时,以美元为中心的国际货币体系的基础也就随之动摇。实际上,这几个条件是存在矛盾的,这也是布雷顿森林体系瓦解的原因。

### 三、布雷顿森林体系的崩溃

(一) 特里芬难题

对布雷顿森林体系,美国有两个基本责任,即解决对美元的信心和国际清偿力问题。

信心问题：保证美元按照固定官价兑换黄金，维持各国对美元的信心；

国际清偿力问题：要提供充足的国际清偿力，即美元。

这两个问题具有矛盾：美元供给太多，有不能兑换黄金的危险——对美元信心动摇；美元供给太少，国际清偿力不足——产生清偿问题。

这一矛盾最早由美国耶鲁大学教授罗伯特·特里芬提出。1960年，特里芬教授在《黄金与美元危机——自由兑换的未来》一书中提出了布雷顿森林体系存在着其自身无法克服的内在矛盾：在黄金生产停滞的情况下，如果美国的国际收支长期保持顺差，国际储备资产就不能满足国际贸易发展的需要，就会发生美元供不应求的美元短缺现象，即美元荒；如果美国国际收支长期保持逆差，国际储备资产就会发生过剩现象，造成美元泛滥，即美元灾，进而导致美元危机，并危及布雷顿森林体系。这一内在矛盾在国际经济学界被称为"特里芬难题"。

（二）美元荒、美元灾与美元危机

美元本位制建立初期，美元保持相对稳定并处于优势地位，但随着美国经济实力相对削弱，国际收支不断恶化。美国国际收支状况对美元供给的影响是：1947~1958年表现为美元荒，1958~1969年则表现为美元灾。20世纪50年代到60年代初，美国对外急剧扩张，美国经济实力相对下降，从而使美元信用发生动摇，终于在1960年10月爆发了第一次美元危机。所谓美元危机是指由于美元国际信用下降而发生抛售美元抢购黄金及其他国家货币的风潮。在先后经历了4次美元危机后，布雷顿森林体系最终崩溃。

1. 美元荒

在布雷顿森林体系下，美元的供给主要是通过美国的国际收支赤字来提供的，而1947年至1958年十多年间，美国的国际收支产生盈余，其他国家则有赤字，美元输入大于输出，造成美元短缺，无法满足国际结算的需要，最终形成美元荒。

2. 美元灾与美元危机

从1958年开始，美国国际收支逆差急剧增加，美国大量输出美元，这一变化使世界各国对于美元能否继续平价兑换黄金产生了怀疑，一些国家开始要求以美元兑换黄金。这被称为美元灾，标志着美元本位从此进入动荡时期。

1960年10月，第一次美元危机爆发，在国际金融市场上人们纷纷抛售美元抢购黄金，引起黄金价格的上升，金价涨到1盎司41.5美元。尽管IMF、美国和其他主要国家采取了种种补救措施，例如1960年10月美国与西欧发达国家达成的"稳定黄金价格"的君子协定、1961年3月国际清算银行理事会的各国央行达成《巴塞尔协定》、1961年10月"黄金总库"协议、"借款总安排"、1962年3月"货币互换协定"等，但到了60年代中期，由于美侵越战争的扩大，美国财政金融和国际收支更加恶化，对外债务急剧增加，美元信用更加下降，仍导致了1968年3月的第二次美元危机，美国黄金储备从1949年占西方世界存量75%的顶峰下跌到1968年的 25%，表明美元实际对外价值下降。同样，IMF、美国和其他主要国家又采取了诸如 1968 年"黄金双价制"、1970 年"发行"SDR 等种种补救措施，力图阻止美元危机的发生。70 年代初，美国受周期性经济危机影响，国际收支进一步恶化，于 1971 年 5 月爆发了第三次美元危机，西方外汇市场大量抛售美元，抢购黄金和西德马克。1972 年下半年开始，美国国际收支状况继续恶化，人们对美元的信用彻底地失去了信心，国际金融市场上再次爆发了美元危机，即第四次美元危机。美国政府于 1973 年 2 月被迫宣布战后美元再次贬值，美元对黄金贬值 10%，即黄金官价由每盎司 38 美元再提高到 42.22 美元。但美元的再度贬值仍未能制止美元危机，在这种情况下，西方国家经过磋商达成协议：取消本币对美元的固定比价，宣布实行浮动汇率制。至此，以黄金为基础、美元为中心的可调整的固定汇率制彻底解体，布雷顿森林体系完全崩溃。

1976 年 1 月，国际货币基金组织在牙买加召开会议，达成《牙买加协定》，标志着布雷顿森林体系的最后终结。美元本位制的布雷顿森林体系最终走向解体。

（三）布雷顿森林体系的作用和缺陷

1. 布雷顿森林体系的作用

布雷顿森林体系的建立，使国际货币体系领域的动荡混乱状态进入了相对稳定时期，对第二次世界大战后资本主义世界经济和贸易的发展起着一定的积极作用。

（1）美元与黄金同为储备资产，缓解了国际储备短缺问题。美元作为主要国际支付手段和储备货币，在一定程度上缓解了过去单一黄金的清偿能力不足的问题，消除了影响国家间商品货币流通的各种障碍，促进了国际贸易和世界经济发展。

（2）实行固定汇率制，有利于国际贸易的发展和国际资本流动。实行了以美元为中心的固定汇率制度，汇率稳定，国际贸易和投资汇率风险小，有利于国际贸易的清算和贸易往来的顺利进行，为国际金融领域创造了相对平稳的外部环境。

（3）国际货币基金组织为缓解会员国国际收支逆差起到一定作用。国际货币基金组织为主的国际经济组织对各成员国提供多种类型贷款，以解决成员国国际收支失衡的问题，帮助他们减少国际收支逆差，从而减轻了这些国家货币汇率的内在不稳定性。

2. 布雷顿森林体系的缺陷

以美元为中心的布雷顿森林体系为美国带来巨大经济利益，也为 20 世纪 50 年代和 60 年代世界经济的高度繁荣创造了有利的条件，但它也存在着许多缺陷和问题。

（1）美元享有特权地位。美国可利用美元进行无限制的扩大对外投资活动，利用美元来弥补美国国际收支逆差（使实际资源向美国转移，等于美国向其他国家征收了"铸币税"），利用美元来操纵国际金融活动，这实际上把国际货币体系建立在美国的经济地位基础上，一旦美国经济地位发生变化，国际货币体系也必然随之动荡。

（2）美元高估带来双重影响。1944年IMF规定的美元价值，实际上是对美元本身价值的高估，这种高估难以维持。美元高估使美国可在国际贸易、投资和信贷中获取超额利润，如低价进口原材料及商品，进口增加；但美元高估又使得美国在国际市场上的竞争力削弱，出口减少，导致了美国国际收支不断恶化，美元地位受到冲击，这势必影响美元信用，影响以美元为中心的货币制度的稳定。

（3）布雷顿森林体系存在不可克服的内在矛盾。"特里芬难题"直指美元汇兑本位制的致命之处，即清偿力和信心之间存在着根本矛盾。从某种意义上，正是这一根本矛盾导致了布雷顿森林体系的分崩离析。

在布雷顿森林体系下，一方面，美元发挥着结算、储备和干预性货币的作用，扩大了美国在经济和政治上的特权，使它在执行外交政策或管理国内经济时，无须顾虑它的国际收支平衡问题。另一方面，与其他国家相比，美国不能让美元贬值，不能改变美元与其他货币的汇率以改善自己的贸易和国际收支地位，更不能改变美元与黄金的兑换官价，一旦这一官价无法维持，布雷顿森林体系的基础就动摇了。

（4）难以维持的固定汇率制。布雷顿森林体系试图建立一种可调整的固定汇率制。但在实际运行中，这是一种僵化的固定汇率制，完全限制了各国利用汇率杠杆来调节国际收支的能动程度。

（5）布雷顿森林体系下，各国为了维持稳定的汇率，往往不得不牺牲国内经济目标。布雷顿森林体系试图解决国内经济自主和国际汇率稳定之间的矛盾，但是该体系的一些基本特征——各国政策自主、固定汇率和货币可兑换性——是相互冲突的。例如，一国如果实行扩张型的货币政策，会使该国货币供应量增加，国内利率下降，资本外流；同时出口有下降、进口有增加的趋势，本币有贬值压力，为维护固定汇率，货币当局在外汇市场中买入本币，卖出外汇，货币供给量减少，所以在固定汇率下货币政策有效性削弱或无效。

## 第四节　牙买加体系

### 一、牙买加体系的产生

现行货币体系是布雷顿森林体系20世纪70年代崩溃后不断演化的产物，学术界也称之为牙买加体系。

布雷顿森林体系瓦解后，国际金融陷于动荡之中，国际货币体系改革步入漫漫长途。各国为建立一个新的国际货币体系进行了长期的讨论与磋商。1974年9月，在国际货币基金组织年会上成立了一个临时委员会（Interim Committee），由20个国家的部长级代表组成。这个临时委员会是国际货币基金组织理事会的咨询机构，专门研究国际货币制度问题。在改革原有国际货币体系、谋求建立新的国际货币体系的过程中，各方在不断的讨价还价的基础上，最终就一些基本问题达成共识。1976年1月，临时委员会在牙买加首都金斯顿举行会议，讨论修订《国际货币基金协定》。这次会议集中讨论了三个主要问题：第一，扩大和重新分配份额；第二，处理黄金官价和国际货币基金组织的库存黄金；第三，修改国际货币基金组织有关汇率的规则。经过数次协商，签署了一个协定，称为《牙买加协定》。

《牙买加协定》确认了布雷顿森林体系崩溃后浮动汇率的合法性，继续维持全球多边自由支付原则。虽然美元的国际本位和国际储备货币地位遭到削弱，但其在国际货币体系中的主导地位和国际储备货币职能仍得以延续，IMF组织机构和职能也得以续存。

**二、《牙买加协定》的主要内容**

（一）浮动汇率合法化

各会员国可以自主决定汇率安排，因而固定汇率制度与浮动汇率制度可以同时并存。各会员国有义务和IMF合作以"保证有秩序的汇率安排和促进汇率稳定的制度"。IMF监督各会员国的汇率政策，缩小汇率波动幅度，使汇率符合各国长期基本情况。禁止各会员国操纵汇率以阻止对国际收支进行有效的调节或对其他会员国赢得不公平的竞争利益。IMF还有权要求会员国解释它们的汇率政策并推行适当的国内经济政策，以促进汇率体系的稳定。在将来世界经济形势稳定之后，经过IMF总投票权的85%通过，仍然恢复稳定的但可调整的汇率制度。

这实际上是对已实施多年的浮动汇率制度予以法律上的认可，但同时又强调了IMF在稳定汇率方面的监督和协调作用。

（二）黄金非货币化

废除黄金条款，实行黄金非货币化，也就是使黄金与货币完全脱钩，让黄金成为纯粹的商品，各会员国的中央银行可按市价自由进行黄金的交易。取消会员国之间以及会员国与基金组织之间须用黄金支付的义务。在IMF持有的黄金总额中，按市场价格出售1/6（约2500万盎司）用于援助发展中国家。另外1/6按官价归还会员国，剩余部分根据基金组织总投票权的85%通过的决议再行处理。

（三）修订基金份额

新增加分配的份额不超过总数的33.5%，增加后的份额分配使石油输出国组织所出的资金增加了1倍，达到全部成员国出资总额的10%。份额重新修订后，发达国家的投票权相对于发展中国家减少了。

（四）储备资产安排

在未来的货币体系中，应以特别提款权作为主要的储备资产，把美元本位改为特别提款权本位。根据规定，参加特别提款权账户的国家可以用特别提款权来偿还其所欠基金组织的债款，使用特别提款权作为偿还债务的担保，各参加国也可以用特别提款权进行借贷。基金组织要加强对国际清偿能力的监督。

特别提款权（Special Drawing Rights，简称 SDRs），是国际货币基金组织创设的一种记账单位，于 1970 年 1 月正式开始使用。它既不是真正的货币，也不能兑换黄金，而是由 IMF 分配给会员国的一种使用资金的权利，作为普通提款权的补充。在"国际储备"一章将详细介绍 SDRs。

（五）加大对发展中国家的融资规模

以出售黄金所得收入扩充"信托基金"，用于援助发展中国家。同时，IMF 扩大信用贷款部分的总额度，由占会员国份额的 100% 增加到 145%，并将"出口波动补偿贷款"的规模占份额的比例从 50% 提高到 75%。

在《牙买加协定》发表以后，IMF 执行董事会即着手对《国际货币基金协定》进行第二次修订，修订的全部协定条款包括了《牙买加协定》的主要内容。《国际货币基金协定第二次修正案》于 1976 年 4 月底经理事会表决通过后经 60% 以上的会员国和总投票权的 85% 多数票通过，从 1978 年 4 月 1 日起正式生效。从此，国际货币体系进入了一个新阶段，由于这个阶段的国际货币体系同《牙买加协定》密切相关，故被称为牙买加体系。

### 三、牙买加体系实际运行的特点

在实际运行中，牙买加体系主要呈现以下特点：

（一）以浮动汇率为主的混合汇率体制

在牙买加体系下，各国可以自由作出汇率的安排，形成浮动汇率制与固定汇率制并存的局面。一般而言，发达工业国家多数采取单独浮动或联合浮动，但有的也采取钉住自选的货币篮子。对发展中国家而言，多数是钉住某种国际货币或货币篮子，单独浮动的很少。

不同汇率制度各有优劣，浮动汇率制度可以为国内经济政策提供更大的活动空间与独立性，而固定汇率制度则减少了本国企业可能面临的汇率风险，方便生产与核算。各国可根据自身的经济实力、开放程度、经济结构等一系列相关因素去权衡得失利弊。

（二）以美元为主导的多元化国际储备体系

虽然《牙买加协定》中曾规定未来的国际货币体系应以特别提款权为主要储备资产，但事实上，特别提款权在世界各国国际储备中的比重并没有增加。在各国所持有的外汇储备中，以前美元独霸天下的局面被以美元为主导的多种储备货币所取代。

美元仍是主要的国际计价单位、支付手段和国际价值储存手段。但与布雷顿森林体系下国际储备结构单一、美元地位十分突出的情形相比，在牙买加体系下，国际储备呈现多元化局面，美元虽然仍是主导的国际货币，但美元地位明显削弱了，由美元垄断外汇储备的情形不复存在。德国马克、日元随着两国经济的恢复发展脱颖而出，成为重要的国际储备货币。欧元 2002 年 1 月 1 日正式进入流通领域以来，到现在也逐渐成为较为重要的储备货币。另外,英镑和瑞士法郎也是在很多国家有良好信用的储备货币。

除了外汇储备资产,在实际中,黄金仍是大多数国家国际储备资产重要的一部分,黄金也仍然是最后的国际清偿手段和保值手段。

(三) 国际收支的多种调节机制

在牙买加体系下,国际收支调节是通过汇率机制、利率机制、国际金融市场及商业银行的活动、基金组织的干预和贷款综合进行的。

首先,牙买加体系下主要国家都采取了浮动汇率制度,因此以汇率机制调节国际收支失衡是该体系的一个重要特征。其次,另一个国际收支调节机制是利率机制。即通过一国实际利率与其他国家实际利率的差异引导资金流入流出,从而调节国际收支。再次,牙买加体系下的一个重要特点是国际金融市场日益发达。通过国际金融市场的借贷,可以有效地筹集到调节国际收支失衡的资金。但是,国际金融市场的存在也使国家间资金的大规模移动变得更加频繁和便利。这必然造成了各国货币汇率的更频繁的波动。最后,国际货币基金组织也可以为成员国提供贷款,在一定程度上为调节其会员国国际收支失衡发挥着作用。

**四、对牙买加体系的评价**

(一) 牙买加体系的积极作用

牙买加体系对维持世界经济的运转、推动世界经济继续发展起了一定积极作用:

(1) 牙买加体系基本摆脱了布雷顿森林体系时期本位货币国家与依附国家相互牵连的弊端,并在一定程度上解决了"特里芬难题",国际储备多元化有利于缓解国际清偿力的不足。

(2) 以浮动汇率为主的混合汇率体制可以灵活地适应不断变化的国际经济状况,各国汇率可根据市场供求状况自发调整;在牙买加体系下,各国具有较强的宏观经济政策的自主性和有效性,这在一定程度上确保了各国经济的稳定发展;浮动汇率制也使各国可以减少为维持汇率稳定所必须持有的外汇储备。

(3) 采取多种国际收支调节机制相互补充,在一定程度上缓和了布雷顿森林体系国际收支调节机制失灵的困难。

(二) 牙买加体系的缺陷

牙买加体系作为一种布雷顿森林体系崩溃后国际货币制度安排的权宜之计,其本身不可避免地存在一些缺陷,这些缺陷导致该体系在运行中也出现诸多问题,主要表现如下:

(1) 牙买加体系下的汇率波动剧烈。牙买加体系确立了浮动汇率的合法化,但是,由于市场经济规律的客观要求,汇率反映了外汇市场某种货币供给与需求之间的关系,因此,汇率是时刻变动的。再加上国际资本流动频繁,资本流动量增加,外汇交易量增加,加之外汇投机交易,加剧了国际金融市场动荡和混乱,汇率的变动有时甚至是非常剧烈的。而国际贸易和国际投资的发展要求有比较稳定的汇率，以减轻和防范汇率风险。汇率的大幅波动对一国经济增长也会带来不利影响。

（2）牙买加体系下各国政府对宏观经济进行调控的困难加大。在牙买加体系下，一方面政府仍要通过使用支出增减政策对国际收支进行管理，从而面临着与固定汇率制相类似的内外均衡冲突；在利用汇率进行调整的过程中，汇率的变动会对开放经济各个方面都产生影响，再加上国际资本流动的飞速发展，经济内外均衡目标的冲突更加复杂，对经济的影响更为深刻。政府决策陷于两难的境地，常常顾此失彼。

（3）政府干预汇率的效率损失。牙买加体系下，各国政府并不完全听任汇率随市场供求关系自由浮动，仍会多多少少地对汇率的走势进行干预，使货币汇率向着有利于自己的方向运动。例如，多个国家都实行本币汇率贬值的话，在这些国家之间相当于都没贬值，不仅造成效率损失，还会带来国家之间摩擦的增加和矛盾的升级。

（4）牙买加体系下国际收支调节机制仍不健全。首先从一国角度来看，牙买加体系下，国家对国际收支失衡的调节有两种方式：一是汇率升值或贬值；二是通过资本流动弥补。我们在前面已经指出，在一些国家存在比较严重的经常项目不平衡的情况下，如果只是片面地通过国际资本流动造成的资本项目盈余来为经常项目提供融资，借以达到国际收支平衡的目标，一方面可能酿成债务危机，另一方面还可能会因为投资者信心的动摇而引发货币危机。

其次从 IMF 的国际收支调节来看，作用有限。IMF 可以在一定范围内给国际收支失衡的国家——主要是逆差国——提供低息的贷款，用于弥补国际收支逆差。但 IMF 成员国所能获得的贷款额度与其缴纳的成员国会费是成正比的，也就是缴纳的份额越多，获得的贷款数也越大。而份额又是根据一国的国民收入总值、经济发展程度、战前国际贸易幅度等多种因素确定的。越是那些最不发达国家和发展中国家，在 IMF 可获得的贷款比率越少。这是 IMF 从产生之初就存在的固有制度缺陷，在牙买加体系下，这一体制并没有根本性的变化。

IMF 2010 年份额和治理改革方案拖延多年后，终于在 2015 年行将结束时获得美国国会通过，迎来即将生效的曙光。根据该方案，IMF 的份额将增加 1 倍，约 6% 的份额将向有活力的新兴市场和代表性不足的发展中国家转移。由此，中国跻身 IMF 第三大成员国，而印度、俄罗斯和巴西也均进入前十位。

当前的牙买加体系有时也被称为"无体系的体系"，因为该体系没有规定政府遵照的干预规则，没有对巨额资本的短期跨境流动形成有效的制约，没有明确规定在出现国际收支不平衡时相关各国的义务。对于一个国家而言，可以依照自身的经济发展战略和客观约束选择适合本国的汇率制度。但这样的自由应当受到一定程度的约束，比如以不能损害他国利益为前提。

在建立明确的规则和各方应恪守的承诺之前，基于双方利益而非依照规则进行的协调可能是一段时期内国际协调的依据。但从目前来看，某些大国逐渐背弃了国际协调的准则，完全按照自身的利益采取单边主义的行动。所以，作为国际货币体系方面制定规则和协调各成员国行为的主要组织机构，IMF 的改革势在必行。与此同时，对现有国际货币体系进行改革的呼声也不绝于耳。

## 课后复习题

1. 评价一种国际货币体系的特点，主要从哪几个方面入手？
2. 比较国际金本位制三个阶段的主要特点。
3. 布雷顿森林体系的主要特点是什么？
4. 什么是"特里芬难题"？
5. 牙买加体系实际运行的特点是什么？
6. 如何评价现行的国际货币体系？
7. 您认为目前国际货币体系的改革应主要从哪几个方面进行？

# 第三章

# 国 际 收 支

【学习目标】
1. 掌握国际收支的概念;理解国际收支交易的判断。
2. 了解国际收支与国际借贷的关系。
3. 熟悉国际收支平衡表的结构及账户;掌握其编制原理。
4. 了解国际收支平衡表的分析方法;理解国际收支的平衡与失衡。
5. 掌握国际收支失衡的原因;理解国际收支大量顺差或逆差的影响。
6. 理解国际收支的自发调节机制和政策调节手段。

## 第一节 国际收支

**一、国际收支的概念(Balance of Payments)**

(一)国际收支的概念

国际收支的概念有广义和狭义之分。狭义的国际收支是指一个国家在一定时期内(通常为一年)必须同其他国家立即结清的各种到期支付的差额,它只包括各种收支中必须立即结清和支付的那一部分款项,对于国际贸易和国际借贷中尚未到期,且并不需要用现金结算的部分,则不列入,其强调的是现金交易基础。根据《新帕尔格雷夫货币金融大辞典》,广义的国际收支是指在一段时间内一国居民与外国居民发生的国际经济交易活动的全部记录,是一国对外政治、经济等关系的缩影。

因此,狭义的国际收支是一国在一定时期内的外汇收支,强调的是现金的概念;而广义的国际收支是指一定时期内一国居民与非居民之间全部经济交易的系统记录,强调的是交易的概念。

IMF 根据广义的国际收支概念,对国际收支进行了界定。这个定义的含义是,国际收支是一种一定时期的统计报告,用以反映:(1)一个经济体同世界其他经济体之间的商品、劳务收益(指商品进出口、运输、保险、旅游等劳务)以及投资收益等国际经济交易;(2)这个经济体对世界上其他经济体的债权债务(指国际资本流动所产生的债权债务以及由于各种原因而造成的官方储备资产增减）；（3）不偿还的转移和各种对应分录，这些分录是会计用来平衡上述尚未相互抵消的交易和变动的分录（指侨民汇款、赠与、援助以及应收未收、应付未付，尚未结清的国际经济交易等）。

（二）国际收支概念的特点

1. 国际收支是流量的概念，而非存量

国际收支反映在一国的国际收支平衡表里，它所记录的只是一段时期（一季度或一年）发生的交易，例如货物进口、服务出口、无偿转移、直接投资、储备资产的增减等，而不是截止到某一时点累积的国际贸易、国际投资或国际借贷等的总额。

2. 国际收支是居民与非居民之间的经济交易

从一国的角度来说，要判断一笔交易是不是国际收支，是否需要在国际收支平衡表里记录，只需从交易的双方主体进行判断，如果一笔经济交易发生在居民与非居民之间，就可以判断属于国际收支。但居民和非居民的界定比较复杂，下面进一步阐述。

**二、国际收支交易的主体**

从一国角度来看，一笔国际收支的交易双方是一国的居民和非居民。

一国居民，是指长期在该国从事生产和消费活动的单位（包括个人、企业、非营利团体和政府）。但以下几种特殊情况需注意：国际组织不属于任何一国的居民；一国驻外使领馆仍属于来源国居民；驻外军事基地仍属于来源国居民。

以中国为例，中国居民是指：

（1）在中国境内居留一年以上的自然人，包括外国及香港、澳门、台湾地区在境内的留学生、就医人员等（外国驻华使领馆外籍工作人员及其家属除外）；

（2）中国短期出国人员（在境外居留时间不满一年），包括在境外留学人员、就医人员及旅游人员等；

（3）在中国境内依法成立的企业、事业法人（含外商投资企业及外资金融机构）及境外法人的驻华机构（国际组织驻华机构、外国驻华使馆领馆除外）；

（4）中国国家机关、团体、部队等；

（5）中国驻外使领馆、部队等国家团体及其工作人员与家属。

除此以外的自然人或法人应视为非中国居民。

讨论并判断：下列哪些交易属于我国国际收支的范畴？

①在我国驻外使馆工作的我国工作人员的工资收入；

②美国驻华使馆工作的我国工作人员的工资收入；

③国内某企业在香港投资建厂，该厂产品在国内市场销售；

④国内某企业在澳门投资建厂，该厂产品在当地市场销售；

⑤我国对某受灾国提供药品援助；

⑥我国货币当局向某国政府购买黄金以增加黄金储备量。

### 三、国际收支与国际借贷的关系

国际收支与国际借贷的联系是,在非现金结算条件下,国家之间的经济交往总是先形成债权债务关系,而这种国家间的债权债务关系就称为国际借贷。当国家间进行结算时,债权国必然会得到外汇收入,债务国必然会引起外汇支出,这就分别形成两个国家的国际收支。可见国际借贷的产生必然引起国际收支的发生。

国际收支与国际借贷二者的主要区别如下:

(1) 国际借贷表示一个国家在一定日期对外债权债务的综合情况;而国际收支则表示在一定时期内一个国家(通常为一年)全部经济交易情况,除了涉及债务债权关系的交易,还有的交易不涉及债务债权关系,例如私人部门和政府单方面的经常性转移以及资本品的转移等。因此,国际借贷包括范围较小,它只包括能形成债权债务的那些经济交易的价值,不含无偿转移的价值;而国际收支则包括一切经济交易的价值,既包括商品、劳务和资本输出输入,同时也包括国际援助、赠与、战争赔款等无偿转移价值。

(2) 国际借贷着重计算一个国家在某一日期以前所有对外债权债务冲抵后的余额,更多时候国际借贷的存量更有说明性;而国际收支着重计算在一定时期内一个国家对外经济交易的发生额,表示的是一个流量的概念。

## 第二节 国际收支平衡表的编制

### 一、国际收支平衡表及其结构

#### (一) 国际收支平衡表基本介绍

国际收支平衡表(Balance of Payments Statement)又称国际收支差额表,它是系统地记录一国在一定时期内发生的国际经济交易项目及其金额的一种统计报表。它综合反映了一国国际收支的具体构成及其全貌。

为了使各成员国在国际收支平衡表的编制过程中有标准可依,也便于成员国之间进行国际收支状况的比较,国际货币基金组织制定《国际收支手册》(Balance of Payments Manual),为各成员国提供参考。《国际收支手册》第一版于 1948 年首次颁布,国际货币基金组织又先后五次分别于 1950 年、1961 年、1977 年、1993 年和 2008 年修改了手册,不断地补充和修订了新的内容。目前最新版本为第六版,手册名称首次修改为《国际收支和国际投资头寸手册》(Balance of Payments and International Investment Position Manual),于 2008 年 11 月通过。

自 2015 年起,中国国际收支统计数据根据国际货币基金组织《国际收支和国际投资头寸手册》(第六版)编制。此前我国国际收支平衡表的编制结构是:基本结构依照"第五版",只是仍按照"第四版"把"储备资产"单独列出。截止到 2016 年 5 月,我国 1982~2014 年的国际收支平衡表(按照第五版编制)以及 2006~2015 年的国际收支平衡表(按照第六版编制)在国家外汇管理局的"统计数据"里都可以查到,表格有季度数据和年度数据以及以人民币和美元作为记账单位的不同数据呈现。表格的基本结构及数据参见本章后面的年度表格节选,附表 3-1 是根据手册第五版的结构编制的、以美元为记账单位的 2010~2014 年的中国国际收支表;附表 3-2 是根据手册第六版的结构编制的、以美元作为记账单位的 2010~2015 年的中国国际收支平衡表。

(二)国际收支平衡表的结构

图 3-1 和图 3-2 分别是《国际收支手册》(以下简称《手册》)第五版和第六版中国际收支平衡表的基本账户结构。

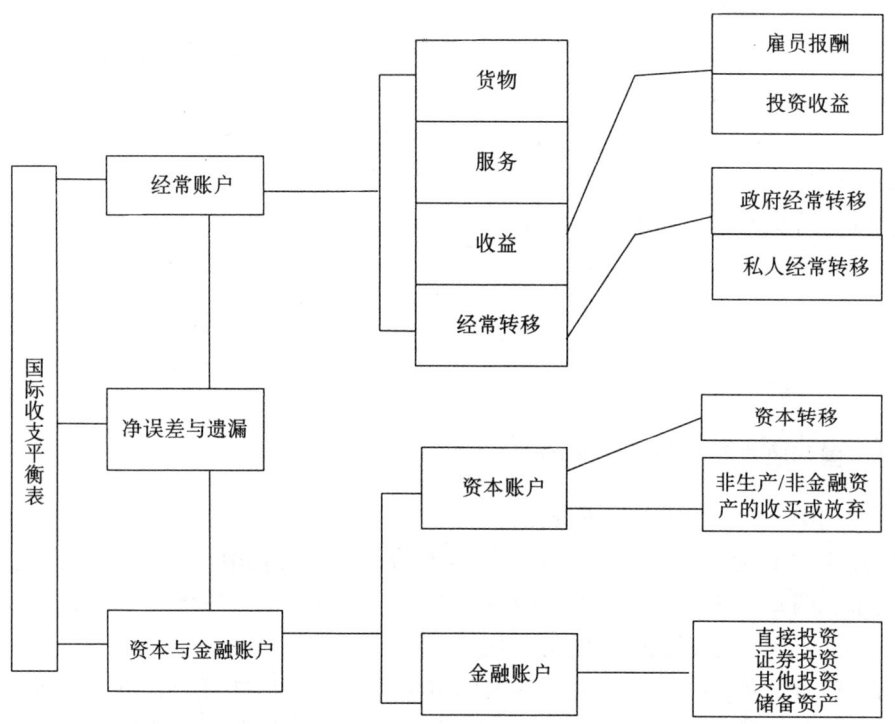

图 3-1 IMF《国际收支手册》第五版国际收支平衡表的基本结构

仅从图 3-1 和图 3-2 来看,基本账户结构差别不大,第六版相对于第五版有的账户进一步细化了。除了基本账户结构的差别,第六版对于某些交易的统计原则也作了一些变动。

(1)加工贸易统计的变化。按照《手册》第五版的标准,加工贸易统计在"货物贸易"项目下。在《手册》第六版中,加工贸易被定义为不涉及所有权转移的贸易,记入"服务贸易"项目下。

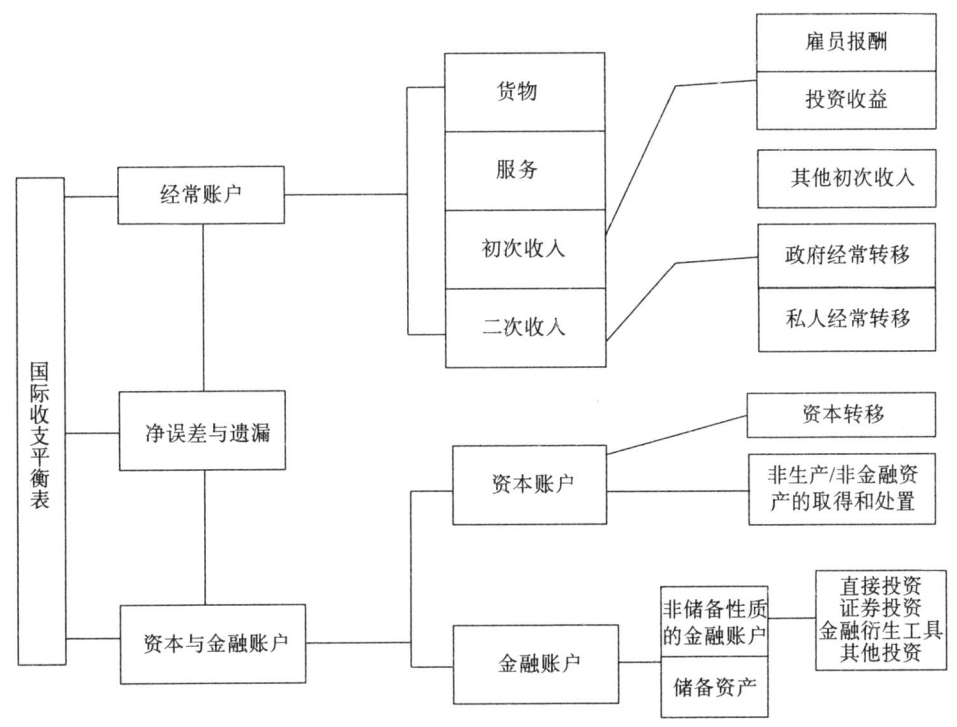

图3-2 IMF《国际收支手册》第六版国际收支平衡表的基本结构

（2）转口贸易统计的变化。《手册》第五版将转口贸易（merchanting）货物获取价值与出售价值之间的差额记录在"服务贸易"项目下。而《手册》第六版规定：对于转口贸易下的货物，在货物的经济所有权发生变更时记录货物的购买和出售，货物出售与购买的差额记入"转口贸易下的货物净出口"，即属于"货物贸易"项目下。

下面先介绍国际收支平衡表的账户含义，也就是每一个二级账户记录的交易内容以及每一个账户记贷方和借方的含义，再介绍国际收支平衡表的编制原则，进一步理解贷方和借方的区分。

**二、国际收支平衡表账户的具体含义**

我们以中国国际收支平衡表为例，来介绍各账户的具体含义。中国国际收支表是反映特定时期内我国（不含中国香港、澳门和台湾，下同）与世界其他国家或地区的经济交易的统计报表。

根据国际货币基金组织（IMF）《国际收支和国际投资头寸手册》（第六版）（以下简称《手册》第六版），中国国家外汇管理局发布了《我国国际收支平衡表编制原则（第六版）》，其中对国际收支平衡表具体项目的含义进行了界定。

根据《手册》第六版，国际收支平衡表包括经常账户、资本账户和金融账户。

经常账户可细分为货物和服务账户、初次收入账户、二次收入账户。金融账户可细分为直接投资、证券投资、金融衍生工具、其他投资和储备资产。具体项目的含义如下：

1. 经常账户：包括货物和服务、初次收入和二次收入。

1.A 货物和服务：包括货物和服务两部分。

1.A.a 货物：指经济所有权在我国居民与非居民之间发生转移的货物交易。贷方记录货物出口，借方记录货物进口。货物账户数据主要来源于海关进出口统计，但与海关统计存在以下主要区别：一是国际收支中的货物只记录所有权发生了转移的货物（如一般贸易、进料加工贸易等贸易方式的货物），所有权未发生转移的货物（如来料加工或出料加工贸易）不纳入货物统计，而纳入服务贸易统计；二是计价方面，国际收支统计要求进出口货值均按离岸价格记录，海关出口货值为离岸价格，但进口货值为到岸价格，因此国际收支统计从海关进口货值中调出国际运保费支出，并纳入服务贸易统计；三是补充部分进出口退运等数据；四是补充了海关未统计的转手买卖下的货物净出口数据。

1.A.b 服务：包括加工服务，维护和维修服务，运输，旅行，建设，保险和养老金服务，金融服务，知识产权使用费，电信、计算机和信息服务，其他商业服务，个人、文化和娱乐服务以及别处未提及的政府服务。贷方记录提供的服务，借方记录接受的服务。

1.A.b.1 加工服务：又称"对他人拥有的实物投入的制造服务"，指货物的所有权没有在所有者和加工方之间发生转移，加工方仅提供加工、装配、包装等服务，并从货物所有者处收取加工服务费用。贷方记录我国居民为非居民拥有的实物提供的加工服务。借方记录我国居民接受非居民的加工服务。

1.A.b.2 维护和维修服务：指居民或非居民向对方所拥有的货物和设备（如船舶、飞机及其他运输工具）提供的维修和保养工作。贷方记录我国居民向非居民提供的维护和维修服务。借方记录我国居民接受的非居民维护和维修服务。

1.A.b.3 运输：指将人和物体从一地点运送至另一地点的过程以及相关辅助和附属服务，以及邮政和邮递服务。贷方记录居民向非居民提供的国际运输、邮政快递等服务。借方记录居民接受的非居民国际运输、邮政快递等服务。

1.A.b.4 旅行：指旅行者在其作为非居民的经济体旅行期间消费的物品和购买的服务。贷方记录我国居民向在我国境内停留不足一年的非居民以及停留期限不限的非居民留学人员和就医人员提供的货物和服务。借方记录我国居民境外旅行、留学或就医期间购买的非居民货物和服务。

1.A.b.5 建设：指建筑形式的固定资产的建立、翻修、维修或扩建，工程性质的土地改良、道路、桥梁和水坝等工程建筑，相关的安装、组装、油漆、管道施工、拆迁和工程管理等，以及场地准备、测量和爆破等专项服务。贷方记录我国居民在经济领土之外提供的建设服务。借方记录我国居民在我国经济领土内接受的非居民建设服务。

1.A.b.6 保险和养老金服务：指各种保险服务，以及同保险交易有关的代理商的佣金。贷方记录我国居民向非居民提供的人寿保险和年金、非人寿保险、再保险、标准化担保服务以及相关辅助服务。借方记录我国居民接受非居民的人寿保险和年金、非人寿保险、再保险、标准化担保服务以及相关辅助服务。

1.A.b.7 金融服务：指金融中介和辅助服务，但不包括保险和养老金服务项目所涉及的服务。贷方记录我国居民向非居民提供的金融中介和辅助服务。借方记录我国居民接受非居民的金融中介和辅助服务。

1.A.b.8 知识产权使用费：指居民和非居民之间经许可使用无形的、非生产/非金融资产和专有权以及经特许安排使用已问世的原作或原型的行为。贷方记录我国居民向非居民提供的知识产权相关服务。借方记录我国居民使用的非居民知识产权服务。

1.A.b.9 电信、计算机和信息服务：指居民和非居民之间的通信服务以及与计算机数据和新闻有关的服务交易，但不包括以电话、计算机和互联网为媒介交付的商业服务。贷方记录本国居民向非居民提供的电信服务、计算机服务和信息服务。借方记录本国居民接受非居民提供的电信服务、计算机服务和信息服务。

1.A.b.10 其他商业服务：指居民和非居民之间其他类型的服务，包括研发服务，专业和管理咨询服务，技术、贸易相关等服务。贷方记录我国居民向非居民提供的其他商业服务。借方记录我国居民接受的非居民其他商业服务。

1.A.b.11 个人、文化和娱乐服务：指居民和非居民之间与个人、文化和娱乐有关的服务交易，包括视听和相关服务（电影、收音机、电视节目和音乐录制品），其他个人、文化娱乐服务（健康、教育等）。贷方记录我国居民向非居民提供的相关服务。借方记录我国居民接受的非居民相关服务。

1.A.b.12 别处未提及的政府服务：指在其他货物和服务类别中未包括的政府和国际组织提供和购买的各项货物和服务。贷方记录我国居民向非居民提供的别处未涵盖的货物和服务。借方记录我国居民向非居民购买的别处未涵盖的货物和服务。

1.B 初次收入：指由于提供劳务、金融资产和出租自然资源而获得的回报，包括雇员报酬、投资收益和其他初次收入三部分。

1.B.1 雇员报酬：指根据企业与雇员的雇佣关系，因雇员在生产过程中的劳务投入而获得的酬金回报。贷方记录我国居民个人从非居民雇主处获得的薪资、津贴、福利及社保缴款等。借方记录我国居民雇主向非居民雇员支付的薪资、津贴、福利及社保缴款等。

1.B.2 投资收益：指因金融资产投资而获得的利润、股息（红利）、再投资收益和利息，但金融资产投资的资本利得或损失不是投资收益，而是金融账户统计范畴。贷方记录我国居民因拥有对非居民的金融资产权益或债权而获得的利润、股息、再投资收益或利息。借方记录我国因对非居民投资者有金融负债而向非居民支付的利润、股息、再投资收益或利息。

1.B.3 其他初次收入：指将自然资源让渡给另一主体使用而获得的租金收入，以及跨境产品和生产的征税和补贴。贷方记录我国居民从非居民获得的相关收入。借方记录我国居民向非居民进行的相关支付。

1.C 二次收入：指居民与非居民之间的经常转移，包括现金和实物。贷方记录我国居民从非居民处获得的经常转移。借方记录我国向非居民提供的经常转移。

2. 资本与金融账户：包括资本账户和金融账户。

2.1 资本账户：指居民与非居民之间的资本转移，以及居民与非居民之间非生产非金融资产的取得和处置。贷方记录我国居民获得非居民提供的资本转移，以及处置非生产非金融资产获得的收入，借方记录我国居民向非居民提供的资本转移，以及取得非生产非金融资产支出的金额。

2.2 金融账户：指发生在居民与非居民之间、涉及金融资产与负债的各类交易。根据会计记账原则，当期对外金融资产净增加记录为负值，净减少记录为正值；当期对外负债净增加记录为正值，净减少记录为负值。金融账户细分为非储备性质的金融账户和国际储备资产。

2.2.1 非储备性质的金融账户包括直接投资、证券投资、金融衍生工具和其他投资。

2.2.1.1 直接投资：以投资者寻求在本国以外运行企业获取有效发言权为目的的投资，包括直接投资资产和直接投资负债两部分。相关投资工具可划分为股权和关联企业债务。股权包括股权和投资基金份额，以及再投资收益。关联企业债务包括关联企业间可流通和不可流通的债权和债务。

2.2.1.1.1 直接投资资产：指我国作为直接投资者对在外直接投资企业的净资产，作为直接投资企业对直接投资者的净资产，以及对境外联属企业的净资产。

2.2.1.1.2 直接投资负债：指我国作为直接投资企业对外国直接投资者的净负债，作为直接投资企业对直接投资者的净负债，以及对境外联属企业的净负债。

2.2.1.2 证券投资：包括证券投资资产和证券投资负债，相关投资工具可划分为股权和债券。股权包括股权和投资基金份额，记录在证券投资项下的股权和投资基金份额均应可流通（可交易）。股权通常以股份、股票、参股、存托凭证或类似单据作为凭证。投资基金份额指投资者持有的共同基金等集合投资产品的份额。债券指可流通的债务工具，是证明其持有人（债权人）有权在未来某个（些）时点向其发行人（债务人）收回本金或收取利息的凭证，包括可转让存单、商业票据、公司债券、有资产担保的证券、货币市场工具以及通常在金融市场上交易的类似工具。

2.2.1.2.1 证券投资资产：记录我国居民投资非居民发行或管理的股权、投资基金份额的当期净交易额。

2.2.1.2.2 证券投资负债：记录非居民投资于我国居民发行或管理的股权、投资基金份额的当期净交易额。

2.2.1.3 金融衍生工具：又称金融衍生工具和雇员认股权，用于记录我国居民与非居民金融衍生工具和雇员认购股权交易情况。

2.2.1.3.1 金融衍生工具资产：又称金融衍生工具和雇员认股权资产，用于记录我国居民作为金融衍生工具和雇员认股权资产方，与非居民的交易。

2.2.1.3.2 金融衍生工具负债：又称金融衍生工具和雇员认股权负债，用于记录我国居民作为金融衍生工具和雇员认股权负债方，与非居民的交易。

2.2.1.4 其他投资：除直接投资、证券投资、金融衍生工具和储备资产外，居民与非居民之间的其他金融交易，包括其他股权、货币和存款、贷款、保险和养老金、贸易信贷和其他。

2.2.1.4.1.1/2.2.1.4.2.1 其他股权：指不以证券投资形式（上市和非上市股份）存在的、未包括在直接投资项下的股权，通常包括：在准公司或非公司制企业中的、表决权小于10%的股权（如分支机构、信托、有限责任和其他合伙企业，以及房地产和其他自然资源中的所有权名义单位）、在国际组织中的股份等。资产项记录我国居民投资于非居民的其他股权。负债项记录非居民投资于我国居民的其他股权。

2.2.1.4.1.2/2.2.1.4.2.2 货币和存款：货币包括由中央银行或政府发行或授权的，有固定面值的纸币或硬币。存款是指对中央银行、中央银行以外的存款性公司以及某些情况下其他机构单位的、由存单表示的所有债权。资产项记录我国居民持有外币及开在非居民处的存款资产变动。负债项记录非居民持有的人民币及开在我国居民处的存款变动。

2.2.1.4.1.3/2.2.1.4.2.3 贷款：指通过债权人直接借给债务人资金而形成的金融资产，其合约不可转让。贷款包括普通贷款、贸易融资、透支、金融租赁、证券回购和黄金掉期等。资产项记录我国居民对非居民的贷款债权变动。负债项记录我国居民对非居民的贷款债务变动。

2.2.1.4.1.4/2.2.1.4.2.4 保险和养老金：又称保险、养老金和标准化担保计划，主要包括非人寿保险技术准备金、人寿保险和年金权益、养老金权益以及启动标准化担保的准备金。资产项记录我国居民作为保单持有人或受益人所享有的资产或权益。负债项记录我国作为保险公司、养老金或标准化担保发行者所承担的负债。

2.2.1.4.1.5/2.2.1.4.2.5 贸易信贷：又称贸易信贷和预付款，是因款项支付与货物所有权转移或服务提供非同步进行而与直接对手方形成的金融债权债务。如相关债权债务不是发生在货物或服务的直接交易双方，即不是基于商业信用，而是通过第三方或银行信用形式发生，则不纳入本项统计，而纳入贷款或其他项目统计。资产项记录我国居民与非居民之间因贸易等发生的应收款或预付款。负债项记录我国居民与非居民之间因贸易等发生的应付款或预收款。

2.2.1.4.1.6/2.2.1.4.2.6 其他（资产/负债）：除直接投资、证券投资、金融衍生工具、储备资产、其他股权、货币和存款、贷款、保险准备金、贸易信贷、特别提款权负债外的对非居民的其他金融债权或债务。资产项记录债权，负债项记录债务。

2.2.1.4.2.7 特别提款权负债：指作为基金组织成员国分配的特别提款权，是成员国的负债。

2.2.2 储备资产：指我国中央银行拥有的对外资产。包括外汇、货币黄金、特别提款权、在基金组织的储备头寸。

2.2.2.1 货币黄金：指我国中央银行作为国际储备持有的黄金。

2.2.2.2 特别提款权：是国际货币基金组织根据会员国认缴的份额分配的，可用于偿还国际货币基金组织债务、弥补会员国政府之间国际收支赤字的一种账面资产。

2.2.2.3 在国际货币基金组织的储备头寸：指在国际货币基金组织普通账户中会员国可自由提取使用的资产。

2.2.2.4 外汇储备：指我国中央银行持有的可用作国际清偿的流动性资产和债权。

2.2.2.5 其他储备资产：指不包括在以上储备资产中的、我国中央银行持有的可用作国际清偿的流动性资产和债权。

3. 净误差与遗漏：国际收支平衡表采用复式记账法，由于统计资料来源和时点不同等原因，会形成经常账户与资本和金融账户不平衡，形成统计残差项，称为净误差与遗漏。

以上账户的具体含义中涉及"贷方"和"借方"，要全面理解账户的含义，还必须掌握国际收支平衡表的编制原理，包括贷方和借方的判断方法。

### 三、国际收支平衡表的编制原则

国际收支统计以权责发生制为统计原则，并采用复式记账法。复式记账法原理是：一笔交易同时记录在两个相关账户上，分别记"借方"和"贷方"。这种记账方法也称为借贷记账法，也就是"有借必有贷，借贷必相等"。

（一）贷方与借方的判断方法

要想编制好国际收支平衡表，首先对一笔交易要能判断出贷方和借方。在国际收支平衡表里，我们以狭义的"货币"或"钱"流动的方向来判断一笔交易首先应计入贷方还是借方，然后再找"对应方"。

判断方法：

贷方：也称"+"号项目，记录收入项目或使负债增加、资产减少的项目；也就是说，引起外汇流入（或使外汇流出减少）的项目应首先记入该项目的贷方，然后再确定对应的借方。

借方：也称"-"号项目，记录支出项目或使负债减少、资产增加的项目；也就是说，引起外汇流出（或使外汇流入减少）的项目应首先记入该项目的借方，然后再确定对应的贷方。

按照借贷记账法记录的国际收支平衡表，从会计意义上，借贷相等，因此账户总差额为零。

值得强调的是，影响一笔交易首先记入借方还是贷方的只是货币流动的方向。凡是引起货币流入本国的交易项目或者使本国货币流出减少的交易项目都记入贷方；凡是引起货币流出本国的交易项目或者使本国货币流入减少的交易项目都记入借方。

（二）国际收支记账举例

1. "关键方"账户与"对应方"账户的确定——因果原则

通过以上贷方和借方的判断，读者应建立一个基本的判断，即国际收支平衡表里的贷方和借方与会计学里的贷方和借方，意义是不同的，记账体系也不一样，不要混淆。

对一笔国际收支进行记账时，首先要以分录的形式进行贷方和借方的确定，然后再记入国际收支平衡表。先根据交易引起的狭义的"货币"是流入还是流出一国，判断首先应记录在贷方还是借方，我通常把首先记录的这一方称为"关键方账户"，把"关键方"账户确定之后再找的另一方称为"对应方账户"。

举一个例子：本国居民动用海外存款 40 万美元以购买国外股票。首先看这笔交易，居民花钱买了股票，这是狭义货币的流出，所以首先应记入的"关键方"是借方——证券投资，而"对应方"是贷方——其他投资。所以，会计分录应记录如下：

借：证券投资　　　　　　　　　　　　　　　　　4 000 000
　　贷：其他投资——银行存款　　　　　　　　　　　4 000 000

有些学生或其他读者可能这样理解：银行存款减少了，这是狭义货币的流出，所以首先应记入的"关键方"账户是借方——其他投资，而对应贷方账户是"证券投资"。与第一种方法判断出的借贷方完全相反。

这是怎么回事，第二种理解对吗？乍一看好像没有问题，但第二种理解错在没有遵循判断"关键方"账户和"对应方"账户的因果原则。

判断"关键方"账户和"对应方"账户的因果原则是指：关键方账户依靠"原因"来判断，而"对应方"账户根据随之发生的"结果"来确定，有些时候"对应方"账户并没有实际发生的真正意义，而是由于与某些账户的含义有相似之处而确定的，在随后的举例中会进行详解。

原因和结果的发生具有先后和伴随的关系。因此，能区分出因果，就能判断出"关键方"账户和"对应方"账户，再根据"关键方"账户狭义货币流动的方向进行借贷方的判断，则"对应方"账户的借或贷也就随之清楚了。

还回到刚才的例子，其中的因果关系很清楚；因为买了股票所以银行存款减少了；而不是"因为银行存款减少了，所以买了股票"。因此"关键方"账户是证券投资，"狭义货币"流出，所以记借方，对应方账户是"其他投资——银行存款"，对应记贷方。

以下通过更多的例子来进行贷方和借方的判断。

2. 记账实例

（1）甲国 M 企业出口 200 万美元设备，所获出口收入存入该企业的海外银行账户。

分析：这是狭义货币的流入，所以关键方账户应记"贷方"，其账户是"货物（出口）"，相对的对应方账户是"其他投资——银行存款"，且应记"借方"。因此，记账分录如下：

借：其他投资——银行存款　　　　　　　　　　　　　　2 000 000
　　贷：货物（出口）　　　　　　　　　　　　　　　　　　2 000 000

（2）外商 S 以价值 1200 万美元的设备投入甲国，办合资企业。

分析：这是狭义货币的流入，所以关键方账户应记"贷方"，其账户是"外国直接投资"；对应方呢？在这笔交易中，对应方的确定就体现了"有些时候'对应方'账户并没有实际发生的真正意义，而是由于与某些账户的含义有相似之处而确定的"的原则，由于是设备投资，相当于货物的进口，所以借方账户确定为货物进口，记账分录如下：

借：货物（进口）　　　　　　　　　　　　　　　　　　12 000 000
　　贷：外国直接投资　　　　　　　　　　　　　　　　　12 000 000

下面的几笔交易，通过关键方账户和对应方账户的确定方法，也很容易作出分录。

（3）我国政府动用 80 万美元向外国提供援助，另提供 100 万美元的药品；

借：经常转移　　　　　　　　　　　　　　　　　　　　1 800 000
　　贷：储备资产　　　　　　　　　　　　　　　　　　　　800 000
　　　　货物（出口）　　　　　　　　　　　　　　　　　1 000 000

（4）甲国居民 L 到国外旅游，花费 10 万美元，这笔费用从该居民的海外银行账户中扣除。

借：服务——旅游　　　　　　　　　　　　　　　　　　　100 000
　　贷：其他投资——银行存款　　　　　　　　　　　　　　100 000

（5）企业海外投资获利 200 万美元，其中 100 万美元用于再投资，50 万美元购买当地商品运回国内，50 万美元调回结汇[①]。

借：货物（进口）　　　　　　　　　　　　　　　　　　　500 000
　　储备资产　　　　　　　　　　　　　　　　　　　　　500 000

---

① 结汇，指外汇收款人将外汇卖给银行，银行按照外汇的汇率支付给客户等值的本币。

对外长期投资　　　　　　　　　　　　　　　　　　　　1 000 000
　　贷：收益——投资收益　　　　　　　　　　　　　　　　　　　2 000 000

假设我们把这5笔交易全部记入国际收支平衡表，可以得到简化的表格形式，如表3-1所示。

表3-1　　　　　　　　简化的国际收支平衡表　　　　　　单位：万美元

| 项　目 | 借方（"-"方） | 贷方（"+"方） | 差额 |
|---|---|---|---|
| 一、经常账户<br>A. 货物和服务<br>B. 初次收入<br>C. 二次收入 | 1 200 + 180 + 10 + 50 | 200 + 100 + 200 | -940 |
| 二、资本和金融账户<br>A. 资本账户<br>B. 金融账户 | 200 + 100 | 1 200 + 10 | +910 |
| 三、储备资产<br>（此处单独列出） | 50 | 80 | +30 |
| 总计 | 1 790 | 1 790 | 0 |
| 四、净误差与遗漏 | 0 | 0 | 0 |

## 第三节　国际收支平衡表的分析

国际收支平衡表编制好后，除了完成了一定时期一国国际收支的系统记录，还可通过分析不同时期的国际收支平衡表，以及比较不同国家的国际收支平衡表了解本国国际收支的基本状况，为以后的政策制定提供依据。

**一、国际收支平衡表的分析方法**

对国际收支平衡表的分析，国际上通常采用的是静态分析、动态分析和比较分析三种方法。

（一）静态分析

静态分析是分析某国在某一特定时期（某一年或某一季度）的国际收支平衡表，通过逐项、细致的分析，可以计算和分析平衡表中的各个项目、其差额的大小和方向以及对国际收支的影响，最终找出一国国际收支综合差额形成的原因。通常计算的重要差额有：

（1）贸易收支差额：即有形货物进出口差额。
（2）经常项目差额：即贸易收支差额加上服务、初次收入和二次收入的差额。

（3）资本和金融账户差额：即资本账户差额加上金融账户差额。
（4）基本账户差额：经常账户差额＋长期资本流动的差额。
（5）综合账户差额：基本账户差额＋短期资本流动的差额。

第（4）项和第（5）项差额是考虑了差额的相对稳定性而进行的统计，也就是把资本与金融账户的差额按照流动期限把长期（一年以上）和短期（一年及一年以内）的资本流动进行区分统计。

对第（5）项的综合账户差额需进一步理解。综合账户差额也就是不计储备资产变动的差额，通常我们理解的"一定时期内一国国际收支总体状况是顺差还是逆差"就是指综合账户差额情况。

储备资产是指一国官方拥有的国际储备资产，包括黄金储备、在国际货币基金组织的储备头寸（普通提款权）、特别提款权和外汇储备。储备资产账户记录的是由于经常账户以及资本和金融账户（除了储备资产）的交易带来的储备资产的变动金额，因此储备资产账户是一个平衡账户。

因为按照借贷记账法，国际收支平衡表的最终差额一定是零，所以在衡量一国国际收支状况时，通常剔除储备资产这一平衡账户的变动。

综合账户差额和储备资产账户的差额有如下关系：如果综合账户差额为正号方（贷方），则储备资产账户差额一定是负号方（借方）；如果综合账户差额为负号方（借方），则储备资产账户差额一定是正号方（贷方）。

综合账户差额为正，表示在一段时期内，流入的"钱"大于流出的"钱"，多流入的钱在储备资产账户这个"蓄水池"存下来，因此，储备资产差额为借方时，表示一国储备资产的增加。

综合账户差额为负，表示在一段时期内，流出的"钱"大于流入的"钱"，多流出的钱从储备资产账户这个"蓄水池"流出来，因此，储备资产差额为贷方时，表示一国储备资产的减少。

因此，在不考虑净误差与遗漏的情况下，最终账户的差额：零＝综合账户差额－储备增加（或综合账户差额＋储备减少）。

在利用国际收支平衡表进行静态分析时，往往还不足以了解资本和金融项目收支的数字，因而还必须学会利用IMF公布的各国国际收支统计资料进行补充分析，并结合其他统计口径的数据资料进行综合分析。

（二）动态分析

动态分析是按时间序列连续分析一国不同时期的国际收支平衡表。与静态分析不同的是，它不是将国际收支视作孤立存在的单一事件，而是认为与以前发展过程有紧密联系。通过各项目纵向时间序列的分析，对各项目及其差额和总差额的研究得出动态结论。

> **阅读材料**
>
> **日本 2014 年国际收支经常项目盈余降至历年最低**
>
> 人民网东京 2 月 9 日电（赵松）日本财务省 9 日公布的 2014 年国际收支统计数据显示，2014 年日本国际收支经常项目盈余约为 2.63 万亿日元，与 2013 年相比减少 18.8%。这一盈余额度是自 1985 年有可比较数据以来历年中最少的。
>
> 贸易收支方面，不含运输费和保险费的贸易赤字约为 10.36 万亿日元，与 2013 年相比增加 18.1%，是自 1996 年有可比较数据以来历年最大的赤字额，同时也是连续第 4 年出现贸易赤字。受液化天然气和电子零部件进口增加影响，2014 年日本进口额达到史上最大的 84.49 万亿日元，同比增加 10.3%。而出口额增幅为 9.3%，为 74.12 万亿日元。
>
> 服务收支方面，赤字额与前一年相比有所减少，为 3.93 万亿日元。这得益于访日外国人游客的增加，2014 年日本旅游收支赤字为 1251 亿日元，而 2013 年这一赤字额为 6 545 亿日元。
>
> 受日元贬值影响，体现日本企业海外投资收益情况的第一次所得收支盈余 18.71 万亿日元，与 2013 年相比增加 9.7%，为 1985 年以来最大盈余额。但这并未能阻止日本国际收支经常项目盈余降至历年最低。
>
> （资料来源：人民网—日本频道 2015 年 02 月 09 日 11:17）

（三）比较分析

比较分析是利用财务分析原理中横向分析和纵向分析思想，既对一国若干连续时期的国际收支平衡表进行比较分析，其中包括每一项目的连续分析和项目与项目间的对比分析；又要对不同国家在同一时期的国际收支平衡表进行比较分析。但作此种分析困难较多，要学会利用国际货币基金组织的资料，有助于克服困难。

**二、国际收支平衡与失衡**

（一）国际收支平衡的含义

国际收支的平衡有不同层面的理解：

1. 账面平衡与真实平衡

从会计意义上，国际收支平衡表的总差额是零。这种账面的平衡是由于借贷记账法而产生的，并不能说明国际收支平衡表的真实差额情况。对国际收支平衡表中的每一笔经济交易，都以相等的金额同时记在贷方和借方的账目上。对于在国际经济交易中的二次收入（单方面转移），所记的账目只有一方，这时要人为地设立一个账目，用于抵补前者。当其抵补的是借方账目时，就以贷方账目出现；反之，则以借方账目出现。因此，原则上，国际收支平衡表中全部项目的借方总额与贷方总额总是相等的,其净差额为零。

然而我们知道,国际收支平衡表每一具体项目的贷方和借方(即收入和支出)却是经常不平衡,收支相抵总是会出现一定的差额,如贸易差额、劳务收支差额等。这种差额称为局部差额。如果收入大于支出,出现盈余时称为顺差(Surplus),可在顺差之前冠以"+"号(国际收支平衡表一般都不填"+"号);如果支出大于收入,出现亏损时,就称为逆差(Deficit),应在逆差之前冠以"-"号。各项局部差额的合计就是国际收支总差额,称为国际收支顺差或国际收支逆差,也可称为国际收支盈余或国际收支赤字。

国际收支平衡表的真实平衡是指除平衡账户之外的账户平衡,也就是综合账户差额为零。这意味着平衡账户的总差额为零或平衡账户的调节为零。

因此,在分析国际收支平衡表时,应该剔除储备资产这一平衡账户的差额,看一下前述的综合账户差额是多少。除了关注国际收支平衡表的综合差额,还需要关注各个项目差额的大小和变化情况。

2. 自主平衡与被动平衡

我们通常把国际收支平衡表中所记录的交易划分为两种类型:一种是自主性交易(Autonomous Transactions)或称事前交易(Ex-ante Transactions),是指经济实体或个人基于商业(利润)动机或其他的考虑而独立发生的交易;另一种交易是调节性交易,也称为补偿性交易(Accommodating or Compensatory Transactions),是一国货币当局为弥补自主型交易的不平衡而采取的调节型交易,因而亦称为事后交易(Ex-post Transactions)。

从理论上说,判断一国国际收支是否平衡,实际上是看自主性交易所产生的流入和流出金额是否相等。当一定时期所有的自主性交易项目差额为零时,则称这一时期国际收支处于"自主平衡";如果所有的自主性交易项目差额不为零,通过调节性交易而实现的账面平衡,只能称为"账面平衡"。

自主平衡也称为国际收支的数额平衡。对于国际收支平衡的理解不能只停留在数字平衡的表面,还需要结合国际收支的实际内容进行深入分析。

如果所有的自主性交易项目差额不为零、通过调节性交易而实现的账面平衡,也称为"被动平衡"。换言之,被动平衡是指通过补偿性交易而达到的国际收支平衡,即一国货币当局为弥补自主性交易的不平衡而采取调节性交易而达到的收支平衡。被动平衡与自主平衡是相对而言的。

3. 数额平衡与内容平衡

上述的真实数额平衡究竟具有怎样的意义?对一国经济发展具有怎样的影响?要回答这两个问题,必须对国际收支的具体内容进行分析。以贸易收支差额为例,如果一国在一定时期货物贸易进口额与出口额相等,可以认为在数额上贸易收支差额为零,这种贸易收支平衡是否是好的,主要看进出口是否有利于本国经济的发展。我们举个极端的例子,如果一国进口了很多本国本来就丰裕的产品,出口了本国原本稀缺的原料，即使实现了贸易收支的平衡，这种平衡显然也是不利于该国经济长远发展的。所以，相对于数额平衡，内容平衡更有意义。

4. 国际收支均衡的概念

一国国际收支均衡是指当一国国内经济处于均衡状态下的自主性国际收支平衡。即国内经济保持增长，且国内经济实现了充分就业和物价稳定目标下的自主性国际收支平衡。

国际收支均衡只是一个理想状态，通常很难实现。不仅如此，国际收支的数额平衡也是很难实现的，而一国国际收支的失衡是常有的状态。

## 第四节 国际收支失衡的原因及调节

一国国际收支中少量的顺差或逆差对经济影响不大，但是，如果一国国际收支长期处于大量顺差或逆差，则会对本国经济发展产生不利的影响。除了国际收支的自发调节机制，各国政府对国际收支的不平衡都会采取一定的政策调节措施。

**一、国际收支失衡的原因**

引起一国国际收支失衡的原因很多，概括起来主要有偶然性失衡、周期性失衡、收入性失衡、结构性失衡、货币性失衡和预期性失衡等。

1. 偶然性失衡

偶然性失衡是指由短期的、非确定性的或偶发因素引起的国际收支失衡。例如气候变化等自然灾害、季节性变化引发的商品进出口情况的改变、政局变化以及外汇投机等意料之外的因素都可能对国际收支产生较大的影响。

2. 周期性失衡

周期性失衡是指一国经济周期波动所引起的国际收支失衡。例如，当一国经济处于衰退时期，社会总需求下降，进口需求也随之下降，在短期内该国国际收支会出现顺差倾向，而其贸易伙伴国则可能出现国际收支逆差。

3. 收入性失衡

收入性失衡是指各国经济增长速度不同所引起的国际收支失衡。一国国民收入相对快速增长，会导致进口需求的增长，从而使国际收支出现逆差倾向。当然各国经济增长率不同的原因可能是各国所处经济周期的不同、经济发展政策的不同以及社会稳定性不同等。

4. 结构性失衡

结构性失衡是指一国经济、产业结构不能适应世界市场变化而出现的国际收支失衡。结构性失衡分为产品供求结构失衡和要素价格结构失衡。例如，一国出口产品的需求因世界市场变化而减少时，如果不能及时调整产业结构，就会出现产品供求结构失衡。再如，一国工资上涨程度显著超过生产率的增长，如果不能及时调整以劳动密集型产品为主的出口结构，就会出现要素价格结构失衡。

5. 货币性失衡

货币性失衡，也称价格性不平衡，是指由于一个国家的价格、利率或汇率等货币性因素所导致的国际收支不平衡，价格、利率以及汇率的变动最终会引发货币供应量的相对变动，从而引起国际收支失衡。若一国货币供应量增长较快，会使该国出现较高的通货膨胀率，在汇率变动滞后的情况下，国内货币成本上升，出口商品价格相对上升而进口价格相对下降，从而出现国际收支逆差倾向。

6. 预期性失衡

预期性失衡是指人们在对一国经济发展状况预期的基础上，通过预期的自我实现机制引起的国际收支不平衡。例如，对人民币升值的预期会引发国际热钱大量涌入，可能对我国经济发展带来不利影响。再如，外汇市场的投资者如果普遍预期日元即将贬值，市场上就会出现抛售日元而买入其他货币的交易行为，相应地，这种外汇交易就会影响货币发行国的国际收支状况，例如日本可能出现由于资本外流带来的国际收支逆差倾向。

**二、国际收支失衡的影响**

（一）国际收支逆差的影响

一国的国际收支发生逆差，一般会引起本币汇率下浮；如果逆差严重，则会使本币汇率过度下跌。该国政府如不愿其发生，就需对外汇市场进行干预，即抛售外汇和购买本币，以弥补外汇供求缺口。这一方面会消耗外汇储备，甚至会造成外汇储备的枯竭，从而严重削弱其对外支付能力，损害其在国际上的信誉；另一方面则会形成国内货币的紧缩形势，促使利率水平上升，抑制本国经济的增长，从而导致失业的增加和国民收入增长率的相对与绝对下降。从国际收支逆差形成的具体原因来说，如果是贸易收支逆差所致，失业就会增加；如果是资本流出大于资本流入，国内资金就会紧张，经济增长将会受到抑制。

（二）国际收支顺差的影响

一国的国际收支出现顺差，当然可增加其外汇储备，增强其对外支付能力，但也会给国内经济带来以下不良影响：（1）将会造成本币供应量增加，引发通货膨胀；（2）一般会促使本币汇率上浮，而不利于其出口贸易的发展；（3）会引起国际摩擦，因为一国的国际收支顺差，是由别国国际收支发生逆差所致。国际收支顺差若是由出口过多造成的，则意味着该国在这期间可供使用的生产资源就会减少，因而不利于经济的发展。

**三、国际收支的调节**

国际收支的调节可以分为自发调节和政策调节，自发调节因国际货币体系的不同又分为三种调节机制，如图 3-3 所示。

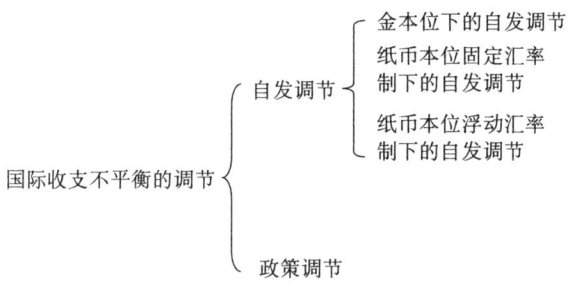

图 3-3　国际收支调节

国际收支失衡后，有时并不需要政府当局立即采取措施来加以消除。经济体系中存在着某些机制，往往能够使国际收支失衡至少在某种程度上得到缓解，甚至自动恢复均衡。这种功效在不同的国际货币制度下是不同的。下面我们分别对国际收支的自动调节机制在不同货币制度下的特点分别予以考察。

（一）国际金本位制度下的国际收支自动调节机制

金本位制度下的国际收支自动调整机制是由英国经济学家大卫·休谟在1752年提出来的，被称为"价格—铸币流动机制"（Price Specie - Flow Mechanism）。

在金本位制度下，一国国际收支出现赤字，就意味着本国黄金净输出，由于黄金外流，国内黄金存量下降，货币供给就会减少，从而引起国内物价水平下跌。物价水平下跌后，本国商品在国外市场上的竞争能力就会提高，外国商品在本国市场的竞争能力就会下降，于是出口增加，进口减少，使国际收支赤字减少或消除。同样，国际收支盈余也是不能持久的，因为造成的黄金内流趋于扩大国内的货币供给，造成物价水平上涨。物价上涨不利于出口有利于进口，从而使盈余趋于消失。具体如图 3-4 所示。

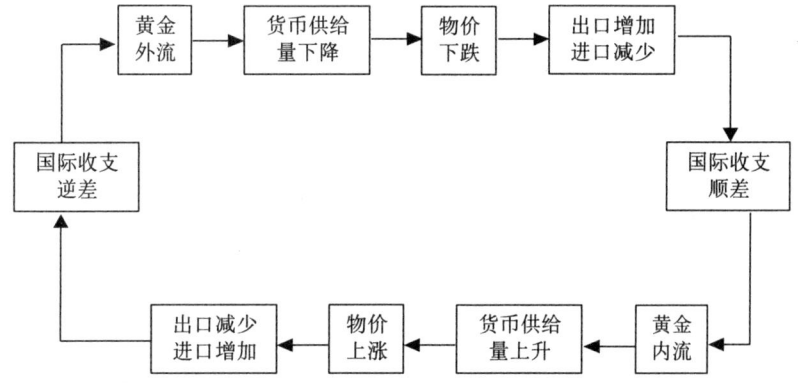

图 3-4　金本位下的国际收支自动调节

### (二) 在纸币本位的固定汇率制度下的国际收支自动调节机制

这里所指的固定汇率制度是指纸币本位制度下，一国当局通过外汇储备变动干预外汇市场来维持汇率不变。在这种制度下，一国国际收支出现不平衡时，仍有自动调整机制发生作用，但自动调节的过程较为复杂一些。国际收支失衡后，外汇储备、货币供应量发生变化，进而影响国民收入、物价和利率等变量，使国际收支趋于平衡。

1. 一国国际收支出现赤字时，为了维持固定汇率，一国货币当局就必须减少外汇储备，造成本国货币供应量的减少。这首先会带来市场银根的紧张、利息率上升，利息率上升会导致本国资本外流的减少、外国资本流入的增加，结果使资本账户收支改善。反之，国际收支盈余则会通过利息率下降导致本国资本流出的增加、外国资本流入的减少，使盈余减少或消除。这是国际收支失衡的利率效应。

2. 国际收支出现赤字时，货币供给减少，公众为了恢复现金余额的水平，就会直接减少国内支出；同时，利息率的上升也会进一步减少国内支出。而国内支出的一部分是用于进口花费的，这样，随着国内支出的下降，进口需求也会减少。这是现金余额效应或者收入效应。同样，盈余也可以通过国内支出增加造成的进口需求增加而得到自动消减。

3. 物价的变动在国际收支自动恢复调整中也发挥作用。国际收支赤字时，货币供给的下降通过现金余额效应或收入效应（支出下降）会引起价格水平的下降，本国产品相对价格下降，会增加出口需求，减少进口需求，这便是相对价格效应。同样，盈余通过物价的上升也得以自动减少。

调节机制的总结如图 3－5 所示。

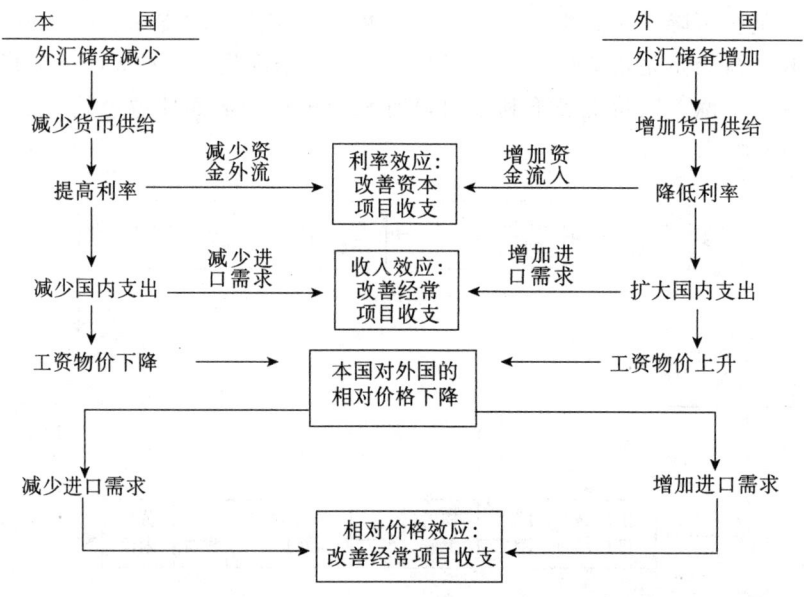

图 3－5　纸币本位固定汇率制度下国际收支自动调节

(三) 在纸币本位的浮动汇率制度下的国际收支自动调节机制

在浮动汇率制度下，一国当局不对外汇市场进行干预，即不通过储备增减来影响外汇供给或任凭市场的外汇供求来决定汇率的上升和下降。在这种制度下，如果一国国际收支赤字，外汇需求就会大于外汇供给，外汇的价格即汇率就会上升；反之，如果一国国际收支出现盈余，外汇需求就会小于外汇供给，外币的价格就会下跌。通过汇率随外汇供求变动而变动，国际收支失衡就会在一定程度上得以消除。根据弹性论的分析，汇率的上升即本币贬值造成了本国商品相对价格的下降，外国商品相对价格的上升，将带来出口数量的增加，进口数量的减少，只要一国贸易弹性满足马歇尔—勒纳条件（详见第四章），国际收支赤字就会减轻甚至消除。同样，国际收支盈余通过本币汇率升值也会自动减轻或消除。

值得注意的是，在固定汇率制度下，国际收支自动恢复均衡是通过国内宏观经济变量的变化来实现的，这就意味着对外目标的实现是以牺牲国内经济均衡（充分就业，物价稳定）为代价的。而在浮动汇率制度下，汇率变动使国际收支自动顺利调整，在一定程度上起着隔绝国外经济通过国际收支途径干扰本国经济的作用。因为汇率自由变动的结果，使贸易差额自动趋于平衡。但自发调节的时效性太差，一国政府为了短时间内使国际收支失衡得以改善，有时会采用政策调节手段。

(四) 国际收支的政策调节

调节国际收支的政策手段主要有：

(一) 财政政策

采取扩大或缩减财政支出和调整税率的方式来调节国际收支的顺差或逆差。当国际收支大量顺差、国际储备较多时，采取增加财政预算、扩大财政支出、降低税率、刺激投资等手段，可以提高消费水平，促使物价上涨，增加国内需求和进口，减少顺差。当国际收支大量逆差时，则可采取削减财政预算、压缩财政支出、增加税收、紧缩通货等措施，迫使国内物价下降，增加出口商品的国际竞争能力，减少逆差。

(二) 货币政策

采取利率调整、汇率调整和外汇管制等政策来调节一国的国际收支。

1. 利率调整

提高或降低银行存款利率和再贴现率，可以吸引或限制短期资本的流入，调节国际收支失衡。当国际收支出现大量顺差时，可以降低利率，促使资本外流和扩大投资规模，使顺差缩小。当国际收支出现逆差时，可以提高利率，吸引外资流入，控制投资规模，使逆差缩小。但是，提高利率会使本币汇率上升，容易影响国内投资，抑制商品出口，从而发生贸易收支逆差或使逆差扩大，从根本上影响国际收支的改善。因此，只有在币值严重不稳，国内经济和金融状况不断恶化时才采取调整利率的措施。

### 2. 汇率调整

通过本币法定升值或贬值，提高或降低本币的汇率，可以改善国际收支。本币升值后，本国商品的国际市场价格就会相应提高，进口商品的国内价格就会下降，在客观上起到鼓励进口、抑制出口的作用，从而使顺差减少；相反，本币贬值能在一定程度上减少逆差。但运用汇率手段调节国际收支失衡，往往会遭到其他国家的抵制。

### 3. 外汇管制

外汇管制是指一国政府机构以行政命令的方式，直接干预外汇的自由买卖或采取差别汇率。当一国国际收支逆差扩大、外汇入不敷出时，制定严格的外汇管制条例，对外汇买卖、外汇的收入和支出实行严格管制，控制外汇的支出和使用，防止资本外逃，可以达到改善国际收支的效果。

### （三）贸易管制政策

贸易管制政策的着眼点是"奖出限入"。在奖出方面，主要是实行出口信贷、出口信贷国家担保制和出口补贴。出口信贷是由进出口银行为扩大出口向本国出口商或他国进口商提供的贷款。出口信贷国家担保制是由国家行政当局对本国出口商向外国进口商提供的买方信贷提供担保，一旦进口商拒付货款或无力偿还贷款而使本国出口商受到损失时，由国家负责补偿损失。出口补贴是国家行政当局为提高本国产品在国际市场上的竞争能力，对本国出口商提供现金补贴或税收方面的优惠。在限入方面，主要是实行关税壁垒、进口配额制和进口许可证制。关税壁垒是指贸易进口国为限制或阻止某种商品的输入而对进口商品征收高额关税的措施。进口配额制即贸易进口国为限制进口而对某些商品的进口规定最高的数量或金额。进口许可证制度是贸易进口国为限制进口而对某些商品实行进口控制的手段，规定某种商品只有在领取许可证时才能获得进口所需的外汇。

### （四）国际借贷

通过国际金融市场、国际金融机构筹资或政府间贷款，可以获取资金弥补国际收支逆差。但在国际收支严重不平衡的情况下，获得国际贷款的条件往往很苛刻，势必增加还本付息的负担，使今后的国际收支更加恶化。因此，国际借贷只能作为调节国际收支失衡的权宜之计。

附表 3–1　　中国国际收支平衡表（年度表，按第五版标准编制）　　单位：亿美元

| 项目 | 2010 | 2011 | 2012 | 2013 | 2014 |
|---|---|---|---|---|---|
| 一、经常账户差额 | 2 378 | 1 361 | 2 154 | 1 482 | 2 197 |
| 贷方 | 19 355 | 22 897 | 24 665 | 26 621 | 27 992 |
| 借方 | 16 977 | 21 536 | 22 511 | 25 139 | 25 795 |
| A. 货物和服务差额 | 2 230 | 1 819 | 2 318 | 2 354 | 2 840 |
| 贷方 | 17 436 | 20 898 | 22 483 | 24 250 | 25 451 |

续表

| 项目 | 2010 | 2011 | 2012 | 2013 | 2014 |
|---|---|---|---|---|---|
| 借方 | 15 206 | 19 079 | 20 165 | 21 896 | 22 611 |
| a. 货物差额 | 2 542 | 2 435 | 3 216 | 3 599 | 4 760 |
| 贷方 | 15 814 | 19 038 | 20 569 | 22 190 | 23 541 |
| 借方 | 13 272 | 16 603 | 17 353 | 18 591 | 18 782 |
| b. 服务差额 | -312 | -616 | -897 | -1 245 | -1 920 |
| 贷方 | 1 622 | 1 860 | 1 914 | 2 060 | 1 909 |
| 借方 | 1 933 | 2 477 | 2 812 | 3 305 | 3 829 |
| 1. 运输差额 | -290 | -449 | -469 | -567 | -579 |
| 贷方 | 342 | 356 | 389 | 376 | 382 |
| 借方 | 633 | 804 | 859 | 943 | 962 |
| 2. 旅游差额 | -91 | -241 | -519 | -769 | -1 079 |
| 贷方 | 458 | 485 | 500 | 517 | 569 |
| 借方 | 549 | 726 | 1 020 | 1 286 | 1 649 |
| 3. 通讯服务差额 | 1 | 5 | 1 | 0 | -5 |
| 贷方 | 12 | 17 | 18 | 17 | 18 |
| 借方 | 11 | 12 | 16 | 16 | 23 |
| 4. 建筑服务差额 | 94 | 110 | 86 | 68 | 105 |
| 贷方 | 145 | 147 | 122 | 107 | 154 |
| 借方 | 51 | 37 | 36 | 39 | 49 |
| 5. 保险服务差额 | -140 | -167 | -173 | -181 | -179 |
| 贷方 | 17 | 30 | 33 | 40 | 46 |
| 借方 | 158 | 197 | 206 | 221 | 225 |
| 6. 金融服务差额 | -1 | 1 | 0 | -5 | -4 |
| 贷方 | 13 | 8 | 19 | 32 | 45 |
| 借方 | 14 | 7 | 19 | 37 | 49 |
| 7. 计算机和信息服务差额 | 63 | 83 | 106 | 94 | 99 |
| 贷方 | 93 | 122 | 145 | 154 | 184 |
| 借方 | 30 | 38 | 38 | 60 | 85 |
| 8. 专有权利使用费和特许费差额 | -122 | -140 | -167 | -201 | -219 |
| 贷方 | 8 | 7 | 10 | 9 | 7 |
| 借方 | 130 | 147 | 177 | 210 | 226 |
| 9. 咨询差额 | 77 | 98 | 134 | 169 | 164 |
| 贷方 | 228 | 284 | 334 | 405 | 429 |

续表

| 项目 | 2010 | 2011 | 2012 | 2013 | 2014 |
|---|---|---|---|---|---|
| 借方 | 151 | 186 | 200 | 236 | 265 |
| 10. 广告、宣传差额 | 8 | 12 | 20 | 18 | 12 |
| 贷方 | 29 | 40 | 48 | 49 | 50 |
| 借方 | 20 | 28 | 28 | 31 | 38 |
| 11. 电影、音像差额 | -2 | -3 | -4 | -6 | -7 |
| 贷方 | 1 | 1 | 1 | 1 | 2 |
| 借方 | 4 | 4 | 6 | 8 | 9 |
| 12. 其他商业服务差额 | 94 | 76 | 89 | 135 | -217 |
| 贷方 | 265 | 354 | 284 | 341 | 14 |
| 借方 | 172 | 279 | 196 | 206 | 231 |
| 13. 别处未提及的政府服务差额 | -2 | -3 | -1 | 0 | -10 |
| 贷方 | 10 | 8 | 10 | 12 | 11 |
| 借方 | 11 | 11 | 10 | 12 | 20 |
| B. 收益差额 | -259 | -703 | -199 | -784 | -341 |
| 贷方 | 1 424 | 1 443 | 1 670 | 1 840 | 2 130 |
| 借方 | 1 683 | 2 146 | 1 869 | 2 624 | 2 471 |
| 1. 职工报酬差额 | 122 | 150 | 153 | 161 | 258 |
| 贷方 | 136 | 166 | 171 | 178 | 299 |
| 借方 | 15 | 16 | 18 | 17 | 42 |
| 2. 投资收益差额 | -381 | -853 | -352 | -945 | -599 |
| 贷方 | 1 288 | 1 277 | 1 500 | 1 662 | 1 831 |
| 借方 | 1 669 | 2 130 | 1 851 | 2 607 | 2 429 |
| C. 经常转移差额 | 407 | 245 | 34 | -87 | -302 |
| 贷方 | 495 | 556 | 512 | 532 | 411 |
| 借方 | 88 | 311 | 477 | 619 | 714 |
| 1. 各级政府差额 | -15 | -33 | -31 | -31 | -29 |
| 贷方 | 12 | 0 | 9 | 11 | 16 |
| 借方 | 27 | 34 | 40 | 42 | 46 |
| 2. 其他部门差额 | 422 | 278 | 65 | -56 | -273 |
| 贷方 | 483 | 556 | 503 | 520 | 395 |
| 借方 | 62 | 277 | 438 | 577 | 668 |
| 二、资本和金融账户差额 | 2 869 | 2 655 | -318 | 3 461 | 382 |
| 贷方 | 11 667 | 14 495 | 13 520 | 17 528 | 25 730 |

续表

| 项目 | 2010 | 2011 | 2012 | 2013 | 2014 |
|---|---|---|---|---|---|
| 借方 | 8 798 | 11 840 | 13 838 | 14 067 | 25 347 |
| A. 资本账户差额 | 46 | 54 | 43 | 31 | 0 |
| 贷方 | 48 | 56 | 45 | 45 | 19 |
| 借方 | 2 | 2 | 3 | 14 | 20 |
| B. 金融账户差额 | 2 822 | 2 600 | -360 | 3 430 | 383 |
| 贷方 | 11 618 | 14 439 | 13 475 | 17 483 | 25 710 |
| 借方 | 8 796 | 11 838 | 13 835 | 14 053 | 25 328 |
| 1. 直接投资差额 | 1 857 | 2 317 | 1 763 | 2 180 | 2 087 |
| 贷方 | 2 730 | 3 316 | 2 956 | 3 806 | 4 352 |
| 借方 | 872 | 999 | 1 194 | 1 626 | 2 266 |
| 1.1 我国在外直接投资差额 | -580 | -484 | -650 | -730 | -804 |
| 贷方 | 76 | 174 | 234 | 364 | 555 |
| 借方 | 656 | 658 | 883 | 1 094 | 1 359 |
| 1.2 外国在华直接投资差额 | 2 437 | 2 801 | 2 412 | 2 909 | 2 891 |
| 贷方 | 2 654 | 3 142 | 2 723 | 3 442 | 3 797 |
| 借方 | 217 | 341 | 311 | 532 | 906 |
| 2. 证券投资差额 | 240 | 196 | 478 | 529 | 824 |
| 贷方 | 636 | 519 | 829 | 1 058 | 1 664 |
| 借方 | 395 | 323 | 352 | 529 | 840 |
| 2.1 资产差额 | -76 | 62 | -64 | -54 | -108 |
| 贷方 | 268 | 255 | 237 | 258 | 293 |
| 借方 | 345 | 192 | 301 | 311 | 401 |
| 2.1.1 股本证券差额 | -84 | 11 | 20 | -25 | -14 |
| 贷方 | 115 | 112 | 120 | 136 | 170 |
| 借方 | 199 | 101 | 100 | 161 | 184 |
| 2.1.2 债务证券差额 | 8 | 51 | -84 | -28 | -94 |
| 贷方 | 154 | 143 | 117 | 122 | 123 |
| 借方 | 146 | 91 | 201 | 150 | 217 |
| 2.1.2.1（中）长期债券差额 | 19 | 50 | -49 | -28 | -92 |
| 贷方 | 128 | 137 | 110 | 122 | 123 |
| 借方 | 110 | 88 | 159 | 150 | 215 |
| 2.1.2.2 货币市场工具差额 | -11 | 2 | -35 | 0 | -2 |
| 贷方 | 25 | 5 | 7 | 0 | 0 |

续表

| 项目 | 2010 | 2011 | 2012 | 2013 | 2014 |
|---|---|---|---|---|---|
| 借方 | 36 | 4 | 42 | 0 | 2 |
| 2.2 负债差额 | 317 | 134 | 542 | 582 | 932 |
| 贷方 | 368 | 265 | 593 | 801 | 1 371 |
| 借方 | 51 | 131 | 51 | 218 | 439 |
| 2.2.1 股本证券差额 | 314 | 53 | 299 | 326 | 519 |
| 贷方 | 345 | 152 | 348 | 407 | 777 |
| 借方 | 32 | 99 | 49 | 81 | 258 |
| 2.2.2 债务证券差额 | 3 | 81 | 243 | 256 | 413 |
| 贷方 | 22 | 113 | 244 | 394 | 594 |
| 借方 | 19 | 32 | 2 | 137 | 181 |
| 2.2.2.1（中）长期债券差额 | 3 | 30 | 173 | 136 | 410 |
| 贷方 | 22 | 61 | 175 | 238 | 497 |
| 借方 | 19 | 32 | 2 | 102 | 88 |
| 2.2.2.2 货币市场工具差额 | 0 | 51 | 70 | 121 | 4 |
| 贷方 | 0 | 51 | 70 | 156 | 97 |
| 借方 | 0 | 0 | 0 | 35 | 94 |
| 3. 其他投资差额 | 724 | 87 | −2 601 | 722 | −2 528 |
| 贷方 | 8 253 | 10 603 | 9 689 | 12 619 | 19 694 |
| 借方 | 7 528 | 10 516 | 12 290 | 11 897 | 22 222 |
| 3.1 资产差额 | −1 163 | −1 836 | −2 317 | −1 420 | −3 030 |
| 贷方 | 750 | 1 001 | 1 261 | 1 352 | 995 |
| 借方 | 1 912 | 2 837 | 3 578 | 2 771 | 4 025 |
| 3.1.1 贸易信贷差额 | −616 | −710 | −618 | −603 | −688 |
| 贷方 | 5 | 0 | 4 | 65 | 282 |
| 借方 | 621 | 710 | 622 | 667 | 970 |
| 长期差额 | −43 | −14 | −12 | −12 | −14 |
| 贷方 | 0 | 0 | 0 | 1 | 6 |
| 借方 | 43 | 14 | 12 | 13 | 19 |
| 短期差额 | −573 | −695 | −606 | −591 | −674 |
| 贷方 | 4 | 0 | 4 | 64 | 276 |
| 借方 | 578 | 695 | 610 | 654 | 950 |
| 3.1.2 贷款差额 | −210 | −453 | −653 | −319 | −738 |
| 贷方 | 197 | 61 | 244 | 374 | 177 |

续表

| 项目 | 2010 | 2011 | 2012 | 2013 | 2014 |
|---|---|---|---|---|---|
| 借方 | 407 | 513 | 897 | 693 | 915 |
| 长期差额 | -277 | -433 | -568 | -422 | -455 |
| 贷方 | 0 | 8 | 0 | 100 | 0 |
| 借方 | 277 | 441 | 568 | 522 | 455 |
| 短期差额 | 66 | -20 | -85 | 102 | -282 |
| 贷方 | 197 | 53 | 243 | 274 | 177 |
| 借方 | 131 | 73 | 329 | 172 | 459 |
| 3.1.3 货币和存款差额 | -580 | -1 155 | -1 048 | -74 | -1 597 |
| 贷方 | 303 | 414 | 886 | 803 | 514 |
| 借方 | 883 | 1 570 | 1 934 | 877 | 2 111 |
| 3.1.4 其他资产差额 | 244 | 482 | 3 | -423 | -8 |
| 贷方 | 245 | 526 | 127 | 110 | 22 |
| 借方 | 1 | 44 | 125 | 533 | 29 |
| 长期差额 | 0 | 0 | -100 | 100 | 0 |
| 贷方 | 0 | 0 | 0 | 100 | 0 |
| 借方 | 0 | 0 | 100 | 0 | 0 |
| 短期差额 | 244 | 482 | 103 | -523 | -8 |
| 贷方 | 245 | 526 | 127 | 10 | 22 |
| 借方 | 1 | 44 | 25 | 533 | 29 |
| 3.2 负债差额 | 1 887 | 1 923 | -284 | 2 142 | 502 |
| 贷方 | 7 503 | 9 602 | 8 428 | 11 268 | 18 699 |
| 借方 | 5 616 | 7 679 | 8 712 | 9 126 | 18 197 |
| 3.2.1 贸易信贷差额 | 495 | 380 | 423 | 449 | -21 |
| 贷方 | 583 | 454 | 503 | 449 | 154 |
| 借方 | 88 | 74 | 80 | 0 | 174 |
| 长期差额 | 35 | 6 | 7 | 8 | 0 |
| 贷方 | 41 | 8 | 9 | 8 | 3 |
| 借方 | 6 | 1 | 1 | 0 | 3 |
| 短期差额 | 460 | 374 | 416 | 442 | -20 |
| 贷方 | 542 | 447 | 494 | 442 | 151 |
| 借方 | 81 | 73 | 78 | 0 | 171 |
| 3.2.2 贷款差额 | 791 | 1 051 | -168 | 934 | -343 |
| 贷方 | 5 860 | 7 343 | 6 480 | 9 493 | 17 464 |

续表

| 项目 | 2010 | 2011 | 2012 | 2013 | 2014 |
|---|---|---|---|---|---|
| 借方 | 5 069 | 6 292 | 6 648 | 8 558 | 17 807 |
| 长期差额 | 100 | 130 | 102 | 194 | -57 |
| 贷方 | 264 | 538 | 543 | 569 | 511 |
| 借方 | 163 | 408 | 440 | 375 | 569 |
| 短期差额 | 691 | 920 | -270 | 740 | -286 |
| 贷方 | 5 596 | 6 805 | 5 937 | 8 923 | 16 953 |
| 借方 | 4 906 | 5 884 | 6 207 | 8 183 | 17 239 |
| 3.2.3 货币和存款差额 | 603 | 483 | -594 | 758 | 814 |
| 贷方 | 1 038 | 1 719 | 1 339 | 1 208 | 994 |
| 借方 | 435 | 1 237 | 1 933 | 450 | 180 |
| 3.2.4 其他负债差额 | -3 | 10 | 54 | 0 | 52 |
| 贷方 | 22 | 86 | 106 | 118 | 87 |
| 借方 | 25 | 76 | 51 | 118 | 35 |
| 长期差额 | -4 | -15 | 47 | 8 | 58 |
| 贷方 | 1 | 24 | 47 | 21 | 64 |
| 借方 | 25 | 39 | 1 | 13 | 6 |
| 短期差额 | 1 | 24 | 8 | -8 | -6 |
| 贷方 | 22 | 61 | 58 | 97 | 23 |
| 借方 | 20 | 37 | 50 | 104 | 29 |
| 三、储备资产变动额 | -4 717 | -3 878 | -966 | -4 314 | -1 178 |
| 贷方 | 0 | 10 | 136 | 13 | 312 |
| 借方 | 4 717 | 3 888 | 1 101 | 4 327 | 1 490 |
| 3.1 货币黄金差额 | 0 | 0 | 0 | 0 | 0 |
| 贷方 | 0 | 0 | 0 | 0 | 0 |
| 借方 | 0 | 0 | 0 | 0 | 0 |
| 3.2 特别提款权差额 | -1 | 5 | 5 | 2 | 1 |
| 贷方 | 0 | 5 | 7 | 2 | 1 |
| 借方 | 1 | 0 | 2 | 0 | 1 |
| 3.3 在基金组织的储备头寸差额 | -21 | -34 | 16 | 11 | 10 |
| 贷方 | 0 | 6 | 16 | 11 | 13 |
| 借方 | 21 | 40 | 0 | 0 | 4 |
| 3.4 外汇储备差额 | -4 696 | -3 848 | -987 | -4 327 | -1 188 |
| 贷方 | 0 | 0 | 112 | 0 | 298 |

续表

| 项目 | 2010 | 2011 | 2012 | 2013 | 2014 |
|---|---|---|---|---|---|
| 借方 | 4 696 | 3 848 | 1 099 | 4 327 | 1 486 |
| 3.5 其他债权差额 | 0 | 0 | 0 | 0 | 0 |
| 贷方 | 0 | 0 | 0 | 0 | 0 |
| 借方 | 0 | 0 | 0 | 0 | 0 |
| 四、净误差与遗漏 | -529 | -138 | -871 | -629 | -1 401 |
| 贷方 | 0 | 0 | 0 | 0 | 0 |
| 借方 | 529 | 138 | 871 | 629 | 1 401 |

**附表 3-2　　中国国际收支平衡表（年度表，按第六版标准编制）**　　单位：亿美元

| 项目 | 2010 | 2011 | 2012 | 2013 | 2014 | 2015 |
|---|---|---|---|---|---|---|
| 1. 经常账户 | 2 378 | 1 361 | 2 154 | 1 482 | 2 774 | 3 306 |
| 贷方 | 17 959 | 22 087 | 23 933 | 25 927 | 28 047 | 26 930 |
| 借方 | -15 581 | -20 726 | -21 779 | -24 445 | -25 273 | -23 624 |
| 1.A 货物和服务 | 2 230 | 1 819 | 2 318 | 2 354 | 2 627 | 3 846 |
| 贷方 | 16 039 | 20 089 | 21 751 | 23 556 | 25 242 | 24 293 |
| 借方 | -13 809 | -18 269 | -19 432 | -21 202 | -22 616 | -20 447 |
| 1.A.a 货物 | 2 464 | 2 287 | 3 116 | 3 590 | 4 350 | 5 670 |
| 贷方 | 14 864 | 18 078 | 19 735 | 21 486 | 22 438 | 21 428 |
| 借方 | -12 400 | -15 791 | -16 619 | -17 896 | -18 087 | -15 758 |
| 1.A.b 服务 | -234 | -468 | -797 | -1 236 | -1 724 | -1 824 |
| 贷方 | 1 175 | 2 010 | 2 016 | 2 070 | 2 805 | 2 865 |
| 借方 | -1 409 | -2 478 | -2 813 | -3 306 | -4 528 | -4 689 |
| 1.A.b.1 加工服务 | 251 | 263 | 256 | 232 | 213 | 203 |
| 贷方 | 252 | 265 | 257 | 233 | 214 | 204 |
| 借方 | -1 | -2 | -1 | -1 | -1 | -2 |
| 1.A.b.2 维护和维修服务 | 0 | 0 | 0 | 0 | 0 | 23 |
| 贷方 | 0 | 0 | 0 | 0 | 0 | 36 |
| 借方 | 0 | 0 | 0 | 0 | 0 | -13 |
| 1.A.b.3 运输 | -290 | -449 | -469 | -567 | -579 | -370 |
| 贷方 | 342 | 356 | 389 | 376 | 382 | 386 |
| 借方 | -633 | -804 | -859 | -943 | -962 | -756 |
| 1.A.b.4 旅行 | -91 | -241 | -519 | -769 | -1 293 | -1 781 |
| 贷方 | 458 | 485 | 500 | 517 | 1 054 | 1 141 |
| 借方 | -549 | -726 | -1 020 | -1 286 | -2 347 | -2 922 |

续表

| 项目 | 2010 | 2011 | 2012 | 2013 | 2014 | 2015 |
|---|---|---|---|---|---|---|
| 1.A.b.5 建设 | 94 | 110 | 86 | 68 | 105 | 65 |
| 贷方 | 145 | 147 | 122 | 107 | 154 | 167 |
| 借方 | -51 | -37 | -36 | -39 | -49 | -102 |
| 1.A.b.6 保险和养老金服务 | -140 | -167 | -173 | -181 | -179 | -44 |
| 贷方 | 17 | 30 | 33 | 40 | 46 | 50 |
| 借方 | -158 | -197 | -206 | -221 | -225 | -93 |
| 1.A.b.7 金融服务 | -1 | 1 | 0 | -5 | -4 | -3 |
| 贷方 | 13 | 8 | 19 | 32 | 45 | 23 |
| 借方 | -14 | -7 | -19 | -37 | -49 | -26 |
| 1.A.b.8 知识产权使用费 | -122 | -140 | -167 | -201 | -219 | -209 |
| 贷方 | 8 | 7 | 10 | 9 | 7 | 11 |
| 借方 | -130 | -147 | -177 | -210 | -226 | -220 |
| 1.A.b.9 电信、计算机和信息服务 | 64 | 89 | 108 | 95 | 94 | 131 |
| 贷方 | 105 | 139 | 162 | 171 | 202 | 245 |
| 借方 | -41 | -50 | -55 | -76 | -107 | -114 |
| 1.A.b.10 其他商业服务 | 5 | 72 | 87 | 99 | 155 | 189 |
| 贷方 | -176 | 564 | 510 | 572 | 689 | 584 |
| 借方 | 182 | -492 | -424 | -473 | -534 | -395 |
| 1.A.b.11 个人、文化和娱乐服务 | -2 | -3 | -4 | -6 | -7 | -12 |
| 贷方 | 1 | 1 | 1 | 1 | 2 | 7 |
| 借方 | -4 | -4 | -6 | -8 | -9 | -19 |
| 1.A.b.12 别处未提及的政府服务 | -2 | -3 | -1 | 0 | -10 | -15 |
| 贷方 | 10 | 8 | 10 | 12 | 11 | 11 |
| 借方 | -11 | -11 | -10 | -12 | -20 | -26 |
| 1.B 初次收入 | -259 | -703 | -199 | -784 | 133 | -454 |
| 贷方 | 1 424 | 1 443 | 1 670 | 1 840 | 2 394 | 2 278 |
| 借方 | -1 683 | -2 146 | -1 869 | -2 624 | -2 261 | -2 732 |
| 1.B.1 雇员报酬 | 122 | 150 | 153 | 161 | 258 | 274 |
| 贷方 | 136 | 166 | 171 | 178 | 299 | 331 |
| 借方 | -15 | -16 | -18 | -17 | -42 | -57 |
| 1.B.2 投资收益 | -381 | -853 | -352 | -945 | -125 | -734 |
| 贷方 | 1 288 | 1 277 | 1 500 | 1 662 | 2 095 | 1 939 |
| 借方 | -1 669 | -2 130 | -1 851 | -2 607 | -2 219 | -2 673 |

续表

| 项目 | 2010 | 2011 | 2012 | 2013 | 2014 | 2015 |
|---|---|---|---|---|---|---|
| 1.B.3 其他初次收入 | 0 | 0 | 0 | 0 | 0 | 7 |
| 贷方 | 0 | 0 | 0 | 0 | 0 | 8 |
| 借方 | 0 | 0 | 0 | 0 | 0 | -2 |
| 1.C 二次收入 | 407 | 245 | 34 | -87 | 14 | -87 |
| 贷方 | 495 | 556 | 512 | 532 | 411 | 359 |
| 借方 | -88 | -311 | -477 | -619 | -397 | -446 |
| 2. 资本和金融账户 | -1 849 | -1 223 | -1 283 | -853 | -1 692 | -1 424 |
| 2.1 资本账户 | 46 | 54 | 43 | 31 | 0 | 3 |
| 贷方 | 48 | 56 | 45 | 45 | 19 | 5 |
| 借方 | -2 | -2 | -3 | -14 | -20 | -2 |
| 2.2 金融账户 | -1 895 | -1 278 | -1 326 | -883 | -1 691 | -1 427 |
| 资产 | -6 536 | -6 136 | -3 996 | -6 517 | -5 806 | -491 |
| 负债 | 4 641 | 4 858 | 2 670 | 5 633 | 4 115 | -936 |
| 2.2.1 非储备性质的金融账户 | 2 822 | 2 600 | -360 | 3 430 | -514 | -4 856 |
| 资产 | -1 819 | -2 258 | -3 030 | -2 203 | -4 629 | -3 920 |
| 负债 | 4 641 | 4 858 | 2 670 | 5 633 | 4 115 | -936 |
| 2.2.1.1 直接投资 | 1 857 | 2 317 | 1 763 | 2 180 | 1 450 | 621 |
| 2.2.1.1.1 资产 | -580 | -484 | -650 | -730 | -1 231 | -1 878 |
| 2.2.1.1.1.1 股权 | -622 | -577 | -728 | -882 | -1 423 | -1 452 |
| 2.2.1.1.1.2 关联企业债务 | 43 | 92 | 78 | 153 | 192 | -426 |
| 2.2.1.1.2 负债 | 2 437 | 2 801 | 2 412 | 2 909 | 2 681 | 2 499 |
| 2.2.1.1.2.1 股权 | 2 256 | 2 508 | 2 145 | 2 654 | 2 109 | 2 196 |
| 2.2.1.1.2.2 关联企业债务 | 181 | 293 | 267 | 255 | 572 | 302 |
| 2.2.1.2 证券投资 | 240 | 196 | 478 | 529 | 824 | -665 |
| 2.2.1.2.1 资产 | -76 | 62 | -64 | -54 | -108 | -732 |
| 2.2.1.2.1.1 股权 | -84 | 11 | 20 | -25 | -14 | -397 |
| 2.2.1.2.1.2 债券 | 8 | 51 | -84 | -28 | -94 | -335 |
| 2.2.1.2.2 负债 | 317 | 134 | 542 | 582 | 932 | 67 |
| 2.2.1.2.2.1 股权 | 314 | 53 | 299 | 326 | 519 | 150 |
| 2.2.1.2.2.2 债券 | 3 | 81 | 243 | 256 | 413 | -82 |
| 2.2.1.3 金融衍生工具 | 0 | 0 | 0 | 0 | 0 | -21 |
| 2.2.1.3.1 资产 | 0 | 0 | 0 | 0 | 0 | -34 |
| 2.2.1.3.2 负债 | 0 | 0 | 0 | 0 | 0 | 13 |

续表

| 项目 | 2010 | 2011 | 2012 | 2013 | 2014 | 2015 |
|---|---|---|---|---|---|---|
| 2.2.1.4 其他投资 | 724 | 87 | -2 601 | 722 | -2 788 | -4 791 |
| 2.2.1.4.1 资产 | -1 163 | -1 836 | -2 317 | -1 420 | -3 289 | -1 276 |
| 2.2.1.4.1.1 其他股权 | 0 | 0 | 0 | 0 | 0 | 0 |
| 2.2.1.4.1.2 货币和存款 | -580 | -1 155 | -1 048 | -74 | -1 856 | -1 001 |
| 2.2.1.4.1.3 贷款 | -210 | -453 | -653 | -319 | -738 | -475 |
| 2.2.1.4.1.4 保险和养老金 | 0 | 0 | 0 | 0 | 0 | -32 |
| 2.2.1.4.1.5 贸易信贷 | -616 | -710 | -618 | -603 | -688 | -460 |
| 2.2.1.4.1.6 其他 | 244 | 482 | 3 | -423 | -8 | 692 |
| 2.2.1.4.2 负债 | 1 887 | 1 923 | -284 | 2 142 | 502 | -3 515 |
| 2.2.1.4.2.1 其他股权 | 0 | 0 | 0 | 0 | 0 | 0 |
| 2.2.1.4.2.2 货币和存款 | 603 | 483 | -594 | 758 | 814 | -1 226 |
| 2.2.1.4.2.3 贷款 | 791 | 1 051 | -168 | 934 | -343 | -1 667 |
| 2.2.1.4.2.4 保险和养老金 | 0 | 0 | 0 | 0 | 0 | 24 |
| 2.2.1.4.2.5 贸易信贷 | 495 | 380 | 423 | 449 | -21 | -623 |
| 2.2.1.4.2.6 其他 | -3 | 10 | 54 | 0 | 52 | -24 |
| 2.2.1.4.2.7 特别提款权 | 0 | 0 | 0 | 0 | 0 | 0 |
| 2.2.2 储备资产 | -4 717 | -3 878 | -966 | -4 314 | -1 178 | 3 429 |
| 2.2.2.1 货币黄金 | 0 | 0 | 0 | 0 | 0 | 0 |
| 2.2.2.2 特别提款权 | -1 | 5 | 5 | 2 | 1 | -3 |
| 2.2.2.3 在国际货币基金组织的储备头寸 | -21 | -34 | 16 | 11 | 10 | 9 |
| 2.2.2.4 外汇储备 | -4 696 | -3 848 | -987 | -4 327 | -1 188 | 3 423 |
| 2.2.2.5 其他储备资产 | 0 | 0 | 0 | 0 | 0 | 0 |
| 3. 净误差与遗漏 | -529 | -138 | -871 | -629 | -1 083 | -1 882 |

# 课后复习题

## 一、名词解释

1. 国际收支
2. 国际收支平衡表
3. 国际收支平衡
4. 价格—铸币流动机制

## 二、简答题

1. 什么是"居民"？什么是"非居民"？
2. 什么是自主性交易？什么是调节性交易？
3. 造成一国国际收支不平衡的主要原因有哪些？
4. 国际收支的大量顺差或大量逆差分别会对一国经济发展带来哪些不利影响？

## 三、分析题

根据以下经济活动，试为指定国家编制国际收支会计分录：

（1）美国：通用电气公司向中国某公司出口价值200万美元的医疗设备，200万美元存入通用电气在中国的银行账户中。

（2）巴西：某巴西居民用其在日本的5万美元存款购买了日本东芝的股票。

（3）中国：中国政府用60万美元外汇储备向阿尔及利亚提供无偿经济援助。

（4）中国：海尔集团在美国投资所得利润300万美元，其中200万美元用于在美国的再投资，40万美元购买当地商品运回国内，60万美元调回国内结售给政府换取本国货币。

# 第四章

# 汇率的决定与汇率变动

【学习目标】
1. 理解金币本位制的汇率决定;掌握其实际汇率的波动机制。
2. 了解金块/金汇兑本位制的汇率决定;理解牙买加体系的汇率决定。
3. 掌握影响长期汇率变动的因素;了解影响短期汇率波动的因素。
4. 掌握马歇尔—勒纳条件和J曲线效应。
5. 熟悉购买力平价理论、利率平价理论;了解其他汇率决定理论。

## 第一节 汇率的决定

按照黄金与货币联系的紧密程度,我们可以把国际货币制度划分为三个时期:金币本位制度、金块/金汇兑本位制度以及牙买加体系下的纯粹纸币本位制,来分析这三个时期不同的汇率决定机制。

### 一、金币本位制下的汇率决定

(一)金币本位下的铸币平价

在严格金币本位制下,流通中的货币是以一定重量和成色的黄金铸造而成的金币,货币的单位价值就是铸造该货币所耗用黄金的实际重量。两国货币的价值量之比就直接而简单地表现为它们的含金量之比,称为铸币平价(mint parity)。铸币平价是决定两国货币之间汇率的价值基础,它可表示为:

1 单位 A 国货币 = A 国货币含金量/B 国货币含金量 = 若干单位 B 国货币

**阅读资料**

1925~1931 年英国规定 1 英镑金币的重量为 123.2744 格令(grains),成色为 22k(carats),即 1 英镑含 113.0016 格令纯金(123.2744×22/24);美国规定 1 美元金币的重量为 25.8 格令,成色为 0.9000,则 1 美元含 23.22 格令纯金(25.8×0.9000)。根据含金量之比,英镑与美元的铸币平价是:113.0016

/23.22=4.8665，即 1 英镑的含金量是 1 美元含金量的 4.8665 倍，或 1 英镑可兑换 4.8665 美元。按照等价交换的原则，铸币平价是决定两国货币汇率的基础，可表示为：1 英镑＝4.8665 美元。

(资料来源：根据 MBA 智库百科资料整理)

## (二) 实际汇率的波动

铸币平价与外汇市场上的实际汇率是不相同的。铸币平价是法定的，一般不会轻易变动，而实际汇率受外汇市场供求影响，经常上下波动。随着国际收支所导致的外汇供求状况的变化，实际汇率会偏离铸币平价上下波动。

当外汇供给小于需求时，外币升值，本币贬值；当外汇供给大于需求时，外币贬值，本币升值。正像商品的价格围绕价值不断变化一样，实际汇率也围绕铸币平价上下波动。

但在典型的金币本位制下，由于黄金可以自由地输入输出，实际汇率的涨落都是有限度的，即被限制在黄金的输出点和输入点之间，如图 4-1 所示。

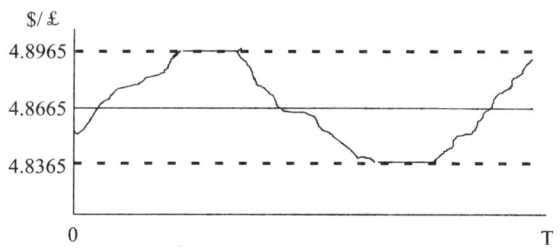

图 4-1 金币本位制下实际汇率的波动

接下来分析为什么实际汇率的波动稳定在 4.8665±0.03，也就是在 (4.8365, 4.8965) 范围内。

在金币本位制下，由于黄金可以自由输出入，因此，实际汇率波动时，进出口商可以根据汇率情况选择对自己有利的外汇或是黄金进行结算。

1. 不考虑黄金的运输成本

假设各国出口商品先以本币标价，以美英两国之间的贸易为例。铸币平价为 1 英镑＝4.8665 美元，以美国进出口商为例进行分析：美国进口商从英国进口；美国出口商出口商品到英国。

如果实际汇率是美元贬值（英镑升值），也就是说汇率数值大于 4.8665，这时美国进口商在本国用美元换英镑外汇是不合算的（因为每换取 1 英镑外汇要花费多于 4.8665 的美元），在不考虑黄金运输成本的情况下，美国进口商选择运送黄金到英国，然后用黄金在英国兑换英镑进行结算是合算的，因为这时候每有 4.8665 美元对应的黄金就可以兑换 1 英镑外汇。

由此可见，在美元实际贬值的情况下，美国是黄金输出国，而英国是黄金输入国。

如果美元升值（英镑贬值），这时候情况正好相反，此时汇率数值小于 4.8665，英国进口商在本国用英镑换美元外汇是不合算的（因为 1 英镑本币只能换取较少的美元），因此英国进口商会选择运送黄金到美国，然后在美国用黄金兑换美元进行结算。因为这时候每 1 英镑对应的黄金可以换得 4.8665 美元。

由此可见，在英镑实际贬值的情况下，英国是黄金输出国，而美国黄是金输入国。

2. 考虑黄金的运输成本

实际上输出黄金进行结算是有费用的。输送黄金进行结算，通常需要支付包装费、运输费、保险费、检验费以及利息等，费用为所运送黄金价值的 5‰~7‰。如果按 6‰计算，且 1 英镑 = 4.8665 美元，运送 1 英镑的黄金约需支付 0.03 美元的费用。

考虑美元贬值时，假设美国进口商需要运送黄金结算，则每运送 1 英镑货币所对应的黄金，其总成本是 4.8665 + 0.03 = 4.8965（美元）；英镑贬值时，假设英国进口商需要运送黄金结算，则运送 1 英镑货币所对应黄金只能换到 4.8665 − 0.03 = 4.8365（美元）。

换句话说，美元贬值时，只有贬值到汇率值大于 4.8965 的程度时，美国进口商才会输出黄金，因为这时输出黄金才是合算的；英镑贬值时，只有贬值到汇率值小于 4.8365 时，英国进口商才会输出黄金，因为这时输出黄金才是合算的。

3. 举例说明

若美元贬值到 1 英镑 = 4.8765 美元，美国进口商输出黄金进行结算的成本是 1 英镑 = 4.8965 美元，还是直接换英镑外汇合算。

若英镑贬值到 1 英镑 = 4.8465 美元，英国进口商运送 1 英镑黄金只能换得 4.8165 美元，还是直接换美元外汇合算。

4. 黄金输出入对实际汇率的影响

美元贬值（英镑升值）且汇率数值大于 4.8965，美国进口商用黄金结算，会使外汇市场上英镑需求减少，英镑逐步贬值，美元逐步升值，同时黄金输出美国，会减少美国货币供应量，降低国内物价水平，有利于美国出口，美元有升值趋势，汇率回归铸币平价。

美元升值（英镑贬值）且汇率数值小于 4.8365，英国进口商用黄金结算，会使外汇市场上美元需求减少，美元逐步贬值，英镑逐步升值，同时黄金输出英国，会减少英国货币供应量，降低国内物价水平，有利于英国出口，英镑有升值趋势，汇率回归铸币平价。

因此 4.8665 ± 0.03 即（4.8965，4.8365），是实际汇率波动的一般范围，4.8365 和 4.8965 是英镑和美元两种货币之间的黄金输送点。

黄金的输出与输入使外汇市场上的供求趋于平衡，并使汇率在一定幅度内波动，这也就是金币本位制下汇率波动的自动调节机制。我们在国际收支一章提到过，这个自动调节机制是由英国经济学家大卫·休谟（David Hume，1752）最早提出，又称为黄金—物价国际收支调节机制。其原理是：当一国的国际收支持续发生逆差，外汇汇率涨至黄金输出点，造成黄金外流时，该国的货币供给减少，通货紧缩，物价下跌，进而提高其商品的国际市场竞争能力，于是出口增加，进口减少，促使国际收支达到均衡；反之，当一国的国际收支持续发生顺差，外汇汇率跌至黄金输入点，造成黄金内流时，该国的货币供给增加，通货扩张，物价上涨，进而降低其商品的国际市场竞争能力，于是出口减少，进口增加，促使国际收支达到均衡。换言之，国际收支的失衡引起黄金的外流与内流，而黄金的流动会引起物价水平的相对变化，导致出口与进口规模的相对增减，结果使两国间的国际收支自动达到均衡状态。

### 二、金块/金汇兑本位制下的黄金平价

第一次世界大战后，许多国家通货膨胀严重，银行券的自由兑换和黄金的自由流动遭到破坏，于是传统的金本位制陷于崩溃，各国分别实行两种蜕化的金本位制，即金块本位制和金汇兑本位制。在这两种货币制度下，国家以法律形式规定纸币的含金量，货币的发行以黄金或外汇作为准备金，并允许在一定限额以上与黄金、外汇兑换，各国货币的单位价值由法律所规定的含金量来决定。此时，我们称各国单位货币所代表的含金量为该货币的黄金平价（Gold Parity），显然在这个时期，汇率是由各自货币的黄金平价来确定，即汇率决定的基础是各国货币的黄金平价，也称为货币平价。

例如，布雷顿森林体系本质上是金汇兑本位制。按照布雷顿森林协定的要求，各成员国应公布各自货币按黄金或美元来表示的对外平价，其货币与美元的汇率一般只能在平价上下1%的幅度内波动。如果汇率的波动超过这一幅度，各成员国政府就有责任对外汇市场进行干预，直接影响外汇的供给与需求，以保持汇率的相对稳定。只有当一国国际收支发生"根本性不平衡"，对外汇市场的干预已不能解决问题时，该国才可以请求变更平价。可见，在布雷顿森林体系的安排下，各成员国货币的汇率是围绕着平价，根据外汇市场供求状况，并被人为地限制在很小范围内进行波动的，常被称为"可调整的钉住汇率制"。图4-2显示了布雷顿森林体系下，汇率实际波动的范围。

但在现实生活中，由于价值符号不能自由与黄金兑换，其发行又不受黄金准备金的限制，纸币发行总量往往超过由流通所需金量按黄金平价决定的数量，这就使得纸币实际代表的含金量与国家规定的含金量相背离。随着纸币流通制度的演进，纸币的金平价与其实际代表的金量相互脱节现象日趋严重，由于通货膨胀经常发生，以纸币为基础的实际汇率非常不稳定，货币非黄金化的呼声越来越高。

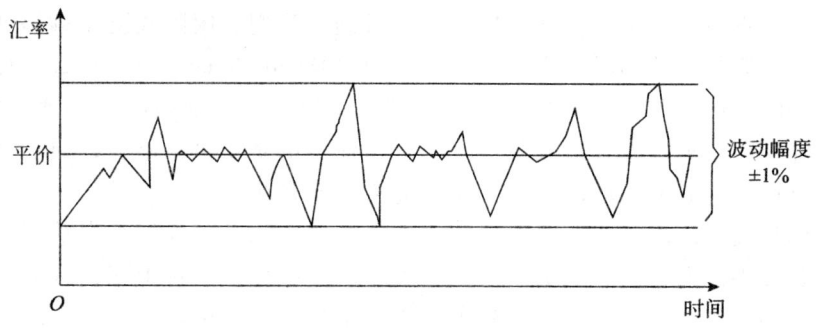

图4-2 布雷顿森林体系下的汇率波动

### 三、牙买加体系纯粹纸币本位制的汇率决定

（一）汇率决定的基础

牙买加体系下，各国都发行纸币，且不再与黄金挂钩，汇率如何决定呢？由于纸币具有一定的购买力，人们更直观地把单位纸币所代表的价值视为单位货币同一定商品的交换比例，即商品价格的倒数，或称为纸币的购买力。

实际经验也表明，在两国社会生产条件、劳动力成本和商品价格体系十分接近的情况下，通过比较两国间的物价水平或比较两国纸币的购买力，可以较为合理地决定两国货币交换的汇率。在纸币流通制度下，货币的购买力成为价值的化身，汇率的决定依然是以价值为基础的，它的本质是两国货币所代表的购买力之比。

（二）外汇市场的供求影响

在纸币流通制度下，汇率决定以两国货币所代表的购买力为基础外，还随着外汇市场外汇供求关系的变化而变化，外汇市场供求的对比在很大程度上决定了汇率的实际水平。西方学者十分重视外汇市场供求关系对汇率形成的作用，其基本机制是当某种外汇供不应求时，其汇率有上升趋势；当某种外汇供过于求时，其汇率有下降趋势；当外汇供求相等时，汇率达到均衡水平。

因此，每一时点的实际汇率是由外汇市场供给与需求的均衡点所决定的。短期均衡汇率形成机制如图4-3所示。

（三）汇率的波动

在牙买加体系下，外汇市场的供求关系对汇率的变化起决定性的作用。其最一般或最典型的汇率波动是汇率自由涨落，如果外汇管理机构对本国外汇市场不加干预的话，汇率的波动几乎不受限制。图4-4反映了牙买加体系下汇率自由浮动的示意图。

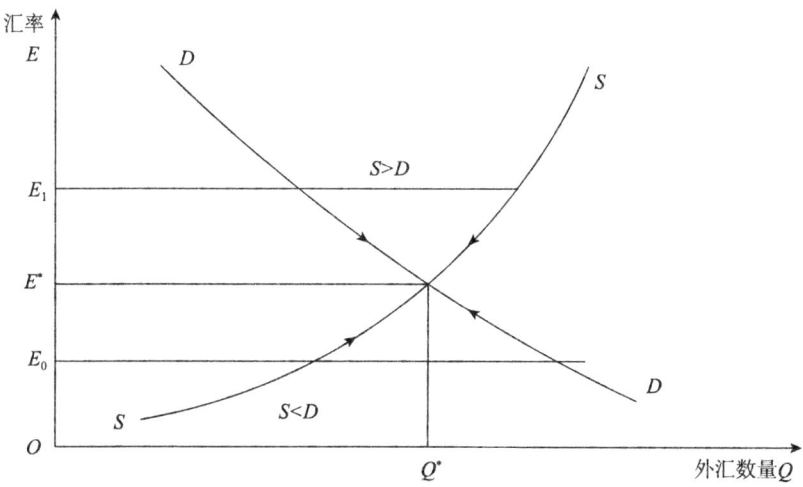

图 4-3 外汇市场供求关系决定汇价的过程

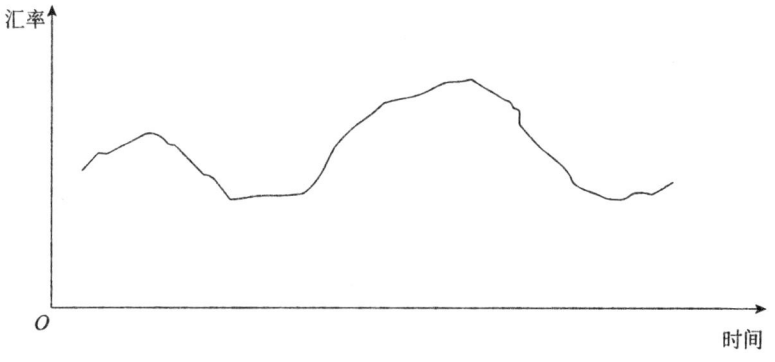

图 4-4 牙买加体系下的汇率自由浮动

## 第二节 汇率的变动

**一、影响汇率变动的基本因素**

（一）国际收支因素

国际收支是一国对外经济活动的综合反映，它对一国货币汇率的变动有着直接的影响。而且，从外汇市场的交易来看，国际商品和劳务的贸易构成外汇交易的基础，因此它们也决定了汇率的基本走势。若一定时期一国国际收支综合差额为逆差，外汇流出大于流入，外汇供不应求，则本币有贬值趋势。若一定时期一国国际收支综合差额为顺差，外汇流入大于流出，外汇供过于求，则外汇有贬值趋势，本币有升值趋势。

例如自 20 世纪 80 年代中后期开始的二十多年时间里,美元在国际经济市场上长期处于走低的状况,而日元正好相反,一直不断升值,其主要原因就是美国长期以来出现国际收支逆差,而日本持续出现巨额顺差。仅以国际收支经常项目的贸易部分来看,当一国进口增加而产生逆差时,该国对外国货币产生额外的需求,这时,在外汇市场就会引起外汇升值,本币贬值;反之,当一国的经常项目出现顺差时,就会引起外国对该国货币需求的增加与外汇供给的增长,本币汇率就会上升。

自 2015 年以来,美国经济回暖,经济复苏趋势较强,美国国际收支逆差减少,美元升值趋势明显。而日本国际收支顺差有减少趋势,日元走低势头显现。尤其是 2015 年下半年以来,由日元贬值带来的赴日旅游人数增加显著,仅中国游客赴日旅游人次不断攀升。2016 年上半年以来,日元逐步扭转了走低趋势。

再看中国国际收支的情况对人民币汇率变动的影响。由于 20 世纪中后期以来的将近 20 年时间,我国国际收支综合差额一直保持顺差,而且多数是经常项目、资本与金融项目的双顺差。近几年资本与金融项目偶然出现小幅逆差,但综合差额仍是顺差,这直接导致人民币汇率升值趋势明显。仅从 2005 年 7 月汇率制度改革以来看,当时人民币兑美元基本汇率波动的起点是 8.23,在十年多的时间里,至今 1 美元所兑换的人民币已到达 6.2 元人民币左右的区间。

(二)通货膨胀因素

在纸币流通制度下,一国货币发行过多,流通中的货币量超过商品流通的实际需要,就会造成通货膨胀。如果两国的通货膨胀率相同,那么两国货币的名义汇率因通货膨胀的相互抵消,就可能继续保持不变;当两国通货膨胀率存在差异,例如,当一国的通货膨胀率高于另一国的通货膨胀率时,通货膨胀率较高国货币的汇率就趋于下跌,而通货膨胀率较低国货币的汇率则趋于上升。

具体地说,通货膨胀主要通过两个途径对汇率产生影响。一是通过影响进出口贸易。当通货膨胀使一国的物价上涨率高于其他国的物价上涨率,而汇率又未能对此及时作出反映时,该国出口商品的成本会相对提高,这就削弱了该国商品在国际市场上的竞争能力,不利于扩大商品的出口;同时,该国进口商品的成本会相对降低,且能够按国内已上涨的物价出售,这就增加了进口商品的盈利,容易刺激商品的大量进口。这种状况会使一国贸易收支恶化,形成外汇市场供求的缺口,推动外币汇率上升,本币汇率下降。二是国际资本流动。当一国通货膨胀率高于其他国家,而名义利率又没有作出调整时,该国的实际利率相对下降,投资者为追求较高的利率,就会把资金转移到国外。另外,一国货币因通货膨胀先后发生对内、对外贬值,还会影响人们对该国货币的信心,引起资金的外逃。资金外流和信心低落,不利于维持两国货币之间的汇率稳定。

(三)经济增长率

经济增长率对汇率变动的影响主要来自以下几个方面:

首先,如果一国的出口基本不变,经济高速增长会使国民收入水平大幅度提高,进而导致该国对外国商品和劳务的需求高涨，因此该国的经常项目很可能出现逆差，并使本国货币的汇率趋于下跌。

其次，如果国内外投资者将该国经济增长率较高看作是资本收益率较高的反映，该国资本的净流入很可能抵消或超过经常项目的赤字。在这种情况下，该国货币的汇率不是下跌，而可能上升。

再次，如果一国经济的高速增长是由于出口竞争能力提高和出口规模扩大而推动的，该国的出口超过进口，经常项目的顺差会使本国货币的汇率趋于上升。

最后，一国的实际经济增长率较高，能够增强投资者对该国货币的信心，更多的投资者在外汇市场持有该国货币会使该货币汇率有上升趋势。

因此，经济增长率对一国汇率走势的影响，需综合考虑。

## 二、影响短期汇率变动的因素

（一）利率因素

资本具有趋利性。当一国利率上升，会吸引资本流入，国际收支有顺差趋势，本币有升值趋势。当一国利率下降，会引发资本外流，国际收支有逆差趋势，本国汇率有下降趋势。当国与国之间存在利率差异时，为套利而跨国流动的货币资本就会大量出现，通过影响外汇市场货币的供求，促使汇率变动。只有当利率差与汇率变动的水平相等，货币资本跨国流动无利可图时，利率差对汇率的影响才会消除。

（二）政府干预

由于汇率是以一种货币表示的另一种货币的价格，汇率的变化将影响在国家间进行交易的商品和劳务的价格，进而对一国的资源配置和经济运行发挥重要的作用。出于宏观经济调控的需要，各国政府大多会对外汇市场进行干预，希望把汇率的波动限制在政策目标范围内。

政府干预外汇市场的常见方式有：在外汇市场直接买卖外汇；调整国内货币和财政政策；公开发表能够影响投资者预期的导向性言论；与其他国家进行货币合作等。

（三）外汇市场投机

外汇市场的投机活动对汇率的变动具有重要影响。特别是在世界金融市场上充斥着巨额"游资"的今天，根据各种信息和投机者对汇率变化的预期，这些资金会在短期内从一种货币转换成另一种货币，为获取投机利润的跨国资本流动必然会对外汇市场产生较大的冲击，进而引起汇率的变动。

## 三、汇率变动对经济运行的影响

浮动汇率制度下汇率变动频繁，对各国经济产生的冲击日益深刻。因此，汇率政策及汇率调整已成为各国经济政策的重要组成部分。汇率变动无论是对于一国的国际收支、外汇储备、国内经济，还是对国际资本流动、国际经济关系，都会产生极大的影响。

（一）汇率变动对一国国际收支的影响

1. 汇率变动对一国贸易收支的影响

以本币贬值为例，本国货币汇率下降一般会对该国对外贸易起到刺激出口、抑制进口的作用。但本币贬值使国际收支逆差得以改善是有条件的。英国经济学家琼·罗宾逊夫人在1931年提出了国际收支调节的弹性分析法，认为：货币贬值通过引起进出口商品价格的相对变化来影响本国进出口商品的数量，在一定的进出口需求弹性下，可以改善贸易收支，进而起到调节国际收支的作用。

（1）马歇尔—勒纳条件（Marshall – Lerner Condition）。马歇尔—勒纳条件由英国经济学家马歇尔和美国经济学家A. P. 勒纳提出的，揭示的是在什么条件下，货币贬值才能引起贸易收支逆差的改善。马歇尔—勒纳条件的研究思路是：贬值引起进出口商品单位价格的变化。进出口商品单位价格变化引起进出口商品数量的变化，贸易差额＝出口值－进口值，而出口值＝出口商品单价×出口商品数量，进口值＝进口商品单价×进口商品数量。

一国货币相对于他国货币贬值，能否改善该国的贸易收支状况，主要取决于贸易商品的需求和供给弹性，这里要考虑4个弹性：①他国对该国出口商品的需求弹性；②出口商品的供给弹性；③进口商品的需求弹性；④进口商品的供给弹性（指他国对贬值国出口的商品的供给弹性）。

在假定一国非充分就业，因而拥有足够的闲置生产资源使出口商品的供给具有完全弹性的前提下，贬值效果便取决于需求弹性。需求弹性是指价格变动所引起的进出口需求数量的变动程度。本币贬值使一国国际收支得以改善的必要条件是：进出口商品的需求弹性（绝对值）之和大于1，即 $|dx| + |dm| > 1$。这就是马歇尔—勒纳条件。

需要说明的是，如果以直接标价法下的汇率变化来衡量本币贬值的程度，本币贬值意味着汇率数值的提高，则出口需求弹性是正的，而进口的需求弹性是负的，为了避免正负号混淆，一律以绝对值来表示。

**阅读材料**

### 马歇尔—勒纳条件的推导

马歇尔—勒纳条件研究一定前提条件下，本币对外币贬值改善贸易收支的必要条件。

1. 假定

局部均衡：进出口值由进出口商品的相对价格和进出口量决定，其他影响进出口的因素，如消费者的收入、其他商品的价格、消费者的偏好等都不变；贸易商品的供给弹性无穷大，进出口的价格不因需求的增加而上涨，也不因需求的减少而下降（贬值国是小国）；不考虑资本流动，即国际收支等于贸易收支。

初始条件假定：假定贬值前贸易差额不大，进出口在贬值前基本平衡。

设出口商品的汇率弹性为 $\eta_X$，进口商品的汇率弹性为 $\eta_M$，即：

$$\eta_X = \frac{\Delta X/X}{\Delta r/r}; \quad \eta_M = -\frac{\Delta M/M}{\Delta r/r} \tag{1}$$

其中：$\Delta$ 表示变化量；$X$ 和 $M$ 分别表示出口数量和进口数量；$r$ 表示直接标价的汇率（一单位外币可兑换的本币数量）。本币对外币贬值时，$r$ 增加。

2. 推导过程

由于一国通常采用本币来记录国际收支，因此，我们讨论用本币表示国际收支的情况。

在没有国际资本流动的假定下，国际收支 $B$ 等于贸易收支：

$$B = P_X X - r P_M M \tag{2}$$

其中，$P_X$ 为出口商品以本币表示的价格，$P_M$ 为进口商品以外币表示的价格，并假定这些价格不变。

如果本币贬值，即 $r$ 增加时，$dB>0$，则本币贬值能起到改善贸易收支的作用。

对（2）式求导，得：

$$\frac{dB}{dr} = \frac{d(P_X X)}{dr} - \frac{d(rP_M M)}{dr}$$

$$= \left(\frac{XdP_X}{dr} + \frac{P_X d_X}{dr}\right) - \left(P_M M + \frac{rMdP_M}{dr} + \frac{rP_M d_M}{dr}\right)$$

因为 $\frac{dP_X}{dr} = 0$，$\frac{dP_M}{dr} = 0$（小国假定，国际市场上商品价格不变），

所以 $\frac{dB}{dr} = P_X \frac{d_X}{dr} - \left(P_M M + rP_M \frac{dM}{dr}\right)$

因此要使 $\frac{dB}{dr} > 0$，必须使 $P_X \frac{d_X}{dr} - \left(P_M M + rP_M \frac{dM}{dr}\right) > 0 \tag{3}$

将（3）式左右两边同时乘以 $\frac{r}{XP_X}$（分子分母都为正数，值为正数），不等式的方向不变，得：$P_X \cdot \frac{dX}{dr} \cdot \frac{r}{XP_X} - \left(P_M M + rP_M \frac{dM}{dr}\right) \cdot \frac{r}{XP_X} > 0$，简化得：

$$\frac{dX}{X} \cdot \frac{r}{dr} - \frac{rP_M M}{P_X X} \cdot \left(1 + \frac{dM}{dr} \cdot \frac{r}{M}\right) > 0 \tag{4}$$

根据定义，$\eta_X = \dfrac{d_X}{X} \Big/ \dfrac{dr}{r}$，$\eta_M = -\dfrac{dM}{M} \Big/ \dfrac{dr}{r}$，将其代入（4）式，要使 $dB>0$，经整理化简，必须使下式成立，即

$$\eta_X - \dfrac{rP_M M}{P_X \cdot X}(1-\eta_M) > 0 \tag{5}$$

假定汇率上升之前，贸易收支是平衡的，即：

$P_X X = rP_M M$，即 $\dfrac{rP_M M}{P_X X} = 1$，代入（5）式

所以要使 $dB>0$ 成立，必须使：$\eta_X - (1-\eta_M) > 0$，即：$\eta_X + \eta_M > 1$

即：贸易收支通过货币贬值得到改善（$dB>0$）的必要条件是：

$\eta_X + \eta_M > 1$

这就是马歇尔—勒纳条件。

3. 说明

在马歇尔—勒纳条件中，我们所使用的是局部均衡情况下的弹性，即我们假定其他条件不变，只考虑汇率变化对国际收支的影响。但一般来说，局部均衡分析的假设条件是难以全部满足的。例如我们考察影响国际收支的因素时发现，直接影响国际收支的因素除了汇率变动以外，还有国民收入和货币存量等。

因此，局部均衡分析的结果，是否为一般均衡分析的一个好的近似结果，需考察局部均衡分析的假设条件在多大程度上是现实情况的一个近似反映，即局部均衡分析时所假定不变的因素，是否只对我们分析的结论产生次要的、可以忽略的影响。

（2）J 曲线效应。J 曲线效应又称为贬值的时滞效应。当汇率变动后，进出口额的实际变动情况还要取决于进出口商品的供给对价格的反应程度。

即使在马歇尔—勒纳条件成立的情况下，货币贬值也不会立即改善贸易收支，而会有一段时滞。在货币贬值后初期，贸易收支的逆差会保持扩大的趋势，随后国际收支才会慢慢改善。这被称为贬值的时滞效应，即 J 曲线效应，如图 4-5 所示。

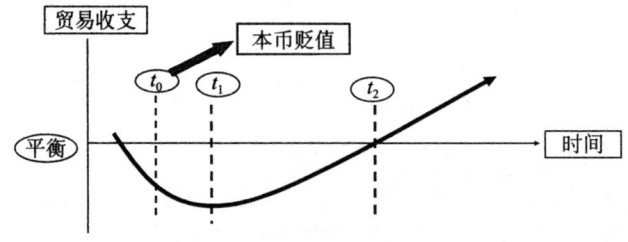

图 4-5 J 曲线效应示意图

产生 J 曲线效应的原因主要是：货币贬值以前签订的贸易合同，进出口数量和价格不会因为贬值而立即变化；货币贬值以后签订的贸易合同要受到时滞的影响。以出口商为例，本币贬值以后，有利于出口，但出口商会存在认识时滞、决策时滞以及生产时滞等，不可能马上增加出口额。

（3）本币贬值对出口的促进。

第一，本币贬值会使出口企业利润增加，从而提高出口商出口产品的积极性，进而刺激出口。例如，我国某出口企业出口 100 万美元的商品，在美元与人民币汇率为 1:5 的情况下，该出口企业的收入以人民币表示为 500 万元；在其他条件没有发生变化的前提下，如果汇率变为 1:8，则该出口企业最终收入以人民币表示为 800 万元，其中增加的 300 万元利润将成为鼓励企业出口的动力。

第二，本币贬值会使出口产品的价格变得相对便宜，进而可以增强出口产品的国际竞争力，在国际市场上以价格竞争取胜。例如，我国某出口企业出口价值为 100 万元人民币的商品，在以外币计价的前提下，如果美元与人民币汇率为 1:5，100 万元的商品可以折合为 20 万美元。其他条件不变，如果汇率变为 1:8，则 100 万元的商品可以折合为 12.5 万美元。无形中，价值 100 万元的商品在以外币计价时会由于本币贬值而变得相对便宜，从而可以扩大出口。

（4）本币贬值对进口的抑制作用。主要原因是本币贬值会带来进口成本的上升。例如，我国某进口企业进口 100 万美元的商品，在美元与人民币的汇率是 1:5 的情况下，以人民币支付需用 500 万元。而在汇率变为 1:8 的情况下，以人民币支付为 800 万元。很显然，由于美元与人民币汇率变化，使进口商品的相对价格发生了变化，进口商品的成本增加了人民币 300 万元。所以汇率下降会抑制进口。

但对一些进口依赖性较强的国家，虽然本币贬值会使进口成本上升，但由于这类国家进口商品的需求弹性较小，所以进口不会减少很多。大量的进口意味着大量的外汇支出，尽管这类国家会由于增加出口而产生一定的贸易盈余，但是高昂的进口成本会抵销出口的盈余，这种现象被称为贬值赋税效应。对进口的依赖性越强，这种贬值赋税效应就越明显。

2. 汇率的变动对非贸易收支的影响

汇率变动也会影响一国的非贸易收支。以服务贸易为例，如果本币汇率下跌，外币的购买力相对提高，有利于扩大本国服务产品的出口和吸引境外游客入境旅游，同时，将减少进口服务产品和本国公民出境旅游，这有利于该国涉外旅游与其他劳务收支状况的改善。

（二）汇率变动对一国外汇储备的影响

外汇储备是一国国际储备的主要内容，由本国对外贸易及结算中的主要货币组成。在布雷顿森林货币体系下，美元是各国外汇储备的主要币种。在以美元为主要储备货币时期，外汇储备的稳定性和价值高低完全取决于美元汇率的变化，美元升值，一国外汇储备相应升值；美元贬值，一国外汇储备也相应贬值。因此，20 世纪

70年代初期，美元在国际市场上的连续贬值，曾经给许多国家尤其是发展中国家的外汇储备带来了不同程度的损失。20世纪70年代以后，各国外汇储备逐渐走向多元化，由美元、日元、英镑、欧元等货币共同组成。不管是以单一的币种为储备还是以多元化的币种为储备，储备货币汇率变化都会直接影响到一国外汇储备的价值。

在多元化外汇储备时期，汇率变动对储备货币的影响较为复杂，有时外汇市场汇率波动较大，但因储备货币中升值、贬值货币的力量均等，外汇储备就不会受到影响；有时虽然多种货币汇率下跌，但占比重较大的储备货币汇率上升，外汇储备总价值也能保持稳定或略有上升。国际储备多元化加之汇率变动的复杂化，使国际储备管理的难度加大，各国货币当局都时刻关注外汇市场行情的变化，相应地进行储备货币的调整，以避免汇率波动给外汇储备造成损失。

分析汇率的变动对储备的影响要从多方面进行。首先，应明确构成一国外汇储备的币种，这些货币在外汇市场上的汇率变化往往是不相同的，它们会分别对外汇储备产生影响进而构成外汇储备整体变化；其次，需要将各储备货币分成升值的和贬值的两类，计算各自升值或贬值的幅度；再次，根据构成外汇储备币种的不同权重，结合各种货币升、贬值的幅度，衡量出一定时期内储备币种汇率变化对一国外汇储备的综合影响；最后，还要考虑储备货币中软、硬币的利息差异，与汇率涨跌相比较，从而得出一定时期内不同货币汇率变化及利率变化对一国外汇储备总体影响的分析结论。

（三）汇率变动对国内经济的影响

1. 汇率变动对价格水平的影响

一国汇率变动对国内经济最直接的作用是影响物价。一般来说，一国货币汇率下降容易引发国内的通货膨胀现象。从进口角度看，本币贬值引起进口商品的本币价格相应上升。它会带动国内同类商品的价格上升。若进口商品为生产资料，其价格上升还会通过生产成本上升推动最终产品价格上涨。从出口角度看，一国货币汇率下降首先引起出口量的扩大。在国内生产力已经得到比较充分利用的情况下，这会加剧国内的供需矛盾，使出口商品的国内价格上升，因此容易引发通货膨胀。反之，一国货币汇率上升，则有助于抑制本国通货膨胀。

2. 汇率变动对国内利率的影响

一国货币汇率下降往往会使人们产生汇率会进一步下降的心理，引起短期资本外逃。国内资本供给减少可能引起利率上升。但是，如果汇率下降激发起人们对汇率反弹的预期，则可能导致短期资本流入、国内资本供给增加和利率下降。

3. 汇率变动对国民收入和就业的影响

一国货币汇率下降会使该国出口增加，从而刺激国内出口产品生产规模的扩大，进而带动国内其他行业生产的发展，推动就业水平的提高，增加国民收入。同时，本币汇率下降使进口减少，导致国内对进口产品的需求转向对国内同类商品的需求上，即产生进口替代效应，使生产进口替代品的部门和企业的收益增加，从而引起资源在国内各部门的重新配置，而上述的一系列变化会使该国的国民收入总额增加。如果一国的货币汇率上升，则情况正好相反。

（四）汇率变动对国际资本流动的影响

汇率变化是影响国际资本流动的直接因素。国际资本流动的目的主要是追求利润和避免受损。当一国的货币贬值而尚未到位时，国内资本的持有者和外国投资者为避免该国货币再次贬值而蒙受损失，会将资本调出该国，进行资本逃避。若该国货币贬值已经到位，在具备投资环境的情况下，投资者不再担心贬值受损，外逃的资本就会流回国内。特别是如果某种货币贬值过头，当投资者预期该汇率将会反弹，就会引起大规模的资本流入。而货币升值的作用与此正好相反。当一国的货币升值而尚未到位时，国内资本的持有者和外国投资者为获得利润会将资本调入该国，若该国货币升值已经到位，投资者将会担心接下来发生贬值受损，资本纷纷外逃。因此，一国汇率的起伏不定注定会导致国际资本频繁流动。

（五）汇率变动对于国际经济关系的影响

在浮动汇率制度下，外汇市场上各种货币频繁的、不规则的变动，不仅给各国对外贸易、国内经济等造成了深刻影响，而且也影响着各国之间的经济关系。这体现在：

（1）加深了各国争夺销售市场的斗争。如果一国实行以促进出口、改善贸易逆差为主要目标的货币贬值，会使对方国家货币相对升值，出口竞争力下降，尤其是以外汇倾销为目的的本币贬值必然引起对方国家和其他利益相关国家的反抗甚至报复，这些国家会采取针锋相对的措施，直接地或隐蔽地抵制贬值国商品的输入，汇率战由此而生。竞相货币贬值以促进各自国家的商品出口是国际上很普遍的现象，由此造成的不同利益国家之间的分歧和矛盾也层出不穷，这加深了国际经济关系的复杂性。

（2）促进了储备货币多元化的形成。由于某些储备货币的发行国的国际收支恶化，其货币汇率不断下跌，影响其国际地位，而有些国家的情况相反，其货币在国际领域的地位和作用日益加强，进而促进了国际储备货币多元化的形成。

（3）加剧了国际金融市场的动荡和投机，促进了国际金融业务的不断创新。由于汇率变动，促进了外汇交易的投机，造成了国际金融市场的动荡与混乱。同时由于汇率的起伏不定，加剧了国际贸易与金融的汇率风险，进一步促进了期货和期权交易、货币互换和欧洲票据等衍生金融工具的出现，使国际金融业务的形式与市场机制不断创新。

汇率变动对一国经济的影响程度大小要根据该国货币制度发展的具体情况而定，其中比较重要的决定因素有四个：一是该国货币的可兑换性。可兑换性越强，汇率变动对该国经济特别是资本国际流动的影响越大。二是该国国际金融市场的发育程度。金融市场发育程度越高，汇率变动对该国经济影响越大。三是该国对外开放程度。一国对外开放程度越高，汇率变动对该国经济影响越大。四是政府对经济运行的干预程度。政府对经济运行干预会改变市场机制的运动过程，使汇率变动对经济运行的影响复杂化。

## 第三节 汇率决定理论

本节主要介绍西方的汇率决定理论，重点阐述购买力平价理论和利率平价理论，并对其他代表性的汇率决定理论进行简单介绍。

### 一、购买力平价理论

购买力平价理论是第一次世界大战以来，诸多汇率理论中最有影响力的理论之一。最早清晰而强有力地对购买力平价理论进行系统阐述的是瑞典经济学家卡塞尔。瑞典学者卡塞尔（G. Cassel）于1922年出版了《1914年后的货币和外汇》一书，提出"购买力平价说"。

（一）基本观点

卡塞尔认为，本国人之所以需要外国货币，是因为这些货币在外国市场上具有购买力，可以买到外国人生产的商品和劳务；外国人之所以需要本国货币，则是因为这些货币在本国市场上具有购买力，可以买到本国人生产的商品和劳务。因此，货币的价格取决于它对商品的购买力，两国货币的兑换比率就由两国货币各自具有的购买力的比率决定。购买力比率即是购买力平价。进一步说，汇率变动的原因在于购买力的变动，而购买力变动的原因又在于物价的变动。这样，汇率的变动最终取决于两国物价水平比率的变动。

概括而言，购买力平价说的基本观点是：在纸币流通条件下，决定两国货币汇率的基础是两国纸币所代表的购买力。汇率是两国货币所代表的购买力之比。

（二）理论基础

购买力平价理论的两个理论基础是货币数量论和一价定律。

1. 货币数量论

纸币本身没有价值，但却代表着一定的价值，可以在货币发行国购买一定量的商品，但不同国家的单位货币所代表的价值是不同的，这和各国的货币供应量有关。如果货币供给量超过货币需求量，则单位货币的购买力就会下降。

2. 一价定律（the law of one price）

如果不考虑交易成本等因素，以同一货币衡量的不同国家相同的可贸易商品的价格是一致的。否则商品套购活动就会发生，直到其价格差异的消除。用公式表示是：

$$P = eP^*  \tag{4.1}$$

其中：$P$ 表示本国物价水平；$P^*$ 表示外国物价水平；$e$ 表示直接标价法下的

汇率。

（三）购买力平价理论的两个基本形式

1. 绝对购买力平价

绝对购买力平价的前提条件是：

（1）对于任何一种可贸易商品，一价定律都成立。

（2）在两国物价指数的编制中，各种可贸易商品所占的权重相同。

根据一价定律，可以得到绝对购买力平价的公式为：

$$\sum_{i=0}^{n} aipi = e \sum_{i=0}^{n} aipi^* \quad (4.2)$$

可简化为：$e = \dfrac{P}{P^*}$ \quad (4.3)

也就是说，在某一时点上，两国的一般物价水平之比决定两国货币的交换比率，它意味着汇率是以不同货币衡量的可贸易商品的价格之比。

绝对购买力说明的是某一时点上汇率的决定，要考察在一段时间内汇率的变动，可以用相对购买力指标。

2. 相对购买力平价

（1）主要观点。相对购买力平价从动态角度考察汇率的决定与变动，认为汇率的变动由两国通货膨胀率差异决定，是两国货币所代表的购买力变动率之比。基本公式是：

$$e_1 = \dfrac{P_1/P_0}{P_1^*/P_0^*} e_0 \quad (4.4)$$

其中：$e_0$ 表示期初起点的绝对购买力平价；$e_1$ 表示考察期内的相对购买力平价。

汇率标价方法均是直接标价法。

（2）相对购买力平价举例。

假设某段时期，期初日元与美元的汇率为 USD1 = JPY90，一段时间后，日本商品价格从 100 日元上升到 120 日元，同期美国商品价格从 1 美元上升到 1.25 美元，那么，相对购买力平价为：

$$e_1 = \dfrac{P_1/P_0}{P_1^*/P_0^*} e_0 = \dfrac{120/100}{1.25/1} \times 90 = 86.4 \quad (4.5)$$

于是考察期的相对购买力平价为 USD1 = JPY86.4。

（四）评价

1. 主要贡献

（1）该理论通过物价与货币购买力的关系去论证汇率的决定及其基础，这在研究方向上是正确的；（2）该理论直接把通货膨胀因素引入汇率决定的基础之中，这在物价剧烈波动、通货膨胀日趋严重的情况下，有助于合理地反映两国货币的对外价值；（3）在战争等原因造成两国间贸易关系中断后，重建或恢复这种关系时，购买力平价能够比较准确地提供一个均衡汇率的基础；（4）该理论把物价水平与汇率相联系，这对讨论一国如何利用汇率政策来促进出口贸易的发展不无参考意义。

2. 局限性

（1）该理论只是从事物的表面联系出发，认为货币的交换比率取决于货币的购买力之比，这实际上是把货币所代表的价值看成是由纸币的购买力决定的，这种思路使得该理论最终没能揭示汇率的本质。

（2）该理论强调货币数量或货币购买力对汇率变动的影响，而忽视了生产成本、投资储蓄、国民收入、资本流动、贸易条件以及政治形势等对汇率变动的影响；同时，该理论也忽视了汇率变动本身对货币购买力的影响。

（3）该理论的运用有严格的限制和一定的困难。它要求两国的经济形态相似，生产结构和消费结构大体相同，价格体系相当接近。同时，在物价指标的选择上，是以参加国际交换的贸易商品的价格为指标还是以国内全部商品的价格为指标，很难确定。

（4）该理论的理论基础"一价定律"没有现实基础。因为经济生活中的贸易关税、运输费用、产业结构变动和技术进步等都会引起国内价格的变化，使得一价定律无法实现，因而被称为"未经证明的经济假设"（各国的产品不具有均质性，可贸易商品不等同于一般商品）。

### 二、利率平价理论

利率平价理论由凯恩斯于1923年提出。利率平价理论对于外汇市场远期汇率的确定具有较好的操作性和实践意义，各外汇银行对远期汇率进行报价时一般都会依据利率平价理论。

（一）利率平价论的基本思路

在开放经济条件下，两国货币之间的汇率由金融资产市场上两国货币资产的收益来决定。理性的投资者将比较本国或外国资产的投资收益率，据此制定投资策略，并产生对外币和本币的相对供求，进而决定两国汇率。

利率平价理论与投资者在外汇市场进行的套利交易密切相关。所谓套利交易是指投资者根据两国金融市场上短期利率的差异，在即期外汇市场上将一种货币兑换成利率较高国家的货币，并在那个国家进行投资，以获得利息差额的活动。

当本国利率低于外国时，投资者为获得较高收益，会将其资本从本国转移到外国以进行套利活动，获取利息差额。但他能否获益与两国货币汇率的变动密切相关，如果汇率发生对其不利的变动，他不仅不能获得较高收益，反而会遭受损失。

为避免这种情况，投资者会在远期外汇市场，按远期汇率将其在外国投资所得的本利和售出，并将此收益同在本国投资所得收益进行对比。这种对比的结果，便是投资者确定投资方向的依据。

利率平价理论从金融市场的角度分析了汇率与利率之间的关系，认为两国间的利率差异会引起资金在两国间的流动（套利），以获取利差收益。而资金的流动会引起不同货币供求关系的变化，从而引起汇率变动。汇率的变动最终会抵消两国间的利率差异，从而使金融市场处于平衡状态。

（二）利率平价论的基本形式

1. 抛补利率平价论

资本首先从利率低的国家转移至利率高的国家，但同时为防范汇率风险，要将未来收回的投资本息在远期售出。表现为：利率较高的国家的即期汇率因购买增多而上升，其远期汇率因抛售增多而下跌，一直到两国投资收益相等为止。

抛补利率平价的基本公式是：

$$\frac{f-e}{e} \approx i - i^* \tag{4.6}$$

式中：f 表示远期汇率；e 表示即期汇率；i 和 $i^*$ 分别表示本国利率和外国利率。

表达式的经济含义是：两国货币汇率的远期升贴水率近似地等于两国利率之差。如果本国利率高于外国利率，则远期外汇必将升值，即本币远期将贬值；否则，恰好相反。

接下来对表达式进行简单的推导：

假设：A 国（本国）一年期存款利率为 i，B 国（外国）一年期存款利率为 $i^*$；即期汇率为 e，远期汇率为 f；汇率均为直接标价法下的汇率。

那么，存款 1 单位本国货币，1 年后可得 1＋i 的 A 国货币；存款 1 单位本币对应的外国货币，1 年后可得 $1/e + 1/e \cdot i^* = (1+i^*)/e$ 的 B 国货币，即 $[(1+i^*)/e]f$ 的 A 国货币。

均衡时两国存款收益应该相同：

$(1+i) = [(1+i^*)f]/e$

即：$(1+i)/(1+i^*) = f/e$

上式两边同减 1 得：

$(i-i^*)/(1+i^*) = (f-e)/e$

即：$[(f-e)/e](1+i^*) = i - i^*$

$(f-e)/e + (f-e)/ei^* = i - i^*$

$(f-e)/ei^*$ 非常小，可略去不计，于是得：

$$\frac{f-e}{e} \approx i - i^*$$

2. 非抛补利率平价论

在不进行远期外汇交易时，投资者通过对未来汇率的预期来计算投资收益，如果投资者预期一年后的汇率为 Ef，则在 B 国的投资收益为 $[Ef(1+i^*)]/e$。如果这一收益与投资本国收益存在差异，则会出现套利资金流动，直到两国投资收益相等为止。因此，在市场处于均衡状态时，有下式成立：

$1+i = [Ef(1+i^*)]/e$

对之进行与抛补利率平价相同的推导得：

$$E(\frac{f-e}{e}) \approx i - i^*  \quad (4.7)$$

非抛补利率平价公式的经济含义是：预期的汇率远期变动率近似地等于两国货币利率之差。在非抛补利率平价成立时，如果本国利率高于外国利率，则意味着市场预期本币将来会贬值。

（三）对利率平价理论的评价

（1）它从资本流动的角度指出了汇率与利率之间的关系，有助于理解外汇市场上汇率的形成机制。

（2）它具有特别的实践价值。银行在对远期汇率进行报价时，大多以利率平价理论为主要依据。

（3）它以资本自由流动为前提，且忽略了套利的成本。利率平价说假定不存在资本流动障碍，资金能不受限制地在国家间流动。但实际上，资金在国家间流动会受到外汇管制的阻碍，也会受到外汇市场发育不成熟等因素的限制。另外，交易成本是很重要的因素。如果成本过高，就会影响套利收益，从而影响汇率与利率的关系。

（4）利率平价说假定套利资金规模是无限的，故套利者能不断进行抛补套利，直到利率平价成立。但事实上，从事抛补套利的资金并不是无限的。这是因为：与持有国内资产相比较，持有国外资产具有额外的风险。随着套利资金的递增，其风险也是递增的。因此通过套利使市场完全达到均衡状态难以成立，对远期汇率的估算往往不准确。

### 三、货币主义弹性汇率理论

货币主义弹性汇率理论以弗里德曼等人为代表，是建立在货币主义学说和购买力平价基础上的汇率理论，最早是由卡根（Cagan）于20世纪50年代中期提出，认为汇率是两国货币的相对价格，而不是两国商品的相对价格，强调货币供求在汇率决定过程中的重要作用。

（一）主要观点

货币主义弹性汇率理论认为汇率是两国货币的相对价格，是由货币市场的货币存量所决定的，在一价定律成立的基础上，汇率的变动取决于：两国货币存量的相对变动、两国国民收入的相对变动以及两国利率水平的相对变动。

（二）基本模型及其推导

假设条件：

（1）一价定律成立；

（2）本国资本和外国资本可以完全替代；

（3）市场参与者持有关于外汇的合理预期。

本国货币市场均衡条件是：

$Ms = Md = kPY^{\alpha}i^{\beta}$ （β 小于 0）

其中：P 代表一般物价水平，Y 代表国民收入水平，i 代表利率水平，α 和 β 为系数，其中 α>0，β<0。

取对数调整后可得本国价格水平表达式：

$LnP = -Lnk - \alpha LnY - \beta Lni + LnMs$

同样方法得外国价格水平表达式：

$LnP^* = -Lnk - \alpha LnY^* - \beta Lni^* + LnMs^*$

购买力平价提供了国内外价格水平之间的联系：

$P = eP^*$，

取对数整理后可得：$Lne = LnP - LnP^*$

将本国和外国价格水平表达式代入上式得：

$$Lne = \alpha(LnY^* - LnY) - \beta(Lni - Lni^*) + (LnMs - LnMs^*) \qquad (4.8)$$

公式（4.8）显示了两国货币存量的相对变动、两国国民收入的相对变动以及两国利率水平的相对变动对汇率变动的影响，具体分析如下：

（1）假设本国相对货币供应量较多，国民收入和利率水平相对不变，国内的价格水平就会上涨，则本币有贬值趋势；

（2）假设本国相对国民收入水平较高，而货币供应量不变，利率水平相对不变，国内就会出现对货币的超额需求，使得国内价格下跌，则本币有升值趋势；

（3）假设国内利率相对较高，货币供给量、国民收入水平相对不变，货币需求有下降趋势，国内物价水平提高，本币有贬值趋势。

（三）对早期货币主义汇率理论的评价

1. 弹性价格货币分析法的主要理论贡献

（1）弹性价格货币模型将人们的注意力重心转向了资产市场，认为汇率是资产的价格。将购买力平价理论运用到了资产市场上，对现实生活中市场汇率的频繁变动提供了一种解释。

（2）模型进一步引入了货币供应量、国民收入、利率等一些基本经济因素以及引入理性预期等变量进行均衡分析，提出了一般均衡分析的框架以及汇率决定的存量分析方法，从而比购买力平价理论有更广泛的运用。

（3）可以通过该模型进行理性预期，给货币当局提供政策上的参考。

2. 弹性价格货币分析法的局限性

（1）它具有与购买力平价理论同样的缺陷。弹性价格货币模型是以购买力平价理论作为自己最重要的前提假设，并且假定现实世界是一个能进行无摩擦、无成本和瞬时调节的世界，从而保证无论在长期或是短期，购买力平价都是成立的。而现实中购买力平价并不总是成立，所以，该货币模型的分析有多大的可信性也是值得怀疑的。

（2）它假定货币需求函数是稳定的、商品价格具有完全弹性，这在理论中至今仍有争议。

（3）只考虑汇率受价格影响，而没有考虑资本市场上的风险溢价。

（4）讨论只限于名义汇率而忽略了实际汇率。

**四、国际借贷说**

国际借贷说是在金本位制下阐述汇率变动的重要学说，由英国经济学家戈森（G. J. Goshen）于 1861 年提出。

（一）基本观点

1. 国际借贷关系的变化是汇率变动的原因

汇率取决于外汇的供求，而外汇的供求又源于国际借贷，因此国际借贷关系的变化是汇率变动的主要因素。在戈森眼里，国际借贷的内容是广泛的，包括商品的进出口、股票和公债的买卖、利润和捐赠的收付，以及资本交易等。

在一定时期内，如果一国国际收支中对外收入增加，对外支出减少，对外债权超过对外债务，则形成国际借贷出超；反之，对外债务超过对外债权，则形成国际借贷入超。出超说明该国对外收入大于对外支出，资金流入，外币供给相对增加，于是外币汇率下跌，本币汇率上涨；反之，入超说明该国对外收入小于对外支出，资金流出，外币需求相对增加，于是外币汇率上涨，本币汇率下跌。

2. 流动借贷是影响汇率变动的主要因素

根据流动性的大小，国际借贷可分为固定借贷和流动借贷。前者是指借贷关系已经形成，但未进入实际支付阶段的借贷；后者是指已进入实际支付阶段的借贷。戈森认为影响汇率变动的主要是流动借贷，只有流动借贷相等时，外汇供给与需求也相等，外汇汇率保持稳定；当流动债权大于流动债务时，外汇供大于求，外汇汇率下跌；当流动债权小于流动债务时，外汇供小于求，外汇汇率上升。

3. 物价水平、黄金存量、利率水平和信用关系等是影响汇率的次要因素

物价水平的高低主要通过改变一国进出口商品的相对价格从而影响一国的贸易收支状况，进而引起一国外汇供求的变化，直接影响本币与外汇的兑换比率，从而使汇率发生变动。

在金本位制度下，黄金是主要的储备资产，金币可以自由地铸造、自由地融化，黄金也可以自由地输出入，这三点都会改变一国的黄金存量。无论是哪一种原因引发的黄金存量的改变，都会改变一国的货币供应量，货币供应量的变化会引起物价水平的改变，从而同样会使一国的外汇供求发生变化。

利率水平主要影响资本在一国的流入和流出，若一国利率水平较高，会吸引资本流入；反之，若一国利率水平较低，会导致资本流出。资本的流入流出即资本交易，通过改变一国的国际借贷水平从而影响汇率。

信用关系是指信用双方当事人通过直接或间接方式进行资金和实物的融通而形

成的债权债务关系。信用关系主要是从国际借贷的主体角度影响国际借贷水平,当债务债权关系进入实质支付阶段,就会形成流动借贷,从而影响一国外汇市场的供求变化,进而改变汇率。

由于物价水平、黄金存量、利率水平和信用关系等的改变对外汇供求的影响要么是间接的、要么是较长时间才会显现作用的因素,因此,在以分析短期汇率变动为主要着眼点的国际借贷说的学者来看,将其归于影响汇率的次要因素。

(二) 评价

戈森的国际借贷说(国际收支论)以金本位制为前提,把汇率变动的原因归结为国际借贷关系中债权与债务变动导致的外汇供求变化,在理论上具有重要意义,在实践中有合理之处。但是,戈森仅说明国际借贷差额不平衡时,外汇供求关系对汇率变动的影响,而未说明国际借贷平衡时汇率是否会变动,更没有说明汇率的变动是否围绕着一个中心,即汇率的本质是什么。因此,在金本位制转变为纸币本位制后,国际借贷学说的局限性就日益显现出来了。

从目前的角度看,国际收支仍然是影响汇率变化最直接、最重要的基本因素之一。但从另一方面看,国际借贷说存在其历史的局限性,它并没有说明汇率决定的基础和其他一些重要的影响因素。

**五、汇兑心理论**

汇兑心理论(Psychological Theory of Exchange)是法国经济学家阿夫达里昂1927年提出来的。该理论的基本思想是,汇率的决定与变动是根据人们各自对外汇的效用所作的主观评价。

(一) 基本观点

1. 汇率取决于外汇供需双方对其作出的主观评价

汇兑心理理论认为,人们之所以需要外国货币,是为了满足某种欲望,如用它来购买商品、支付债务、进行投资、炒卖外汇和抽逃资本等,欲望是使得外币具有价值的基础。因此,外币的价值取决于外汇供需双方对其作出的主观评价。

2. 汇率的高低以人们主观评价中边际效用的大小为转移

对于每个人来说,其使用外币有着不同的边际效用,因而各自的主观评价也不同。主观评价基于"质"与"量"两方面的考虑,前者指特定外币对商品的购买力,对债务的偿付能力、外汇投资的利益、政局稳定的程度和资本抽逃的状况等;后者指国际借贷数额的增减、国际资本流动的规模和外汇供求的变化等。外汇供给增加,边际单位的效用就递减,各人所作主观评价也就降低;反之,边际单位的效用就递增,各人的主观评价也就提高。

3. 汇率是外汇供求双方心理活动的综合体现

不同的主观评价产生了不同的外汇供给与需求。供求双方通过市场达成均衡,其均衡点就是实际汇率,它是外汇供求双方心理活动的综合体现。当旧的均衡被打破时，汇率又将随人们对外汇主观评价的改变而达到新的均衡。

（二）评价

1. 贡献

汇兑心理论从人们心理上对外币作出的主观评价角度说明汇率的变动，其在方法论上是有新意的。同时，该理论是把主观评价的变化与客观事实的变化结合起来考察的，而且主观的心理活动与客观的经济行为也是有联系的。因此，用人们对外币的主观评价解释汇率的变动，特别是外汇投资和资本抽逃等现象有其合理之处。实际上，在经济规则被破坏，经济生活处于混乱的时期，人们心理上的惶恐与不安在很大程度上影响外汇市场的稳定，进而促使汇率变动，甚至是汇率反常规的变动。

2. 局限性

汇兑心理论把主观唯心的心理预期看成是汇率变化的决定因素，这显然是不科学的。人们对经济运行的主观预期是客观经济过程在人脑中的反映，客观物质是第一性的，主观判断是第二性的。并且，主观评价的正确与否还取决于人们对经济运行规律的认识能力，以及所能掌握的信息和资料。该理论的另一个问题是其运用性较差。人们的心理活动十分复杂、千变万化，更不容易量化，如何把握他们对外汇的主观评价，并将其运用到汇率和其他经济政策之中，仍有待于进一步的探索，例如需要当代心理经济学和实验经济学的兴起为该学说提供更多的依据。

# 课后复习题

## 一、名词解释

1. 绝对购买力平价
2. 相对购买力平价
3. 马歇尔—勒纳条件
4. J曲线效应

## 二、简答题

1. 影响长期汇率变动的基本因素有哪些？
2. 金币本位制下，实际汇率的波动如何稳定在黄金输送点范围内？阐述其作用机理。
3. 利率平价理论的主要观点是什么？
4. 货币主义的弹性分析法如何解释汇率的变动？

## 三、讨论题

课后查阅资料，汇率决定理论的最新发展有哪些？

# 第五章

# 外汇市场与外汇交易

【学习目标】
1. 了解外汇市场的特点；理解外汇市场的构成及层次。
2. 掌握即期外汇交易、远期外汇交易以及远期汇率的计算方法。
3. 理解套汇交易、择期交易；掌握套利交易、掉期交易。
4. 理解外汇期货和外汇期权交易的原理。
5. 理解货币互换的交易原理。

## 第一节 外汇交易的场所——外汇市场

外汇市场和国际货币市场、国际资本市场、国际黄金市场共同构成国际金融市场的四个组成部分。其中，外汇市场是外汇交易的场所，在本章中，我们首先介绍外汇市场的概况。

### 一、外汇市场概论

（一）外汇市场的定义

所谓外汇市场就是两种或两种以上货币相互兑换或买卖的交易场所。例如，一国居民通过银行购买外汇或把外汇卖给银行换得本币，都属于外汇交易的范畴。

（二）外汇市场的组织形式

外汇市场从组织形式来看，包括抽象的外汇市场和具体的外汇市场两种。

（1）抽象的外汇市场。抽象的外汇市场没有具体的交易场所，也称为无形外汇市场，外汇买卖交易通过电话、电报、电传、计算机终端等通讯网络进行。

（2）具体的外汇市场。顾名思义，此类外汇市场有具体的固定交易场所，所以也称为有形外汇市场，一般是在证券交易所专门的外汇大厅进行交易，由各银行代表在交易厅集中交易，采用公开叫价、公开拍卖的形式进行交易。

目前，欧洲大陆的外汇市场，除瑞士外，多为有形的外汇市场，因此有形外汇市场的交易方式通常称为"大陆方式"。而在伦敦、纽约、东京等其他地方，所有外汇交易都不在固定场所内进行，因此，这种无形外汇市场的交易方式通常称为"英国方式"。

从外汇交易规模来看，由于伦敦和纽约是全球最大的外汇市场，通过无形外汇市场进行的外汇交易占绝大部分，因此我们一般都将典型的外汇市场理解成抽象市场。

### 二、外汇市场的特点

**（一）日交易量巨大**

外汇市场是日交易额最大的国际金融市场子市场，国际清算银行（Bank for International Settlement，BIS）2013 年全球外汇交易统计报告显示：近年来全球外汇市场交易量呈现显著快速增长态势。外汇市场的日均交易量在 2007 年 4 月为 3.3 万亿美元，2010 年 4 月上升为 4.0 万亿美元，而 2013 年 4 月日均交易量已达到了 5.3 万亿美元。

从零售市场外汇交易的目的来看，为规避由于国际贸易、投资等实际经济交易产生的外汇头寸风险的外汇交易，所占比例较低，仅占 5% 左右。这类交易目的，通常称之为套期保值。与套期保值对应的外汇交易的另一目的是投机。投机外汇交易占到 95% 左右，也就是说，绝大多数的外汇交易是以盈利为目的的交易①。

**（二）外汇交易地点遍布全球，交易时间 24 小时不间断**

由于全球各金融中心的地理位置不同，所处的时区不同，亚洲、欧洲、美洲的市场因时间差的关系，形成了全天 24 小时连续不间断交易的全球外汇市场。以纽约时间为标准，早上 8 点半纽约外汇市场开市，上午 9 点半芝加哥外汇市场开市，上午 10 点半旧金山外汇市场开市，下午 18 点半悉尼外汇市场开市，晚上 19 点半东京外汇市场开市，20 点半香港、新加坡外汇市场开市，次日凌晨 2 点半法兰克福外汇市场开市，凌晨 3 点半伦敦外汇市场开市……如此 24 小时不间断运行，不同地区的外汇市场相互通联，外汇市场形成了一个昼夜运行的市场，只有星期六、星期日以及各国的重大节日或某些特殊日期时，外汇市场才会休市。

外汇市场这种时间和地域上的连续性为外汇交易者提供了选择交易时间和交易市场的便利，投资者通过互联网等在线交易平台，可以按照自己的需要选择何时何地进行交易。

中国绝大多数具有外汇经营业务的商业银行，也都为投资者开通了 24 小时的在线外汇交易，这使得外汇市场吸引了越来越多的投资者加入其中。但投资者需要牢记的是，外汇交易是有风险的，汇率的频繁变动有可能使投资者的损益瞬间发生改变，因此，在进行外汇交易的同时，应掌握基本的风险防范方法。

**（三）一国货币当局通过参与外汇市场的交易来干预市场**

---

① 数据来源于 www.360doc.com（360doc 个人图书馆）。

外汇市场中一类特殊的交易者是一国的货币当局，简称一国政府。政府参与外汇市场交易的主要目的是调节外汇市场某种货币的供需不平衡，从而干预本国汇率走势，稳定本国汇率，防止本币汇率的大起大落给经济带来负面影响。

政府的操作也是逆风向而动，当一种外汇供不应求时，政府会在外汇市场卖出该种外汇，以防止该外汇汇率的过度升值而引起本币汇率的过度贬值；当一种外汇供给远大于需求时，政府就会在外汇市场买入该种外汇，以防止该外汇汇率的过度贬值而引起本币汇率的过度升值。由于政府的外汇交易针对性很强，所以即使交易量不是很大，效果也往往很明显。政府选择何时进入外汇市场进行交易，往往是根据本币汇率可能变动的幅度而进行判断的。

**阅读材料**

**从伦敦到东京再到纽约　全球外汇交易量飙升**

从东京到纽约，从伦敦到新加坡，全球主要货币交易中心的外汇交易变得比以往更加活跃。

彭博社援引各国央行的调查数据显示，从去年10月底到今年4月底的6个月期间，全球外汇成交量大幅增长。具体如下：

英国央行外汇联合常务委员会数据显示，英国外汇日均交易量较去年10月增长了5%，至2.21万亿美元，美元/日元是最活跃的交易品种，日均成交飙升27%。英国拥有全球最大的外汇交易市场。

美联储数据显示，北美日均外汇成交量从去年10月的8090亿美元，增长至今年4月的8930亿美元。

日本央行和澳洲联储数据显示，包括即期、远期、期权和掉期在内，所有外汇交易量分别增长了5.1%和6%。

为何外汇交易量大幅增加了呢？彭博社援引分析师们的观点称，此前对日本央行和美联储货币政策预判失误的交易员了结仓位可能刺激了外汇成交大增。

"全是因为货币政策，"加拿大多伦多道明银行（Toronto-Dominion Bank）驻伦敦货币策略业务部门欧洲负责人 Ned Rumpeltin 对彭博社表示，"4月的时候，市场对于日本央行将在当月会议上推出新一轮货币宽松政策的预期相当高。当这种预期落空，任何美元/日元多头持仓都会承受相当大的下跌压力。"

数据显示，东京外汇市场4月日均成交量激增28%，至618亿美元。悉尼外汇市场当月大增19%。新加坡汇市日均成交暴增36%，至4190亿美元。

其他分析师有着不同的见解。巴克莱驻纽约外汇和利率策略师 Andres Jaime 认为，日元成交激增是因为该货币与其他货币相比相对便宜。此外，经济政策的不确定性不断助长了市场对日元的需求，日元是最佳风险对冲货币。

> 事实上,不止是包括 4 月在内的 6 个月,此后发生的英国退欧公投也导致全球汇市交易量在 6 月份大规模增长。
>
> 莫斯科交易所公布报告称,6 月份外汇交易量环比上涨 16%。货币和衍生品市场交易量录得最强劲的增长趋势,成交量同比增长分别为 48.7% 和 42.6%。
>
> 汤森路透外汇平台 6 月交易量录得 1 月以来最佳表现,环比增长 23% 至 1160 亿美元。
>
> 日本在线经纪商 GMO Click 证券公司 6 月场外外汇交易量为 110.16 万亿日元(折合 1.08 万亿美元),环比上涨 20%。
>
> 嘉盛集团(GAIN Capital Holdings)6 月外汇交易量环比仅小幅增加 3.7%,不过机构外汇交易量环比增幅达到 40%。
>
> 新加坡交易所(SGX)6 月外汇期货总成交量为 642002 手,环比增长 27%,同比更是暴增 112%。
>
> 注:彭博社(Bloomberg News)成立于 1981 年的美国彭博资讯公司,是全球最大的财经资讯公司,其前身是美国创新市场系统公司。彭博新闻社在全球拥有约 130 家新闻分社和约 2000 名新闻专业人员。
>
> (资料来源:wallstreetcn.com,文:祁月,2016 年 7 月 26 日)

### 三、外汇市场的构成

按照外汇市场的主体即外汇市场的参与者来划分,外汇市场的构成主要包括客户、外汇银行、外汇经纪人、其他非银行金融机构以及中央银行等。

(一)外汇银行

外汇指定银行是中央银行指定或授权经营外汇业务的银行,常称为"外汇银行"。以我国为例,外汇银行的发展历史上主要出现过以下三类主体:一是以外汇为专营业务的本国专业银行,在我国的专业外汇银行主要指中国银行;二是兼营外汇业务的本国商业银行,最初主要是四大国有银行,此后符合条件的金融机构也可向国家外汇管理局申请经营外汇业务;三是外国银行在我国设立的独资分行或与本国银行合资成立的合资银行。

1994 年随着我国金融体制改革的深化,中国银行由外汇外贸专业银行向功能完善、服务全面的国有商业银行转化,与其他三家国有商业银行一道成为国家金融业的支柱。而其他商业银行也相继开展了外汇业务。

外汇银行的外汇业务分两个层次,也就是外汇的零售和批发业务。

(1)零售。零售业务是银行与客户之间的外汇交易,以满足不同客户的外汇买卖需求。

(2)批发。批发业务是银行间在同业市场(inter-bank market)上进行的外汇买卖。银行间进行外汇批发业务的主要目的是"轧平"外汇头寸，也就是使银行在一定时期售出的某种外汇与买入的相等，消除汇率风险。

最初银行利用外汇市场进行交易时，除了进行"头寸管理"之外，有时还积极制造头寸，谋取风险利润，进行外汇投机。但随之而来的是银行因巨额外汇投机失败而倒闭的事例层出不穷，因此，各国政府从国家利益出发，都对银行的投机性外汇头寸进行限制。

目前来看，头寸管理是银行同业间进行外汇交易的主要目的。

（二）客户

外汇市场中的一般客户主要有以下两种：

1. 需要进行外汇买卖的企业和公司

如某出口商出口商品到美国，收到的是美元，需要兑换成人民币来进行国内采购，它可以在结算日凭出口合同和出口单据按照当日的外汇牌价把收到的美元存款卖给本国的外汇银行，银行会把相应的人民币款项存入该出口商的账户之中，这就完成了结汇的过程。银行与具有法人资格的企业和公司之间的外汇交易，往往采取转账结算的方法。

除了进出口企业需要买卖外汇以外，跨国公司也需要进行外汇买卖。随着跨国经营快速、全方位的发展，跨国公司已经成为外汇市场的主要顾客，它们不但在日常经营过程中需要进行由于进出口而产生的外汇结算，而且一些对外直接投资项目也需要进行外汇交易。

另外，一些资产管理机构为了资产的保值和增值也常常参与外汇交易，属于这一范畴的企业和公司有基金公司、保险公司、专业化的理财公司等。

当然也会有一些公司、企业出于外汇投机的目的参与外汇市场的交易。

2. 需要进行外汇交易的居民个人

这类客户是零星的外汇供求者，我国《境内居民个人购汇管理实施细则》中规定了16种个人可以购汇的情况，包括旅游（含港澳游）、朝觐、探亲会亲、境外就医、自费留学、其他出境学习、商务考察、境外培训、被聘工作、外派劳务、缴纳境外国际组织会费、境外邮购、出境定居、境外直系亲属救助、国际交流及其他。居民个人进行外汇买卖的交易特点是金额小、笔数多。

（三）外汇经纪人

外汇经纪人是一种帮助买卖双方达成外汇交易的商人，由于他们随时掌握着外汇市场的行情、了解外汇供求关系，可以为外汇买卖双方达成交易提供高效的服务。

银行之间的外汇交易常常由外汇经纪人充当中介安排成交，外汇经纪人向双方收取佣金作为报酬。银行间外汇交易金额巨大，尽管佣金率一般很低（如每英镑0.001美元），但佣金额非常可观。

外汇银行和客户之间的交易也可以通过经纪人进行。在外汇交易中，各个外汇需求者为了购买到更便宜的外汇，往往要寻找出价最低的供给者。由于汇率在很短的时间里就会产生变化，所以这样的寻找是要付出成本的。外汇经纪商由于非常了解各个银行愿意接受的外汇交易的价格，因此客户通过经纪人进行外汇交易时可以降低搜索成本大大节约时间。

另外，在通过经纪人进行交易时，交易双方是匿名的交易，所以像中央银行这类特殊的参与者，也可以通过经纪人的帮助迅速完成外汇交易并不露声色地达到干预市场的目的。

总结来看，外汇经纪人的作用主要有以下几点：(1) 外汇经纪人的存在提高了外汇交易的效率。(2) 外汇经纪人使规模不同、实力相差悬殊的银行处于平等竞争的地位。在安排银行同业交易的过程中，外汇经纪人恪守匿名和保密的原则。匿名是指不透露委托者是谁，保密是指不表明买卖意图，并且买入价和卖出价都同时问询，有利于公平交易的完成。

外汇经纪人之间的竞争形式有价格竞争，但更多的是非价格竞争，包括免费咨询、提供信息、提高服务质量等。

从我国的现状来看，由于我国长期实行外汇管制，所以外汇市场还没有经纪人参与的空间，但逐步丰富外汇市场的交易主体，包括引入外汇经纪人，将会成为我国外汇市场发展的必然趋势。

(四) 其他非银行金融机构

投资公司、保险公司、财务公司、信托公司等非银行金融机构也越来越多地加入外汇市场的交易。

(五) 中央银行及其他官方机构

为防止国际游资对外汇市场产生剧烈冲击，中央银行往往担负着维持本币汇率稳定的责任，常常在外汇市场上或明或暗地通过买外汇和卖外汇的方式来达到调控汇率的目的。中央银行一般会设有外汇平准基金或者叫外汇平准账户（exchange equalization accounts），使本国货币的汇率稳定在合意的水平上。如：英国 1932 年建立的"外汇平衡账户"；美国 1934 年建立的"外汇稳定账户"。这些资金账户的资产构成包括一定数量的本币、外汇和黄金。中央银行就是利用这些资金来随时干预外汇市场的。有些时候中央银行希望能够以匿名的形式来干预外汇市场，因此会通过委托外汇经纪人代理买卖外汇。

中央银行及其他官方机构尽管交易量不是很大，但影响是广泛的。

**四、我国的外汇市场**

(一) 概况

改革开放前，与计划经济管理体制以及外汇收支实行统收统支相适应，人民币汇率由国家确定和调整，我国没有外汇市场。1979 年，随着对出口企业实行外汇留成制度，允许留成的外汇相互调剂，在其基础上逐渐产生了外汇调剂市场。1994 年以前，我国先后经历了固定汇率制度和双轨汇率制度。1994 年 1 月 1 日起，我国外汇管理体制进行了重大改革：汇率并轨，实行以市场供求为基础的、单一的、有管理的浮动汇率制度；取消外汇留成和上缴，实行银行结售汇制度。

1994年4月4日，中国外汇交易中心暨全国银行间同业拆借中心（以下简称交易中心）成立，标志着中国外汇交易系统启动运营，全国统一、规范的银行间外汇市场正式建立。中国外汇交易中心为中国人民银行直属事业单位，主要职能是：提供银行间外汇交易、人民币同业拆借、债券交易系统并组织市场交易；办理外汇交易的资金清算、交割，提供人民币同业拆借及债券交易的清算提示服务；提供外汇市场、债券市场和货币市场的信息服务；开展经人民银行批准的其他业务。

随着全国统一的银行间外汇市场的建立，外汇交易市场无论是结构、组织形式还是交易方式和交易内容，都与国际规范化的外汇市场更加接近。从此，我国外汇市场进入了新的发展阶段。

（二）市场结构层次

从市场机构来看，我国外汇市场有两个层次：第一个层次是客户与外汇指定银行之间的零售市场，又称银行结售汇市场；第二个层次是银行之间买卖外汇的同业市场，又称银行间外汇市场，包括银行与银行相互之间进行的外汇交易；第三个层次是外汇指定银行与中央银行之间进行的外汇交易。

1. 零售市场

零售市场，即客户与外汇银行之间交易的市场。

在1996年7月1日前，为了保持对外商投资企业政策的连续性，专门为外商投资企业提供外汇调剂服务。

1996年7月1日~1998年12月1日（过渡期），实行外商投资企业银行结售汇，外商投资企业结售汇既可到银行办理，也可到外汇调剂市场办理外汇买卖。

到1998年12月1日，外汇调剂业务停办，外商投资企业结售汇均到外汇指定银行办理。

2. 批发市场，即银行间外汇市场

外汇指定银行在办理结售汇业务的过程中，会出现买超或卖超的现象，这时，外汇指定银行就可以通过银行间外汇市场进行外汇交易，平衡其外汇头寸。凡在中国境内营业的金融机构，其之间的外汇交易，均应通过银行间外汇市场进行。

银行间外汇市场的运行状况是：中国人民银行按照"市场运行、市场监督、市场控制分开"的原则来构建银行间外汇市场。其具体分工是：中国外汇交易中心负责市场运作，国家外汇管理局负责市场监督，中央银行操作室负责对外汇市场的宏观调控。

银行间外汇市场的基本框架是：

（1）市场采取有固定交易场所的有形市场的组织形式。我国银行间外汇市场，又称中国外汇交易中心系统。上海为我国外汇交易总中心，在全国若干大中城市设立分中心，总、分中心之间计算机联网。1994年年底，我国外汇交易系统已连接全国 22 个中心城市，目前已扩大到全国主要城市，基本上形成了一个覆盖全国的外汇交易系统。

（2）市场实行会员制。凡是在中国境内注册、经主管机关批准设立，并允许经营外汇业务的金融机构及其授权代表上述金融机构在外汇交易中心系统进行交易的分支机构，均可以向中国外汇交易中心提出会员资格申请，经外汇交易中心审核批准后，即成为交易中心的会员。

（3）市场的交易原则。市场实行分别报价、价格优先、时间优先以及计算机撮合成交的交易原则。

（4）市场实行本外币集中清算。会员在交易市场进行的外汇交易，都通过中国外汇交易中心统一清算。目前，银行间市场交易币种主要有人民币对美元、人民币对港元、人民币对日元、人民币对欧元及人民币对英镑等。银行间市场采用直接标价方式，即每一单位外币等于若干元人民币，人民币元以后保留四位小数。

凡是在中国境内营业的金融机构之间的外汇交易，均应通过银行间外汇市场进行。

3. 中央银行与外汇银行间的市场

在银行间外汇市场，央行可以适时以普通会员身份入市，进行市场干预，调节外汇供求，保持汇率相对稳定，这是中国人民银行对外汇市场进行调控和管理的有效途径。

（三）我国外汇市场业务的发展

外汇市场建立以来发展迅速，交易主体不断增加，交易品种不断丰富，业务范围不断扩大，服务时间不断延长。

- 1994 年 4 月 4 日，美元交易；
- 1994 年 4 月 5 日，增设港币交易；
- 1995 年 3 月 1 日，开办日元交易；
- 2002 年 4 月 1 日，增加欧元交易；
- 2003 年 10 月 1 日起，允许交易主体当日进行买卖双向交易；
- 2005 年 8 月 15 日，推出远期外汇交易；
- 2006 年 4 月 24 日，推出人民币与外币掉期业务，中国银行获准首家开办人民币外汇掉期交易；
- 2006 年 8 月 1 日起，增设英镑交易；
- 2006 年 10 月 9 日起，收市时间进一步延长到 17：30，与询价交易的交易时间保持一致；
- 2011 年 4 月 1 日，我国银行间外汇市场正式开展人民币对外汇期权交易；
- 自 2014 年 3 月 19 日起，银行间外汇市场开展人民币对新西兰元直接交易；
- 在增加交易品种的同时，交易时间进一步延长。2003 年 2 月 8 日开始，即期竞价交易时间从 9：20～11：00 延长到 9：30～15：30。

## 第二节 外汇交易基本业务

### 一、即期外汇交易（Spot Exchange Transactions）

（一）定义

即期外汇交易，又称现汇交易，是指在外汇买卖成交后，原则上在2个工作日以内办理交割的外汇交易。即期外汇交易所使用的汇率是现汇汇率，也称为即期汇率（Spot Rate）。交割日是指买卖双方必须履行货币支付义务的日期。交割是指外汇交易双方互相交换货币的行为。

举例：A公司有一笔到期需要支付的法郎现汇货币，它从B银行购入所需法郎。在成交后的两个营业日，B银行需要把这笔法郎汇入A公司在法国的某家往来银行；同时，A公司也会在B银行的存款账户上存入等值的本国货币。

（二）即期外汇交易的作用

（1）满足国际经济交易者对不同币种的需求。

（2）平衡或调整外汇头寸，避免外汇风险。

（3）进行外汇投机，获取投机利润。

（三）即期交易的汇兑方式

（1）电汇，是指在外汇买卖交割时，汇款银行（汇出行）应汇款人的申请，以电讯方式（电报、电传等）通知国外分行或代理行（汇入行）付款的一种汇款业务。以这种方式交割收付最快，银行一般不能占用顾客资金，所以电汇汇率最高。

（2）信汇，是指以信函方式通知付款。这种方式资金交付时间长，银行在一定时间可以占用顾客资金，因此信汇汇率比电汇汇率低。

（3）票汇，是指汇出行应客户需要，开立以汇入行为付款人的汇票，由汇款人自行寄送或亲自携带出国、凭票取款的方式。

### 二、远期外汇交易（Forward Exchange Transactions）

（一）定义

远期外汇交易，是指在外汇买卖合约成立后，于2个工作日以外的预约时间再办理交割的外汇业务。买卖双方先行签订合同，规定买卖外汇的币种、数额、汇率和将来交割的时间，到规定的交割日期，再按合同规定卖方交汇、买方付款的外汇业务。

远期外汇交易的期限按月计算，目前国际外汇市场上常见的远期交易期限为1个月、2个月、3个月、6个月、9个月和12个月，最常见的是3个月。

远期汇率是银行当天报出的汇率，是对远期实际汇率的预测。

（二）远期外汇交易的作用

（1）趋避国际经济交易中的汇率风险。
（2）外汇银行平衡远期外汇交易头寸，避免汇率风险。
（3）进行外汇投机，获取投机利润（次要作用）。

（三）远期汇率报价方法
（1）直接报价（与即期汇率报价方法相同）。
（2）报点数法（只报出远期汇率与即期汇率的差价）。

（四）根据即期汇率和差额，计算远期汇率

升水（Premium）：外汇远期升值
贴水（Discount）：外汇远期贬值
平价（Par）：外汇远期汇率不变

记住一条重要原则：越是远期，买入价和卖出价之间的差额幅度就越大。

（1）在实际计算远期汇率时，可以不必考虑汇率的标价方式及升水还是贴水，仅根据升（贴）水的排列即可进行计算。

具体规律如下：如远期差价以小/大排列，则远期汇率等于即期汇率加上远期差价；如远期差价以大/小排列，则远期汇率等于即期汇率减去远期差价。即小/大即加，大/小即减。

（2）不同标价法下远期汇率的计算。

在直接标价法下，远期汇率等于即期汇率加上升水或减去贴水。

在间接标价法下，远期汇率等于即期汇率减去升水或加上贴水。

①在直接标价法下：

左小右大，计算方法（加）——→（升水）

左大右小，计算方法（减）——→（贴水）

②在间接标价法下：

左小右大，计算方法（加）——→（贴水）

左大右小，计算方法（减）——→（升水）

升（贴）水 = 即期汇率 ×（A币利率 − B币利率）× 远期的月数／12

【例5-1】（远期交易的计算，出口商的套期保值）某日纽约的银行报出的英镑买卖价为 GBP/USD = 2.0576/88，3个月远期差价为 80/70。一美国出口商3个月后会收到100万英镑的货款，为防止3个月后英镑贬值。

①该出口商如何通过远期外汇交易控制风险？
②进行了该笔交易后，他最终拿到的货款是多少美元？

叙作一笔卖出3个月100万英镑的远期外汇交易。

```
      2.0576, 2.0588
  -   0.0080, 0.0070
  ─────────────────
  =   2.0496, 2.0518
```

100 × 2.0496 = 204.96（万美元）

**【例 5-2】**（银行的外汇头寸调整交易）如一家美国银行在 1 个月的远期交易中共收入 9 万英镑，卖出 7 万英镑，这家银行持有 2 万英镑期汇的多头。如果英镑在 1 个月内贬值，银行就会遭受损失，因此银行会进行卖出 2 万英镑的一个月远期交易，以轧平头寸。如果在 1 个月远期交易中，银行处于 2 万英镑的空头，银行会怎么操作？

显然，银行的操作也是以轧平头寸为目标，其操作方向与持有 2 万英镑的多头正好相反，此时，银行处于"卖超"的风险敞口，也称为"空头"。因此，银行会进行买入 2 万英镑的一个月远期外汇交易，从而使一个月远期持有英镑的头寸为零。

因此，总结一下银行外汇头寸调整交易的操作原则：总目标是轧平外汇头寸以规避风险。

当银行处于外汇的"多头"时，此时意味着银行前期只进行了某种外汇的单一购买或买的比卖的多，买多了就要卖，也就是处于"多头"的风险敞口就要卖出"多买的外汇"。

当银行处于外汇的"空头"时，此时意味着银行前期只进行了某种外汇的单一卖出或卖的比买的多，卖多了就要买，也就是处于"空头"的风险敞口就要买入"多卖的外汇"。

需要牢记的是，银行进行头寸管理时，最终要实现的是相同交易时间的某种外汇买卖持平。

### 三、套汇交易

套汇指人们利用同一时刻国家间（不同外汇市场）汇率的不一致，以低价买入同时以高价卖出某种货币，以谋取利润的做法。

1. 直接套汇

直接套汇，又称双边套汇或两角套汇，指利用同一时刻两个外汇市场之间出现的汇率差异进行套汇。这是最简单的套汇方式。现举例说明。

**【例 5-3】** 假定在同一时间内：

香港外汇市场：1 美元 = 7.7502 ~ 7.7507 港元

纽约外汇市场：1 美元 = 7.7807 ~ 7.7812 港元

假设你是一个投资者，如何套汇能获得收益？（不考虑交易成本）

以 1 单位港元开始，首先在香港外汇市场买进美元汇往纽约，同时，在纽约外汇市场卖出美元汇往香港，这样就能获得套汇收益。

套期收益 = $(1/7.7507) \times 7.7807 - 1 = 7.7807 \div 7.7507 - 1 \approx 0.00387$（单位港元）

同样，如果以 1 单位美元开始进行套汇，其收益为：

$1 \times 7.7807 \div 7.7507 - 1 \approx 0.00387$（单位港元）

2. 间接套汇

间接套汇，也称三角套汇或多边套汇，指利用同一时刻三个或多个外汇市场上的汇率差异进行的套汇。

对间接套汇的判断，首先要判断是否存在套汇机会。如何判断三个及以上的市场是否存在套汇机会？

①将不同市场的汇率用同一标价法表示；

②将不同市场的汇率中的单位货币统一为1；

③将不同市场的汇率相乘，如果乘积等于1，说明不存在套汇机会；如果乘积不等于1，说明存在套汇机会。

套汇的基本规律总结：

一种货币经过各个外汇市场的货币间转换，最终仍回归该种货币的形态。

### 四、套利交易

套利是指投资者根据两国金融市场上短期利率的差异，在即期外汇市场上将一种货币兑换成利率较高国家的货币，并在那个国家进行投资，以获得利息差额的活动。利息差额意味着必须考虑货币的时间成本，也就是说，只有同一时间点的同种货币才能比较收益大小，不能用期末的收益直接减去期初的本金。

根据投资者是否对风险进行弥补，套利交易可分为抛补套利交易和非抛补套利交易。

1. 非抛补套利（非补偿套利）

如果投资者没有对外汇风险进行弥补，被称作"非抛补套利"。现举例说明。

【例5-4】假设美国6个月期的美元存款利率为6%，英国6个月期的英镑存款利率为4%，英镑与美元的即期汇率为：GBP1 = USD1.62，这时某英国投资者将50万英镑兑换成美元存入美国进行套利，试问：假设6个月后即期汇率分别为：①不变；②变为GBP1 = USD1.64；③变为GBP1 = USD1.625。那么，其套利结果各如何（略去交易成本）？

在美国存款本利和：$1.62 \times 50 = 81$（万美元）

$$81 + 81 \times 6\% \times 1/2 = 83.43（万美元）$$

50万英镑在英国存款本利和：$50 + 50 \times 4\% \times 1/2 = 51$（万英镑）

①$83.43 \div 1.62 = 51.5$（万英镑），获利5000英镑；

②$83.43 \div 1.64 = 50.872$（万英镑），亏损1280英镑；

③$83.43 \div 1.625 = 51.34$（万英镑），获利3400英镑。

2. 抛补套利（补偿套利）

为了避免汇率在投资期内向不利方向变动而带来损失，投资者通常会对风险进行弥补，这就是"抛补套利"。现举例说明。

【例5-5】承【例5-4】其他条件不变，但投资者决定利用远期外汇交易来控制汇率风险，即在把50万英镑现汇兑换成美元进行投资的同时，卖出6个月期的美元投资的本利和。

假设 6 个月期英镑与美元远期汇率为：GBP1 = USD1.626，那么，6 个月后，该投资者将 83.43 万美元存款调回英国时，可以得到：

83.43 ÷ 1.626 = 51.31（万英镑）

即可以无风险地获利 3100 英镑。

### 五、掉期交易

掉期外汇交易是在买进或卖出某一期限的某种货币的同时卖出或买进另一期限的同等金额的该种货币的外汇交易方式。

掉期交易最初来自于银行的头寸管理，是银行为了使某种货币的头寸在特定日期为零而进行的一种交易，后来发展成为独立的外汇交易活动。掉期交易具有以下两个作用：（1）避免国际资本流动中的汇率风险；（2）改变货币期限，满足国际经济交易需要。

掉期交易最常见的是即期对远期和远期对远期两种：

（1）即期对远期的掉期交易（spot - forward swaps），是指买进或卖出某种即期外汇的同时，卖出或买进同种货币的远期外汇。它是掉期交易里最常见的一种形式。即：

买进即期外汇，卖出远期外汇；

卖出即期外汇，买进远期外汇。

（2）远期对远期的掉期交易（forward - forward swaps），是指买进并卖出两笔同种货币、不同交割期的远期外汇。即：

买进较长期远期外汇，卖出较短期远期外汇；

卖出较长期远期外汇，买进较短期远期外汇。

**【例 5 - 6】** 即期对远期，通过叙作掉期外汇买卖来固定换汇成本，防范风险。

一家日本贸易公司向美国出口产品，收到货款 500 万美元。该公司需将货款兑换为日元用于国内支出。同时公司需从美国进口原材料，并将于 3 个月后支付 500 万美元的货款。

此时，公司可以采取以下措施：叙作一笔 3 个月美元兑日元掉期外汇买卖：即期卖出 500 万美元（买入相应的日元）；买入 3 个月远期 500 万美元（卖出相应的日元）。通过上述交易，公司可以轧平资金缺口，达到规避风险的目的。

**【例 5 - 7】** 改变货币期限，满足国际经济交易需要。

一家美国贸易公司在 1 月份预计 4 月 1 日将收到一笔欧元货款，为防范汇率风险，公司按远期汇率水平同银行叙做了一笔 3 个月远期外汇买卖，卖出欧元，交割日为 4 月 1 日。

但到了 3 月底，公司得知对方将推迟付款，在 5 月 1 日才能收到这笔货款。于是公司可以通过一笔 1 个月的掉期外汇买卖，将 4 月 1 日的头寸转换至 5 月 1 日。

3月底掉期操作：买入即期欧元，卖出1个月远期欧元。

**【例5-8】** 银行利用掉期交易，消除与客户单独进行远期交易承受的汇率风险。

掉期交易可使银行消除与客户进行单独远期交易所承受的汇率风险，平衡即期交易与远期交易的交割日结构，使银行资产结构合理化。

某银行在买进客户6个月期的100万元远期美元后，为避免风险，轧平头寸，必须再卖出等量及交割日期相同的远期美元。但在银行同业市场上，直接出售单独的远期外汇相对比较困难。

因此，银行采用如下方法：做一笔掉期买卖——即买进100万元即期美元，并卖出100万元远期美元，期限也为6个月；即期市场上出售100万元即期美元。结果，即期美元一买一卖相互抵消，银行实际上只卖出了一笔6个月期的远期美元，轧平了与客户交易出现的美元超买。

**【例5-9】** 远期对远期掉期，银行防范风险。

假如一家美国银行现有两笔业务：①3个月后要向外支付100万英镑。银行担心届时英镑汇率上涨而使支付数额增加（以美元来衡量），这是空头风险。②1个月后将收到100万英镑。银行担心届时英镑汇率下跌而蒙受收益的损失（以美元来衡量），这是多头风险。

如何掉期？客户损益是多少？

假定当时外汇市场的即期汇率与远期汇率为：

spot     1.4610/1.4620         1MTH   1.4518/1.4530

                                          3MTH   1.4379/1.4392

叙作远期对远期外汇掉期：

买入3个月远期100万英镑（汇率为：1.4392），卖出1个月远期100万英镑（汇率为：1.4518）。

每英镑买卖差价的收益 = 0.0126美元

除此之外，该银行还有另外一种掉期交易的方法可供选择：进行两次即期对远期的掉期交易。

首先对第一笔业务作掉期交易：

买入3个月远期100万英镑（汇率为：1.4392），卖出即期100万英镑（汇率为：1.4610）。

每英镑买卖差价收益 = 0.0218美元

其次对第二笔业务作掉期交易：

卖出1个月远期100万英镑（汇率为：1.4518），买入即期100万英镑（汇率为：1.4620）。

每英镑买卖差价损失 = 0.0102美元

将收益减去损失：0.0218 - 0.0102 = 0.0116（美元），即每英镑可获利0.0116美元。

需要说明的是，并不是每一次都是远期对远期的掉期收益总是大于两次即期对远期的掉期收益,关键在于当时外汇市场所给定的条件,即不同交割日的汇率状况。

**六、择期交易**

择期交易,是指远期外汇合同的买卖双方在订立合约时,事先确定了交易价格和期限,在有效期内的任何一天,顾客都有权要求银行实行交割。

为什么会产生交割日期不确定的择期交易呢?在国际贸易中,许多时候往往既不可能事先十分明确地知道货物运出或抵达的日期,也不可能知道付款或收款的确切日期,而只是知道大约的时间段。择期交易为贸易商提供了很大方便,不论他何时支付或收到货款,都可根据择期合同中已规定好的汇率买卖外汇,从而避免了外汇风险。

换一个角度来看,择期交易为银行带来了不便,因为客户可能在择定期限的任何一天进行交割,给银行带来风险。为平衡客户和银行之间的有利与不利、收益与损失,银行总是选择在择期里对客户最不利的汇率。

1. 出口商的择期交易

(1) 英国出口商:预计3个月内收到法国法郎,为防止法郎贬值,作择期交易:以一定的汇率卖出法郎。

(2) 现期伦敦外汇市场公布的汇率牌价如表5-1所示。

表5-1

| 期限 | 买入价 |
| --- | --- |
| 即期 | FF11.531 |
| 1个月 | 11.537 |
| 2个月 | 11.546 |
| 3个月 | 11.553 |

银行给予客户择期内法郎最低的买价,即3个月远期11.553的买入价。

2. 进口商的择期交易

(1) 英国进口商:预计3个月内支付美元,为防止美元升值,作择期交易:以一定的汇率买入美元。

(2) 现期伦敦外汇市场公布的外汇牌价如表5-2所示。

表5-2

| 期限 | 卖出价 |
| --- | --- |
| 即期 | $1.674 |
| 1个月 | $1.673 |
| 2个月 | $1.666 |
| 3个月 | $1.670 |

银行给予客户择期内美元最高的卖价,即2个月远期1.666的卖出价。

## 第三节 外汇期货和外汇期权

### 一、外汇期货交易

(一) 定义

外汇期货交易,是指外汇买卖双方在合同成交后,按规定在合同约定的到期日内按约定的汇率进行交割的外汇交易方式。

(二) 远期外汇交易与外汇期货交易的区别

期货交易与远期外汇交易是两个不同的概念。外汇期货交易是买卖双方在期货交易所通过买卖合约,承诺未来某一特定日期以协议价格交割某种有标准数量的外汇的交易形式。远期外汇交易是指外汇买卖成交后,当时并不办理交割,而是根据合同的规定,在将来某一特定时间内以成交时商定的价格交割一定数量的外汇的交易形式。那么具体来说它们的不同包括什么呢?

1. 交易目的不同

外汇期货交易:目的有两类,一类是为了规避外汇风险,如套期保值者;再一类是进行外汇投机活动以谋求暴利,如投机者。

远期外汇交易:目的主要是规避外汇风险。

2. 交易者及其相互关系不同

外汇期货交易:由于外汇期货交易所设有清算机构和保证金制度,因此从事外汇期货交易的参加者不必考虑交易对方的信用度。

远期外汇交易:由于远期外汇交易缺乏如期货交易中清算所那样的中介机构作保障,因而参加者都必须考虑对方的信用状况。从交割清算角度来看,远期外汇交易的风险较外汇期货交易的风险为高。

3. 交易工具不同

外汇期货交易:外汇期货市场上交易的是外汇期货合约,而远期外汇市场上交易的是远期外汇合约。前者是一种标准化的合约,交易额是用合同的数量多少来表示的。买卖额最小是一个合同,大的可以是几个合同。每个合同的金额,不同的货币有不同的规定。

远期外汇交易:外汇远期合约则无固定的规格,合约细则由交易双方自行商定。

4. 交易规则不同

外汇期货交易:外汇期货交易采用保证金制度,每天的交易都要通过清算所进行清算,盈余者可以提走多余的现金,而亏损者则需要补交保证金。

远期外汇交易:不需要保证金,交易双方只在到期交割时进行结算。

5. 交易结果不同

外汇期货交易:可以用来保值,也可以用来投机的,而期货交易本身也提供这种条件。货币期货交易交割的方式有两种:第一种是等到到期日交割。在实际操作中,只有很少的合同进行到期时的实际交割,只占1%~2%。第二种是随时作一笔相反方向的相同合同数量和交割月的期货交易,叫作"结清",绝大部分期货交易都是如此。

远期外汇交易:一般都会在指定交割日交割现货。此外,货币期货的交割都通过清算所统一进行,而远期外汇交易是客户与银行之间的直接清算交割。

6. 交割日期的不同

外汇期货交易:外币期货合同中规定合同的到期日为交割月份的第三个星期的星期三(不同品种的交割月完全不同,外币期货的交割月份一般为每年的3月、6月、9月、12月)。

远期外汇交易:没有交割日期的固定规定,可由客户根据需要自由选择。

除此之外,对合约的转让,外汇期货合约是可以转让的,而远期外汇合约则不可转让,所以流动性较弱。

总之,外汇期货交易与远期外汇交易区别是明显的,是两种不同的交易形式,但二者也有相同之处,如两种交易形式上基本一致,而且两种形式的作用也有许多方面是一致的。

(三)外汇期货交易的目的

外汇期货交易有以下两个目的:

(1)套期保值。为了配合现货市场的交易,而在期货市场上设立与现货市场方向相反的交易,以达到转移、规避价格风险的交易行为。操作要点为:反向操作;商品种类、数量相同,月份相同或相近。

(2)投机。对期货合约本身的买卖,不需要拥有实际商品,买空卖空。

(四)外汇期货交易举例

1. 套期保值

【例5-10】美国某出口商3月10日向加拿大出口一批货物,价值50万加元,现汇汇率0.8490美元/加元,按加元结算,3个月收回货款。为防止3个月后加元汇率下跌,该出口商在外汇期货市场上卖出5份6月到期的加元期货合约,每张面值10万加元,合约价格0.8489美元/加元。

(1)3个月后,如加元汇率下跌至0.8460美元/加元,可买进5份期货,合约汇率0.8450。

现货损失:$50 \times (0.8460 - 0.8490) = -0.15$(万美元)

期货盈利:$50 \times (0.8489 - 0.8450) = 0.195$(万美元)

净盈利:$1950 - 1500 = 450$(美元)

(2)3个月后,如加元汇率上升,现货汇率0.8500美元/加元,期货汇率0.8498美元/加元。

现货盈利：50 × （0.8500 - 0.8490） = 0.05（万美元）
期货亏损：50 × （0.8489 - 0.8498） = -0.045（万美元）
净盈利：500 - 450 = 50（美元）

套期保值虽然减少了汇率变动所带来的风险，但同时也减少了在投资方面的潜在收益。

2. 空头投机案例

【例 5 - 11】某投机者预测美元对日元将会大幅贬值，于是先以 120 日元/美元的期货价格，卖出 3 份 9 月份到期的美元期货合约，每份价值 10 万美元。

如到 9 月份，美元汇率下跌为 85 日元/美元，买入 3 份合约平仓。

共获利：（120 - 85） × 3 × 10 = 1050（万日元）

### 二、外汇期权交易

（一）外汇期权交易的定义

外汇期权交易是指交易双方在规定的期间按商定的条件和一定的汇率，就将来是否购买或出售某种外汇的选择权进行买卖的交易。外汇期权交易是 20 世纪 80 年代的一种金融创新，是外汇风险管理的一种新方法。在交易中，合约购买方需要向出售方支付一定的期权费，而合约出售方则需要缴纳一定的保证金。此外，合约的购买方在交易中只有权利没有义务，而合约出售方则只有义务没有权利。

（二）外汇期权的合约种类

（1）按期权持有者的交易目的，可分为买入期权，也称看涨期权；以及卖出期权，也称看跌期权。看涨期权，是指合约的持有人在未来某一时刻按事先约定的价格买入某一外汇资产的权利；看跌期权，是指合约的持有人在未来某一时刻按事先约定的价格出售某一外汇资产的权利。

（2）按产生合约的衍生金融产品，可分为现汇期权和外汇期货期权。现汇期权以外汇现货资产为期权合约的基础资产，外汇期货期权以外汇期货合约为期权合约的基础资产。

（3）按期权持有者可行使交割权利的时间，可分为欧式期权和美式期权。欧式期权交易，是指期权持有者只能自期权到期日决定执行或不执行期权合约。而美式期权交易，是指权利持有者可以在期权到期日以前的任何一个工作日选择执行或不执行期权合约。美式期权较欧式期权更灵活，故其期权费较高。

（三）平价、折价和溢价期权

平价期权是指执行价格与个人外汇买卖实时价格相同的期权。折价期权是指执行价格高于个人外汇买卖实时价格的看涨期权，或执行价格低于个人外汇买卖实时价格的看跌期权。溢价期权是指执行价格低于个人外汇买卖实时价格的看涨期权，或执行价格高于个人外汇买卖实时价格的看跌期权。目前国内开办的个人外汇期权均为平价期权和折价期权，暂不办理溢价期权。因此，国内只对平价期权和折价期权进行报价,仅在买入期权平盘时才对溢价期权进行报价。

(四) 执行价格

执行价格,是指个人外汇期权到期日,客户如选择执行外汇期权时与银行的外汇买卖交易价格。执行价格为外汇期权合同签订时银行公布的个人外汇买卖实时价格或实时价格加/减一定的点数。

(五) 外汇期权交易的特点和作用

外汇期权交易的特点

(1) 不论是履行外汇交易的合约还是放弃履行外汇交易的合约,外汇期权买方支付的期权交易费都不能收回。即期权费是沉没成本。

(2) 外汇期权交易的协定汇率都是以美元为报价货币。

(3) 外汇期权交易一般采用设计化合同。

(4) 外汇期权交易的买卖双方权利和义务是不对等的,即期权的买方拥有选择的权利,期权的卖方承担被选择的权利,不得拒绝接受。

(5) 外汇期权交易的买卖双方的收益和风险是不对称的,对期权的买方而言,其成本是固定的,而收益是无限的;对期权的卖方而言,其最大收益是期权费,损失是无限的。

(6) 期权费的费率不固定。期权费反映同期远期外汇升贴水水平,费率高低主要受货币期权供求关系、期权的执行汇率、期权的时间价值和期权的汇率波动性决定。

(六) 外汇期权交易举例

1. 外汇看涨期权

(1) 举例说明。

【例 5 - 12】假设某人 3 月 5 日买进 1 份 6 月底到期的英镑期权合约,合约的协议价格为 GBP1 = USD1.6,期权费为每 1 英镑 4 美分,一份期权合约的金额为 25000 万英镑,那么该人花 1000 美元 (0.04 × 25000) 便买进了一种权利,即在 6 月底以前,无论英镑是涨还是跌,该人始终有权按 GBP1 = USD1.6 价格从卖方手中买进 25000 英镑。

实际可能出现以下四种情况:

①即期汇率 ≤ 协议价格

买方:放弃期权,损失全部期权费。

卖方:获得期权费。

②协议价格 < 即期汇率 ≤ (协议价格 + 期权费)

买方:行使期权,追回部分或全部期权费。

卖方:获得部分期权费或收益为零。

③即期汇率 > (协议价格 + 期权费)

买方:行使期权,获取利润,上涨越多,获利越大。

卖方:卖方遭受损失,两者差额越大,其损失越大。

④在到期前，转让期权（在市场上将该份期权卖掉）

在英镑汇率上升时，该份期权的期权费也会上升，此时转让期权，可以获取期权费差价收益。

在英镑汇率下跌时，该份期权的期权费也会下跌，此时转让期权，可以追回部分期权费。

（2）外汇看涨期权的买卖双方收益与损失总结

①购买外汇看涨期权的风险有限而且事先可知，其最大风险就是损失全部期权费。卖出方最大收益是期权费。

②外汇看涨期权的协议价格加期权费是买卖双方的盈亏平衡点。

③只要即期汇率上升到协议价格加期权费以上，购买外汇看涨期权就有利可图，上升越多获利越多，从理论上说，购买外汇看涨期权的收益是无限的。但同时，卖出方的损失是无限的。

买入和卖出外汇看涨期权的损益情况如图 5-1 和图 5-2 所示。

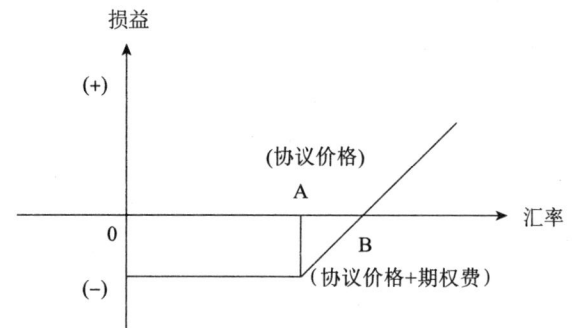

图 5-1　买入外汇看涨期权损益情况

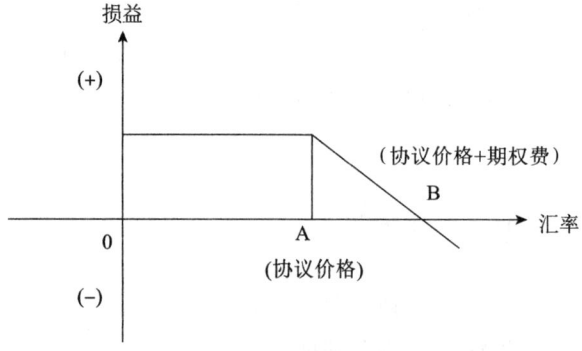

图 5-2　卖出外汇看涨期权损益情况

2. 外汇看跌期权

（1）买入看跌期权。买入看跌期权我们主要是分析期权合约持有者的收益，即期权合约买入者的收益。如果市场对外汇汇率有下跌预期，为了在外汇汇率下跌中寻求收益或规避损失，可以购买外汇看跌期权，从而将损失风险限制在期权费范围内，而同时享有无限的收益潜力。

【例 5-13】假设某美国公司向一英国公司出口电脑，但货款将在 3 个月后用英镑支付。因为担心 3 个月后英镑汇率下跌，美国出口商便购买一份执行价格为 GBP1 = USD1.60 的英镑看跌期权，并支付每英镑 0.10 美元的期权费。分析该公司到期时对所持期权合约的执行情况及相应的收益。

图 5-3 为该美国公司购买英镑看跌期权的收益曲线图。从图 5-3 中可以看出，当现汇汇率大于或等于执行汇率时，期权合约持有者不执行该合约，此时合约持有者损失的是期权费；当现汇汇率大于 1.50 而小于执行汇率 1.60 时，该合约持有者执行该合约，此时合约持有者的损失 = 期权费 – （执行汇率 – 现汇汇率）；当现汇汇率为 1.50 时，合约持有者执行该合约，此时他既没有损失也没有收益；当现汇汇率小于 1.50 时，合约的持有者执行该合约，此时他的收益 = 执行汇率 – 现汇汇率 – 期权费。由此可知，当现汇汇率大于执行汇率 1.60 时，合约持有者不执行该合约，此时损失期权费；当现汇汇率小于执行汇率时，和持有者执行该合约，此时的损益可用公式"损益 = 执行汇率 – 现汇汇率 – 期权费"计算，结果为负则是损失，结果为正则是收益。

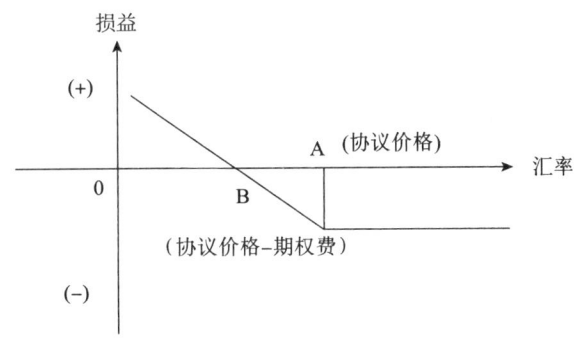

图 5-3 看跌期权买入方损益图

（2）卖出看跌期权。卖出看跌期权合约主要分析期权合约卖出者的损益。当预期汇率有上涨趋势时，可以卖出看跌期权合约。

【例 5-14】某基金公司预期未来一段时间英镑兑美元将会升值，为了在此判断上牟利，投机者可卖出执行汇率为 GBP1 = USD0.8，期权费为每单位英镑 0.05 美元的英镑期权合约。分析该公司到期时对所持期权合约的执行情况及相应的收益。

如图 5-4 为基金公司卖出期权合约的收益曲线图。从图中可以看出，当现汇汇率大于或等于 0.80 时，合约持有者不执行合约，合约出售者获得的收益为期权费；当现汇汇率大于 0.75 而小于 0.80 时，合约持有者执行合约，此时合约出售者的收益 = 期权费 – （执行汇率 – 现汇汇率）；当现汇汇率小于 0.75 时，合约持有者执行合约，此时合约出售者的损失 = 执行汇率 – 现汇汇率 – 期权费。所以，合约出售者能获得的最大收益为期权费,而损失却是无限的。

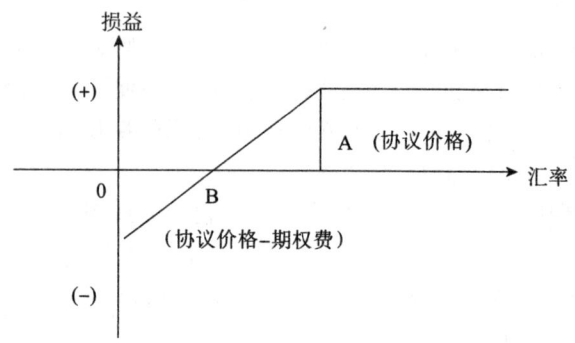

图 5-4 看跌期权卖出方损益图

## 第四节 货币互换

货币互换是一项常用的债务保值工具,主要用来控制中长期汇率风险,把以一种外汇计价的债务或资产转换为以另一种外汇计价的债务或资产,以达到规避汇率风险、降低成本的目的。

### 一、货币互换的概念

货币互换,通常是指市场中持有不同币种的两个交易主体按事先约定,在期初交换等值货币,在期末再换回各自本金并相互支付相应利息的市场交易行为。

货币互换要和利率互换加以区分。我们知道,利率互换是指同种货币间不同债务或资产在互换双方之间的调换,最基本的利率互换是固定利率支付或收取与浮动利率的支付或收取的交换。而货币互换则是不同货币间的调换。

货币互换的基本步骤是:交易双方先以约定的协议汇率进行本金的互换,再按照原债务的利率进行利息支付的互换,最后在互换到期日,双方以协定汇率换回原本金。

### 二、货币互换的分类

从参与的主体来区分,货币互换包括商业性货币互换和政府间货币互换。

1. 商业性货币互换

商业性货币互换通常是指市场中持有不同币种的两个交易主体按事先约定在期初交换等值货币,在期末再换回各自本金并相互支付相应利息的市场交易行为。外汇交易中的货币互换的特点是:交易双方所支付款项的货币种类不同;交易中要发生本金的交换;交易双方的利息支付可以同时采用一种计息方式,如双方都以浮动利率支付或都以固定利率支付。

2. 政府间货币互换

政府间货币互换是指两国央行之间达成的货币互换协议。政府间签署的货币互换协议并非出于降低融资成本的目的，而是出于稳定外汇市场、在异常情况下获得流动性便利等方面的考虑。

以我国政府与其他国家政府间的货币互换为例。目前，中国人民银行已与多个境外央行（货币当局）签订了双边本币互换协议。通过该协议，任何一方可以发起交易，以一定数量的本币交换等值的对方货币。

央行诠释了货币互换的过程，即第一步由对方央行申请发起互换。第二步为双方按照交易日当日汇率来交换等值对方货币。第三步为期满互换回本币，双方还需支付利息。

协议签署时属于备用性质，在实际发起动用前双方不发生债权债务关系。按照第二步操作步骤，按发起交易日当日汇率（而不是提前设定的固定汇率）来计算应互换的双方金额。在第三步中，双方换回的本币与发起时的金额保持不变，对方支付的利息以我国银行间同业利率为基础约定。

央行表示，由于我方发放和回收的都为本币，并不承担汇率风险。互换发起后，协议双方还将定期根据最新双边汇率调整互换金额，减少因某一方货币汇率波动引起的风险。

---

**阅读材料**

### 全球第一笔货币互换业务

世界银行经常在世界各国资本市场及欧洲债券市场上借款。它倾向于借入名义利率较低的货币，如德国马克和瑞士法郎。1981年，世界银行对这些货币已经达到官方借款限额，但却希望借入更多。恰巧，IBM公司拥有几年前发生的大量的德国马克及瑞士法郎债务，这些借款已被兑换为美元以供公司使用。所罗门兄弟有限公司说服世界银行发行与IBM公司债务期限一致的欧洲美元债券，为的是能够与IBM公司进行货币互换。IBM公司同意偿付世界银行欧洲美元债券的本息，进而世界银行也同意偿付IBM公司的德国马克及瑞士法郎债务。虽然互换的详细过程没有公开，但交易双方都由于支付了较低的总成本（包括利息支出、交易费用及服务费用）而获益。

世界银行通过利用这种间接方式取得了所需货币来获取收益，而不用直接到德国和瑞士资本市场上去筹资。IBM公司则获得优惠利率的美元贷款。

（资料来源：根据MBA智库百科资料整理）

### 三、货币互换实例分析

（一）货币互换双方达成协议的必要条件

1. 甲方想借 a 货币，但是甲方只能借到 b 货币或者借 b 货币利率上具有比较优势。如果甲方借 b 货币再兑换成 a 货币，成本高不说，远期也存在汇率风险。

2. 乙方想借 b 货币，但是乙方只能借到 a 货币或者借 a 货币利率上具有比较优势。如果乙方借 a 货币再兑换成 b 货币，成本高不说，远期也存在汇率风险。

3. 甲、乙双方想借入的金额按 a、b 两种货币交易日的即期汇率来计算，金额是相等的，借款期限是相同的；或者双方约定好互换等值的、同期限的不同货币。

4. 甲、乙双方都想降低借款成本且能固定汇率风险。

（二）货币互换举例

1. 案例一

【例 5-15】假定互换方 A 公司想借入 3 年期 600 万英镑，B 公司想借入 3 年期 900 万美元。当前汇率为 1 英镑 = 1.5 美元，假定两公司借款情形如表 5-3 所示。两家公司能否进行货币互换？

表 5-3　　　　　　市场向 A、B 公司提供的借款利率

| 公司 | 美元 | 英镑 |
| --- | --- | --- |
| A 公司 | 8.0% | 11.6% |
| B 公司 | 10% | 12.0% |

（1）分析：①A 公司要借英镑，B 公司要借美元，按照当前汇率，金额等值。

②由表 5-1 的利率表可以看出，A 公司借美元具有比较优势，B 公司借英镑具有比较优势。

③A 公司借美元 + B 公司借英镑的总利率 < A 公司借英镑 + B 公司借美元的总利率。

因此，A 公司、B 公司具备货币互换的条件。

（2）货币互换操作过程。

①期初货币互换：A 公司以 8.0% 的利率借入 900 万美元，B 公司以 12.0% 的利率借入 600 万英镑。按照 1 英镑 = 1.5 美元的汇率，正好进行等值的货币互换，各自获得所需的货币。

②期中支付利息：由于货币互换，总利率减少为：（10% + 11.6%）-（8% + 12%）= 1.6%，假设双方约定平均分配减少的 1.6% 的利率。

A 公司本来要借英镑，本须支付 11.6% 的利息，减少 0.8% 后，只需按 10.8% 的利率向 B 公司支付互换到的英镑的利息。

B 公司本来要借美元，本须支付 10.0% 的利息，减少 0.8% 后，只需按 9.2% 的利率向 B 公司支付互换到的美元的利息。

③期末交还本金：到协议期末，假设协议汇率等于货币互换交易时的即期汇率，则 A 公司向 B 公司交还 600 万英镑，B 公司向 A 公司交还 900 万美元。

至此货币互换协议全部完成，可见，通过货币互换，不仅给协议双方带来了借款成本的减少，而且通过双方约定汇率，也规避了期末时汇率变动所带来的风险。

2. 案例二

【例 5-16】日本一家公司需借入 5 年期 6000 万英镑，以满足在英国投资的需要，由于该公司已在英国发行了大量英镑债券，很难再以 5.75% 的利率发行新债，但公司能以 8.875% 的固定利率发行 5 年期的欧洲美元债券。与此同时，中国香港一家公司需从英国进口商品，需借入一笔欧洲美元债券，原来所借的欧洲美元债券利率均在 9.25% 左右，但该公司信用等级较高且从未发行过英镑债券，并可以按 5% 利率发行 5 年期欧洲英镑债券。两家公司能否进行货币互换？

（1）利率分析。两家公司在英国资本市场上发行不同货币的债券存在相对利差：欧洲美元债券利差为：37.5 基点（每 1 基点为万分之一），即（9.25% - 8.875%）；欧洲英镑债券利差为：75 基点，即（5.75% - 5%）。

（2）互换过程。假设期初英镑与美元的汇率为：GBP1 = $1.8375，若某投资银行作为双方互换中间人，按年度本金金额的 0.25% 收取服务费，其互换过程如下：

①期初交换债券本金。日本公司在英国发行 11025 万美元，中国香港公司发行 6000 万英镑，通过投资银行互换债券本金。

②期中交换利率。5 年中，日本公司每年按年利 5% 向中国香港公司支付 6000 万英镑债券的利息；中国香港公司则按年利率 8.875% 向日本公司支付 11025 万美元债券的利息；投资银行分别收取 0.25% 的手续费（即 25 基点）。

③期末归还债券本金。假设协议汇率等于期初汇率，日本公司向投资者偿还 11025 万美元债券，中国香港公司向投资者偿还 6000 万英镑债券，完成此笔互换。结果：日本公司节省 50 基点，中国香港公司节省 12.5 基点。

此例中，由于两家公司在两种货币借款上各自具有绝对优势，因此，在期中阶段的利率交换是完全按照银行利率进行互换的。

# 课后复习题

一、名词解释

1. 外汇市场
2. 零售市场
3. 批发市场
4. 套汇交易

5. 掉期交易

6. 外汇期权

## 二、计算题

1. 假定英镑兑美元的即期汇率为 GBP/USD：1.5291 ~ 1.5304，3 月期点数：24 ~ 21；英镑对法国法郎的即期汇率为 GBP/FRF：7.6492 ~ 7.6583，3 月期点数：215 ~ 243，试计算：

(1) 以上两个远期汇率分别是多少？

(2) 某客户如想用英镑购买 2000 万 3 月期远期法国法郎，则应支付多少英镑？

(3) 某客户如想出售 3 月期美元 350 万元以换取英镑，则可取得多少英镑？

2. 假定某日美国市场 1 瑞士法郎 = 0.8840/50 美元，1 年期远期瑞士法郎贴水 1.70/1.65 美分。1 年期瑞士法郎利率为 10%，1 年期美元利率为 6%，某美国商人从国内银行借得本金 100 万美元，问：如果此人进行抵补套利，是否会获益？若有利可图，则获利多少？

3. 某美国公司 3 个月后将支付某英国公司一笔货款，总值为 80 万英镑，目前即期汇率为 GBP1 = USD1.8200。该公司预期未来 3 个月英镑有较大幅度升值，为了回避英镑升值的风险，公司便进入期货市场套期保值，购买了 3 个月后到期的英镑期货合同，成交价为 GBP1 = USD1.8500，3 个月后英镑果然升值，即期汇率为 GBP1 = USD1.8700，期货合同价格上升到 GBP1 = USD1.8800。如果不考虑佣金、保证金及利息，试计算该公司的净盈亏。

4. 某美国公司 3 个月后将支付某英国公司一笔货款，总值为 80 万英镑，目前即期汇率为 GBP1 = USD1.5200。该公司预期未来 3 个月英镑有较大幅度升值，为了回避英镑升值的风险，公司便进入期货市场套期保值，购买了 3 个月后到期的英镑期货合同，成交价为 GBP1 = USD1.5500，3 个月后英镑果然升值，即期汇率为 GBP1 = USD1.5700，期货合同价格上升到 GBP1 = USD1.5800。如果不考虑佣金、保证金及利息，试计算该公司的净盈亏。

5. 我国广东省某公司从法国进口一套生产设备，需付 100 万欧元，该公司拟向中国银行申请美元贷款以支付这笔进口货款，若按当时 EUR1 = USD1.2 的汇率计算，该公司需申请 120 万美元贷款，为固定进口成本和避免汇率变动的风险，该公司向银行支付 10 000 美元的期权费购买一笔欧元看涨期权，执行价格为 EUR1 = USD 1.2。试根据汇率变化举例分析 3 个月后可能出现的 3 种情况，并分析盈亏。

① 欧元兑美元汇率由 1EUR = 1.2USD 上升至 1EUR = 1.25USD。

② 欧元兑美元汇率由 1EUR = 1.2USD 下降至 1EUR = 1.15USD。

③ 欧元兑美元汇率 3 个月后仍为 1EUR = 1.2USD。

6. A 公司是一家英国制造商，想要以固定利率借美元。B 公司是一家美国跨国公司，想要以固定利率借英镑。作了必要的税务调整后，他们可获得如表 5 - 4 所示的年利率报价。

表 5 - 4

| 公司 | 美元 | 英镑 |
| --- | --- | --- |
| A 公司 | 8.0% | 11.6% |
| B 公司 | 10% | 12.0% |

试设计一个互换方案，以银行为中介，每年盈利 10 个基点（0.1%），对两家公司每年都有 15 个基点（0.15%）的收益。

## 三、简答题

1. 简述外汇期权交易的特点。
2. 试比较远期外汇交易和外汇期货交易。

# 第六章

# 外汇风险及管理

【学习目标】
1. 理解外汇风险的概念。
2. 理解外汇风险的分类。
3. 熟悉外汇风险的内部管理和外部管理。

外汇风险存在于一切涉外经济活动中。例如国际进出口贸易、国际投资和国际借贷等经济活动中，都会产生外汇的收付以及其他债务债权关系。因此，外汇风险的防范和管理是企业经营中的一个重要方面。在牙买加体系的浮动汇率制度下，汇率波动的幅度和频次都大大提高，汇率变动所带来的风险对稳健经营的经济主体的外汇风险管理提出了更高的要求。

## 第一节 外汇风险的概念与分类

### 一、外汇风险的概念

外汇风险，又称汇率风险，是指经济主体在持有或运用外汇时，由于汇率的波动，可能遭受的本币价值的收益或损失的可能性。

外汇风险的来源或称发生的基本条件有两个：一是经济主体持有外汇头寸；二是汇率变化具有不确定性。

外汇风险的定义向我们揭示了三方面的内涵：

1. 外汇风险因素

外汇风险因素是外汇风险产生的前提条件。外汇风险是某一经济主体在一定时期内进行外汇兑换或折算过程中发生的。由此可见，外汇风险涉及两大基本因素：一是货币或货币兑换；二是时间。由此，外汇风险相应地分化为货币风险和时间风险。

从货币因素来看，如果某经济主体在经济交易过程中未使用外币而使用本币计价收付，这笔交易就不存在外汇风险，因为它不涉及外币与本币的兑换与折算，汇率的变动对此不产生影响。

从时间因素方面看，时间的长短与外汇风险的大小呈正相关关系。时间越长，汇率波动的可能性就越大，外汇风险也就越大；反之亦然。因此，外汇风险可以通过改变债权债务清偿的时间结构来减缓。

2. 外汇风险事件

外汇风险事件是指在既定的前提条件下产生外汇风险的直接原因。从上述外汇风险的定义中我们可以看出，外汇风险是在一定的时期内，由于汇率发生了变动而随之产生的风险。

3. 外汇风险结果

外汇风险结果是由于汇率的变动给经济主体带来的后果。这可以从两个方面考察：一是从收益的角度考察，表现为现实的收益与预期的收益发生偏离，也就是说没有实现预期收益；二是从损失角度考察，表现成本费用的增加以至出现亏损。但必须注意到一点，即无论是收益的减少或是损失发生仅表现为可能性，从本质上来看，风险是一种预期，是事前对事后的一种估测；如果表现为确定的收益或损失，就不能定义为风险。所以外汇风险是收益的不确定性或损失的可能性。

二、外汇风险的分类

外汇风险一般可分为交易风险、折算风险和经济风险三种。

（一）交易风险

交易风险是指运用外币进行计价收付的交易中，在合同签订之日到债权债务得到清偿这段时间内，由于汇率变动而使这项交易的本币价值发生变动的可能性。

若合同金额以外币计值，如果清偿时外汇汇率上升，高于债权债务关系发生时，则本国债权人将收入较多的本国货币或其他外国货币；本国债务人将支付更多的本币或其他外国货币。如果外汇汇率下降，情况则相反：本国债权人收入更少的本币或其他外国货币，本国债务人支付更少的本币或其他外国货币。

需要强调的是，我们在进行损益计算时，通常都是把外币折算成本币而进行汇率变动前后的比较。因为在一国范围内，只流通一种货币，即本币。但有些时候损益情况可以首先以某种储备货币来衡量，再折算成本币。下面举例说明交易风险的含义。

【例6-1】我国某进口商从美国进口一批价值10万美元的货物，合同规定3个月后以美元计算。即期汇率是 \$1 = RMB6.9；3个月后的即期汇率是 \$1 = RMB7，如果3个月后按即期汇率购买美元，进口商会比签订合同时多支付1万元人民币。

【例6-2】我国某金融机构为向国内建设项目提供贷款，在日本发行了价值100亿日元的债券，发行时的日元汇率是 \$1 = J￥220，该金融机构筹资约4545万美元。但到债券期满时，日元汇率上升为 \$1 = J￥120，该金融机构需在外汇市场上以 8333 万美元购回 100 亿日元（尚未考虑利息），额外支付的美元就是日元汇率上涨的损失。

（二）折算风险

折算风险，又称会计风险，是指经济主体在对资产负债进行会计处理的过程中，将功能货币转换成为计账货币时，由于汇率变动而产生的账面上的损益。

折算风险主要在跨国企业经营中表现突出。跨国公司的海外分（子）公司在日常经营中使用的是东道国的货币，同时，其资产负债表需要定期呈报给母公司，这时需将东道国货币折算成母国货币。

折算风险与交易风险不同的是，折算风险仅是增加或减少财务报告上资产或负债的账面数量，并不造成现实资产价值的增减，因此对母公司或子公司而言并未产生实质性的影响。但由于公司的财务会计报告是公司的一个形象，账面资产与负债的多少关系到公司的声誉，因此，各跨国公司也不能不关注折算风险。

【例 6-3】美国某公司在加拿大的子公司拥有一项资产 CAD130.12 万元，年初上报会计报表时，汇率为 \$1 = C\$1.3012，此时这笔资产价值 \$100 万美元。到年终，该子公司再次编制会计报表，此时加元贬值为 \$1 = C\$1.3212 万元，这时该笔资产的美元价值只有约 98.486 万美元，这笔资产的账面美元价值减少了约 1.514 万美元。

需要强调的是，折算风险是站在母公司的角度来考虑的，而不是分（子）公司本身。当折算成母国货币时，其资产负债表发生了变化，但在东道国，该分（子）公司的实际经营状况并没有改变。

（三）经济风险

经济风险，又称经营风险，指意料之外的汇率变动对企业未来的收益或现金流的本币价值产生影响的可能性。

主要表现为：一方面作为出口商由于出口商品的外币价格因本币贬值而下降，有可能刺激出口数量的增加而获益；另一方面，如果该出口商在生产中所使用的主要原材料是进口品，以本币表示的进口原材料的价格因本币贬值而上升，出口产品的生产成本相应提高。最终结果是企业的纯收入可能增加，也可能减少。这种风险即属于经济风险。与交易风险、折算风险不同的是，经济风险是一种潜在的、更深层次的外汇风险。

我们知道对企业来说，汇率变动通过影响企业的生产成本、销售价格等，进而对销售数量产生影响，进一步影响到企业的税后利润和现金流等，影响企业盈利状况。可以说，经济风险极易对企业产生长期性的影响。

【例 6-4】在 20 世纪 90 年代初，来料加工业务在我国出口贸易中占重要比重。我国某来料加工公司，1990 年共生产 200 万单位的产品，外销和内销各占一半；单位售价 6 元，单位成本 3 元，其中进口原材料 0.5 美元/单位，工资成本 0.6 元/单位，共耗原材料 200 单位。

另外每年折旧 30 万元,营业费用 60 万元,企业年所得税税率 50%。此时汇率为 $1 = RMB4.8。1990 年该企业的现金流量表如表 6-1 所示。

表 6-1　　　　　　　某企业 1990 年现金流量表　　　　　　单位:万元人民币

| 项目 | 金额 |
| --- | --- |
| 销售收入<br>国内（6×100）<br>国外（6×100） | 1200 |
| 生产成本<br>原材料（2.4×200）<br>工资（0.6×200） | 600<br>480<br>120 |
| 营业费用 | 60 |
| 折旧 | 30 |
| 税前利润 | 510 |
| 税后利润 | 255 |
| 年现金流量 | 285 |

1991 年,人民币兑美元发生了意外贬值,汇率为 $1 = RMB5.2,这使得该公司生产和销售都发生了变化。首先,进口原材料成本变为 2.6 元/单位,生产成本增加到 3.2 元/单位。其次,美元升值,进口的同类产品价格上升,该公司产品价格上涨为 6.3 元/单位。最后,该产品的美元价格为 1.21 美元,有所下降,假设海外销量增加为 110 单位,这样,该公司 1991 年的现金流量如表 6-2 所示。

表 6-2　　　　　　　某企业 1991 年现金流量表　　　　　　单位:万元人民币

| 项目 | 金额 |
| --- | --- |
| 销售收入<br>国内（6.3×100）<br>国外（6.3×110） | 1323 |
| 生产成本<br>原材料（2.6×210）<br>工资（0.6×210） | 672<br>546<br>126 |
| 营业费用 | 60 |
| 折旧 | 30 |
| 税前利润 | 561 |
| 税后利润 | 280.5 |
| 年现金流量 | 310.5 |

在此例中，由于人民币贬值，企业的盈利有所增加。

## 第二节　外汇风险的管理

交易风险、折算风险和经济风险都会引起企业的关注，并采取相应的措施避免可能带来的损失。由于外汇风险在跨国公司的日常经营管理中经常遇到，所以我们主要以跨国公司为例进行分析，风险管理的这些方法和措施对具有相似涉外业务的公司和企业同样适用。

### 一、对经济风险的管理

对经济风险的管理需要从长期入手，从经营的不同侧面全面考虑企业的发展。一般对它的管理可以通过使它的经营活动多样化以及融资活动多样化来达到。

（1）经营多样化，指跨国公司在生产、销售等方面实行分散化策略。这种策略可以使跨国公司面临的经济风险自动减低。这种经营方针的降低风险作用还体现在主动调整经营结构上。从总公司角度出发调整，增加富有竞争力的子公司的生产、销售份额等。

（2）投融资多样化，指在多个资金市场上寻求多种资金来源和资金去向，在筹资和投资两方面都做到多样化。

### 二、对交易风险的管理

交易风险是能在现实中引起盈亏的风险。跨国公司对它的管理由来已久，主要可分为内部管理和外部管理两大块。

（一）内部管理

1. 净额结算

净额结算，又称冲抵，主要用于跨国公司内部，指在一个结算期中，对每个结算参与人价款的结算只计算其各笔应收、应付款项相抵后的净额，对证券的结算只计每一种证券应收、应付相抵后的净额。

净额结算又分为双边净额结算和多边净额结算。双边净额结算指将结算参与人相对于另一个交收对手方的证券和资金的应收、应付额加以轧抵，得出该结算参与人相对于另一个交收对手方的证券和资金的应收、应付净额。多边净额结算是指将结算参与人所有达成交易的应收、应付证券或资金予以冲抵轧差，计算出该结算参与人相对于所有交收对手方累计的应收、应付证券或资金的净额。将结算参与人对应的所有双边净额结算结果加以累计，可以得出该结算参与人的多边净额结算结果。

以双边净额结算这一基本形式为例，以美国跨国公司在英国和法国的两家分公司为例，净额结算示意图如图 6-1 所示。

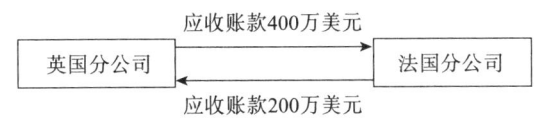

图 6-1 双边净额结算示意图

假设在一段时期内，两家分公司之间英国分公司对法国分公司所有的应收账款为 400 万美元，所有的应付账款为 200 万美元，在结算时只需结算净值，即应收账款 200 万美元，这样可以减小交易风险，节约交易费用。

2. 配对管理

配对管理是使企业外币的流入和流出在币种、金额和时间上相互平衡的做法。配对管理可分为自然配对和平行配对两种。

（1）自然配对是对同种货币而言，是将某种外币的收入用于支出，即收入某种外币时，并不把它换成本币，而是以该外币直接用于支付。

（2）平行配对是对不同种货币而言，是指收入和支出的不是同一种货币，但这两种货币的汇率通常呈固定的或稳定的关系。例如：欧元和欧盟内部非欧元区国家的货币之间有稳定的正相关关系，对企业来说，可以进行同时收付。例如收欧元，付瑞士法郎。如果两种货币汇率呈负相关关系，则可同时持有，以减小汇率变动的风险。例如欧元和美元的汇率通常具有一定的负相关关系。

3. 提前或错后结汇

提前或错后结汇，是指当跨国公司预期某种货币将要升值或贬值时，将收付外汇的结算日期提前或错后，以达到避免外汇汇率变动损失或获取外汇汇率变动收益的目的。

如果企业预测计价货币汇率下降，在进口方面，则要推迟对外订货，或允许出口商延期付款或推迟交货；在出口方面，则要尽早签订合同，答应进口商提前交货或要求进口商提前付款，这样就可以避免外汇风险。如果企业预测计价货币汇率将上浮，做法则与上述相反。不过，在使用这种方法时，往往会遇到一定的困难，不一定能够取得对方的配合。

以债权方为例，在征得债务方的同意后，可以给债务方一定折扣请其提前支付货款，以消除时间风险，再换成本币从而消除货币风险，为取得一定的利益，将换回的本币再进行投资。

4. 货币的选择

货币的选择，是指通过对合同货币的选择或搭配来避免外汇风险。选择计价货币的一般原则是：选择可自由兑换的货币；付汇用软货币，收汇用硬货币；协议公正原则。对合同一方来说，可以考虑以下对己方有利的原则。

（1）首先考虑是否可使用本币作为合同货币，由于企业的损益情况最终以本币衡量，如果可以使用本币作为合同货币的话，可以规避外汇风险。

（2）不能使用本币时，买方可选择已持有的外汇支付，卖方可争取用已准备支付的外汇作为收取的外汇。

（3）采取进取性的策略——收硬付软。在国际金融市场上，货币有软、硬货币之分。硬货币（Hard Money）是指货币汇率比较稳定，并且有上浮趋势的货币；软货币（Soft Money）是指汇率不稳定，且有下浮趋势的货币。企业在交易过程中，选择合适的计价货币，也是防范外汇风险的重要方法。

在合同双方都争取自己的利益时或为了对合同双方都公平起见，有时候会采用软硬货币结合法，即贸易额一半用软货币计价，一半以硬货币计价。

（4）假设合同一方未能争取到对自己有利的货币，可适当要求调整价格和利率。

（5）货币保值。货币保值是指经合同双方协商一致，在合同中加列货币保值条款。

货币保值是以币值稳定（通常是"一篮子"货币）但与合同货币不同的货币表示合同金额，在结算时，以合同货币来支付保值货币所表示的（可能已变化的）金额。即在签订合同时，确定好所选择多种货币与合同货币之间的汇率，并规定每种所选货币的权数；如果汇率发生变动，则在结算或清偿时，根据当时汇率变动幅度和每种所选货币的权数，对收付的合同货币金额作相应调整。

【例6-5】某一出口合同价值90万美元，以瑞士法郎、英镑和欧元三种货币保值，三种货币所占比例均为1/3，与美元的汇率分别为：USD1 = CHF1.5000，GBP1 = USD1.6000 和 EUR1 = USD1.2000。若到期支付时三种货币的汇率分别为：USD1 = CHF1.4800，GBP1 = USD1.5800 和 EUR1 = USD1.2200。

问：①合同货币可折算成保值货币分别为多少？

②支付时，将各保值货币再折算为合同货币为多少？

分析：①瑞士法郎：30 × 1.5 = 45（万瑞士法郎）；英镑：30 ÷ 1.6 = 18.75（万英镑）；欧元：30 ÷ 1.2 = 25（万欧元）

②合同货币为：45 ÷ 1.48 + 18.75 × 1.58 + 25 × 1.22 ≈ 30.4054 + 29.625 + 30.5 = 90.5304（万美元）

由于汇率的变动，实际支付的金额约为90.5304万美元。

（二）外部管理

外汇风险的外部管理是指经济主体通过在外界的金融市场上签订合同避免外汇风险——套期保值。主要方法是利用外汇市场和货币市场上的交易。外汇市场交易在第五章已讲，例如通过远期外汇市场交易，按远期汇率直接买卖外汇来防范风险等，不再赘述。这里主要看一下货币市场套期保值的操作。

1. 通过货币市场的套期保值

货币市场的套期保值操作原理是：通过货币市场的借贷来抵消已有债权或债务的外汇风险。在货币市场上借贷货币，在即期外汇市场上将之兑换成另一种货币，从而避免外汇风险。按照与银行是否有相关进出口贸易协议，可分为两类：

（1）出口信贷。出口信贷是国际贸易中最常用的资金融通形式，由出口方银行直接或间接地向进口商或出口商提供贷款，以促进本国商品的出口，前者为买方信贷，后者为卖方信贷。买方信贷使出口商即时收到货款，直接避免了可能产生的外汇风险；卖方信贷使出口商对银行的负债与出口商对进口商的债权轧平，从而将风险转嫁给银行或抵消了。

（2）借款法。与出口信贷不同的是，借款法是出口商在与银行没有任何有关进出口贸易协议的情况下，如果存在一笔远期外汇收入或债权，可以向银行借进一笔与远期收入相同金额、相同期限、相同货币的贷款，构成一笔债务，以达到融通资金、防止外汇风险和改变外汇风险时间结构的一种方法。

2. 提前出售有关外币票据的方式

由于在涉外经济中，债权人常常处于风险敞口，对于债权人来说，还可以通过提前出售有关外币票据的方式转移风险，避免损失。这里主要介绍三种常用方法。

（1）外币应收票据贴现（discount）。外币应收票据贴现，指远期汇票的持有者可以在汇票得到承兑后，在汇票到期日前通过背书将汇票拿到银行去贴现，持票人提前获得外币，将外币在即期市场上出售获得本币，从而免除外汇风险。在外币应收票据贴现业务中，贴现行有追索权。

（2）外币应收账款让售（factoring）。这是利用中间商购买应收账款的一种方法，是指企业把应收款出让给专业承购应收账款的财务公司和信贷机构，由它们负责向购货客户索取货款。采用卖断方式，即让售不负有连带偿还责任，财务公司无追索权。在外币应收账款让售过程中，财务公司承担了融资成本、信用风险和外汇风险，出口商必须支付较高的费用。

（3）福费廷业务（Forfeiting）。福费廷业务也称为包买票据，是出口商把经过进口商承兑的中长期票据以无追索权的方式向当地银行或大金融公司贴现以规避外汇风险的业务。

福费廷业务是1965年从西欧发展起来的中长期融资方式，也是卖断方式，即银行或金融公司无追索权，出口商在办理此项业务后，就把外汇风险和进口商拒付的风险转嫁给了银行或贴现公司。

福费廷涉及的多是大型成套设备的进出口贸易，交易金额巨大，付款期限较长，一般在大企业、大银行或大金融公司间进行。在延期付款的大型设备交易中，出口商开列以进口商为付款人的中长期汇票，并常由国家银行、保险公司在票据上签章，对其支付进行担保或者直接出具保函。

经进口商承兑后，出口商把中长期票据出售给出口地银行或贴现公司，出口商取得扣除贴息和其他费用后的金额。

# 课后复习题

## 一、名词解释

1. 外汇风险
2. 折算风险
3. 交易风险
4. 经济风险
5. 出口信贷
6. 福费廷

## 二、简答题

1. 跨国公司如何对经济风险进行管理?
2. 企业交易风险的内部管理措施有哪些?
3. 企业在货币市场如何进行套期保值以防范交易风险?
4. 提前出售外币票据的方式有哪几种?

## 三、计算分析题

1. 某企业双方签订国际贷款合同,金额为 500 万美元,贸易合同中规定用美元、日元、英镑和欧元组成"一篮子"货币来对货款进行保值,其中,美元占 30%,日元占 30%,英镑占 20%,欧元占 20%。假设签订合同时的汇率为 $1 = J￥100,£1 = $1.43,$1 = 1.12,又设货款支付日的汇率为 $1 = J￥96,£1 = $1.42,$1 = €1.13,则货款支付日债务方要向债权方支付多少美元?

2. 设某年 6 月 2 日,我国 A 公司按当时汇率 EUR1 = USD1.2572 向法国 B 公司报出销售海绵的美元价和欧元价,B 公司选择欧元作为成交价计价。两公司签订了价值为 500 万欧元的合同。到了同年 9 月 2 日,欧元兑美元的汇率变为 EUR1 = USD1.2835。于是 B 公司提出改按 6 月 2 日的美元价计算成交价格,同时,提出增加 0.5% 的货价作为交换条件。A 公司是否会同意 B 公司的要求?请说明理由。

# 第七章

# 国际储备

【学习目标】
1. 掌握国际储备的概念。
2. 了解国际储备的作用；掌握国际储备的来源。
3. 理解国际储备的构成。
4. 理解国际储备水平管理的概念及影响国际储备需求量的因素。
5. 理解国际储备结构管理的概念、原则；了解结构管理的内容。
6. 了解我国的国际储备管理。

## 第一节 国际储备的性质

### 一、国际储备的定义

国际储备是一国货币当局为弥补国际收支逆差和维持本国货币汇率以及应付紧急支付而持有的为各国普遍接受的资产。

一国国际储备的构成主要包括四部分：(1) 货币性黄金；(2) 外汇储备（目前最重要的储备形式，又以美元为主）；(3) 在 IMF 的储备头寸（Reserve Position at IMF），也称为普通提款权（General Drawing Rights）；(4) 特别提款权（Special Drawing Rights）。

### 二、国际储备资产的几个基本条件

(1) 官方持有性。即作为国际储备的资产必须是中央货币当局直接掌握并予以使用的，这种直接"掌握"与"使用"可以看成是一国货币当局的一种"特权"。非官方金融机构、企业和私人持有的资产，不能算作国际储备。该特点使国际储备被称为官方储备，也使国际储备与国际清偿力区分开来。

(2) 普遍接受性。即作为国际储备的资产必须可以自由地与其他金融资产相交换，充分体现储备资产的国际性。缺乏自由兑换性，储备资产的价值就无法实现，这种储备资产在国家之间就不能被普遍接受,也就无法用于弥补国际收支逆差及发挥其他作用。

(3) 充分流动性。即作为国际储备的资产必须是随时都能够动用的资产。当一国国际收支失衡或汇率波动过大时,政府就可以动用这些资产来平衡国际收支或干预外汇市场来维持本国货币汇率的稳定。

### 三、国际储备与国际清偿力

国际清偿能力的内容实际上比国际储备更广,可定义为一国为弥补国际收支赤字或应付紧急支付而融通资金的能力,因此一国的国际清偿能力,除了包括该国货币当局持有的各种形式的国际储备之外,还包括该国政府在国外筹措资金的能力,即向外国政府或中央银行、国际金融组织和商业银行借款的能力。因此,国际储备仅是一国具有的、现实的对外清偿能力,而国际清偿能力则是该国具有的、现实的对外清偿能力和可能拥有的对外清偿能力的总和。

因此,国际清偿力、国际储备与外汇储备的关系可表述如下:

第一,国际清偿力是自有国际储备、借入储备及诱导储备资产的总和。其中,自有国际储备是国际清偿力的主体,也是一国对外借款能力的重要参考指标,因此,国内学术界亦把国际储备看成是狭义的国际清偿力。见表 7-1。

第二,外汇储备是自有国际储备的主体,因而也是国际清偿力的主体。

第三,商业银行的对外短期可自由兑换资产可以作为国际清偿力的一部分,或者说包含在广义国际清偿力的范畴内,但不一定是国际储备货币。只有那些币值相对稳定,在经贸往来及市场干预方面被广泛使用,并在世界经济与货币体系中地位极其重要的可兑换货币,才能成为储备货币。例如:新加坡元、加拿大元、港元等都是可兑换货币,但并不是国际储备货币。央行可以从商业银行手中购买这些可自由兑换资产用于国际清偿。

表 7-1　　　　　　　　　　　国际清偿力的构成

| 国际清偿力构成 | 自有储备 | 黄金储备 | 国际储备 |
| --- | --- | --- | --- |
| | | 外汇储备 | |
| | | 在 IMF 的储备头寸 | |
| | | 在 IMF 的 SDRs 余额 | |
| | 借入储备 | 备用信贷 | |
| | | 互惠信贷 | |
| | | 支付协议 | |
| | | 其他类似的安排 | |
| | 诱导储备 | 商业银行的对外短期可兑换货币资产 | |

正确认识国际清偿力及其与国际储备的关系,对一国货币当局充分利用国际信

贷或上述的其他类型筹款协议，迅速获得短期外汇资产来支持其对外支付的需求，具有重大意义；对理解国际金融领域中的一些重要发展，如欧洲货币市场对各国国际清偿力的影响、一些发达国家国际储备占进口额的比率逐渐下降的趋势，以及研究国际货币体系存在的问题与改革方案等，都是十分有帮助的。

### 四、国际储备的作用

（一）弥补国际收支逆差

这是一国持有国际储备的首要作用。当一国发生国际收支逆差时，可以通过动用外汇储备、减少在 IMF 的储备头寸和特别提款权持有额或在国际市场上出售黄金来弥补国际收支逆差所造成的外汇供求缺口，能够使国内经济免受政策调整产生的不利影响，有助于国内经济目标的实现。

（二）充当干预资产，维持本币汇率稳定

一国持有储备的多少表明了一国干预外汇市场和维持汇率稳定的实力。国际储备资产可用于干预外汇市场，影响外汇市场上的外汇供求，从而将汇率维持在一国政府所希望的水平。一国拥有雄厚的国际储备不仅为当局客观上提供了干预资产，而且还通过增强外汇市场投资者对本国货币的信心，维持了本币在外汇市场的汇率稳定。

（三）作为偿还外债的保证

一国在必要时，可将其外汇储备通过兑换或直接用于支付对外债务。因此国际储备可充当偿还外债的保证。国际金融机构和银行在提供贷款时，通常要事先调查借款国偿还债务的能力。一国持有的国际储备状况是资信调查、评价国家风险的一个重要指标，它的多少成为衡量一国对外资信水平的重要指标。

（四）获取国际竞争优势

国际储备是国家财产，是国际清偿力的象征，因此一国持有比较充裕的国际储备，就意味着有力量左右其货币对外价值，即有力量使其货币汇率升高或下降，由此获取国际竞争优势。如果是国际储备货币国家，拥有较充分的国际储备，对支持其货币的国际地位至为重要。

### 五、国际储备的主要来源

从一国来看，国际储备的来源有以下几条渠道：

（1）经常项目顺差。经常项目顺差是一国国际储备最主要的来源。

（2）中央银行在国内收购黄金。用本币从国内市场收购黄金，可以增加该国的国际储备总量；如果用原有的外汇储备从国际市场上收购黄金，只是改变该国国际储备的构成，并不会增大其国际储备总量。

（3）中央银行实施外汇干预政策时购进的可兑换货币。在本币受到升值压力情况下，一国货币当局在外汇市场抛售本币，购进外汇，以稳定汇率。于是购进的可兑换货币便成为该国国际储备的一部分。

（4）一国政府或中央银行对外借款。一国政府或中央银行运用其自身的信誉及经济实力，以国际信贷方式吸收的外汇资金，也是一国国际储备的来源之一。

（5）国际货币基金组织分配的特别提款权。由于特别提款权分配总额占世界储备资产总额的比重很低，而且在发达国家和发展中国家之间的分配额不平衡，因此，它不是国际储备的主要来源。

从世界角度看，国际储备主要来源于：（1）黄金的产量减去非货币用黄金；（2）基金组织创设的特别提款权；（3）储备货币发行国的货币输出。总体来看，世界储备的主要来源是储备货币发行国通过国际收支逆差输出的货币。

## 第二节　国际储备的构成

一国国际储备主要包括黄金储备、外汇储备、储备头寸和特别提款权四部分。

### 一、黄金储备

黄金储备是指一国货币当局所持有的货币性黄金，即一国货币当局作为金融资产所持有的黄金。

黄金是有史以来持续时间最久的国际货币；它价值高、易分割、不腐烂。卡尔·马克思曾经说过，"金银天然不是货币，但货币天然是金银"。黄金内在价值比纸币稳定，黄金本身具有内在价值，纸币只是代表一定的商品价值，其价值的稳定性取决于发行国的经济状况。

黄金是最理想的国际流通手段和国际储备资产。第二次世界大战后，随着以美元为中心的国际货币制度的建立，美元、英镑和西方其他主要自由兑换货币相继成为各国储备的主要对象，从而导致黄金在各国储备资产中所占的比重不断下降。20世纪70年代后随着美元与黄金脱钩及黄金非货币化程度的加大，黄金的地位进一步被削弱。1997年东南亚金融危机后，国际市场还出现了抛售黄金储备的浪潮，黄金市场价格逐渐走低。

尽管黄金作为货币的职能已大大降低了，但不可否认的一个事实是，黄金仍是一国最后的支付手段，以黄金作为储备资产仍具有它的优越性，因此黄金在各国国际储备中仍占有相当重要的地位。对一些发达国家来说，黄金储备占储备资产的一半以上，中国等发展中国家黄金储备较少，中国不到10%。

《牙买加协定》正式提出了黄金的非货币化。主要原因是全球黄金储量不足，不足以满足日益增长的国际清偿力的要求，并且世界黄金分布极不均匀，黄金价格也难以稳定。

另外从货币形态的历史发展规律来看，依次会经历实物货币—纸币—电子货币的过程，因此，黄金非货币化趋势毋庸置疑。

## 二、外汇储备

外汇储备是一国货币当局持有的外汇资产，其形式主要有：国外银行存款和外国政府债券。政府持有的外汇储备，是指成员国货币当局持有的流动性较高的自由外汇资产，而不是政府持有的一切外币资产。

能够成为外汇储备的货币称为储备货币。在历史上被最广泛地用作储备货币的是英镑和美元，20世纪70年代后，储备货币走向多样化。按IMF公布的标准，在1994年以前，多样化的储备货币主要包括7种货币，即美元、德国马克、日元、英镑、法国法郎、瑞士法郎和荷兰盾等。随着欧元1999年1月启动、2002年1月正式投放现金以来，欧元区国家的货币退出流通领域，因此现今最常用的几种外汇储备货币有：美元、欧元、日元、英镑、瑞士法郎等。

外汇储备现已成为国际储备的最重要组成部分。20世纪70年代以来，无论从其增长额来看，还是从其占国际储备总额的比例来看，外汇储备在国际储备中均居主导地位。用一句话来概括就是：国际储备日趋"外汇储备化"。

中国外汇储备总量目前居世界第一，而且总量呈逐年增加趋势。

表7-2　　　　　　　　　中国改革开放以来外汇储备状况　　　　　　　单位：亿美元

| 年份 | 外汇储备额 | 年份 | 外汇储备额 | 年份 | 外汇储备额 |
| --- | --- | --- | --- | --- | --- |
| 1979 | 8.40 | 1991 | 217.12 | 2003 | 4032.51 |
| 1980 | -12.96 | 1992 | 194.43 | 2004 | 6099.32 |
| 1981 | 27.08 | 1993 | 211.99 | 2005 | 8188.72 |
| 1982 | 69.86 | 1994 | 516.20 | 2006 | 10663.44 |
| 1983 | 89.01 | 1995 | 735.97 | 2007 | 15282.49 |
| 1984 | 82.20 | 1996 | 1050.30 | 2008 | 19460.30 |
| 1985 | 26.44 | 1997 | 1398.90 | 2009 | 23991.52 |
| 1986 | 20.72 | 1998 | 1449.60 | 2010 | 28473.38 |
| 1987 | 29.23 | 1999 | 1546.80 | 2011 | 31811.48 |
| 1988 | 33.72 | 2000 | 1655.74 | 2012 | 33116 |
| 1989 | 55.50 | 2001 | 2121.65 | 2013 | 38213 |
| 1990 | 110.93 | 2002 | 2864.07 | 2014 | 38430 |

一种货币必须具备以下三种基本特征才能充当储备货币：（1）必须是可自由兑换货币，能够自由地兑换为其他货币或资产；（2）必须为各国普遍接受，能随时转换成其他国家的购买力，或偿付国际债务，在国际结算中广泛使用；（3）内在价值相对稳定。通常发行该货币的国家经济实力较强，经济增长较为稳定；（4）可获得性。不仅该货币在国际货币体系当中占有重要地位，而且货币的供给数量能够同国

际贸易、国际投资乃至世界的经济发展相适应。

### 三、储备头寸

储备头寸（Reserve Position）是指国际货币基金组织的成员国在基金组织中存放并可调用的头寸。亦称普通提款权，也就是会员在 IMF 的普通资金账户中可自由提取和使用的资产。

会员国在 IMF 的储备头寸包括：

（1）向 IMF 认缴份额中 25% 的黄金或可兑换货币部分。按照 IMF 的规定，会员国可自由提用这部分资金，无须特殊批准，因此，它是会员国的国际储备资产。

（2）IMF 为满足其他会员国借款需要而使用的本国币。按照 IMF 的规定，会员国认缴份额的 75% 可用本币缴纳。IMF 向其他会员国提供某种货币的贷款，会产生该货币发行国对 IMF 的债权。一会员国对 IMF 的债权，可使该会员国可无条件地提取并用于支付国际收支差额。

（3）IMF 向该会员国借款的净额，也构成该会员国对 IMF 的债权。对大多数会员国来说，在 IMF 储备头寸中的三个构成部分中，以第一部分为最多。

IMF 现有成员国 180 多个，会员国在 IMF 的份额具有重要意义，因为份额决定着一国投票权的多少；决定着分配的特别提款权的多少；也决定着可以从 IMF 获得的贷款的多少。

目前西方七国（美日英德法意加）拥有的份额为 65%；美国一国约为 18%；IMF 中通过或反对一项重要议案必须 85% 的份额同意。

---

**阅读材料**

**G20 财长及央行行长会议就 IMF 改革取得重大进展**

2010 年 10 月，在韩国庆州举行的二十国（G20）财长及央行行长会议上，各方就 IMF 份额改革达成"历史性协议"。

成员国份额改革之后，中国所持有的份额将从目前的不足 4% 升至 6.19%，超过德国、法国和英国，名列第三。

而中国、印度、俄罗斯和巴西"金砖四国"加起来的总份额将升至 14.18%，不过这一数字仍未超过美国目前所持的 17.67% 的份额。目前，美国仍是唯一拥有否决权的国际货币基金组织成员国。

前 IMF 主席卡恩表示，这份新"排名"可说得上是"实至名归"。"现在 IMF10 个最大的'股东'正是当今全球经济中 10 个最为举足轻重的国家。"

这 10 个国家中，除"传统"发达经济体美国、日本、英国、德国、法国和意大利之外，中国、印度、巴西和俄罗斯均已名列其中。

（资料来源：根据《今日早报》2010 年 10 月 24 日文章整理而成）

### 四、特别提款权

特别提款权（Special Drawing Rights，SDRs），是 IMF 为弥补会员国国际储备的不足，在 1969 年 9 月正式决定创设的一种记账单位，1970 年 1 月正式开始使用。它既不是真正的货币，也不能兑换黄金，它是 IMF 根据份额分配给会员国使用资金的权利，作为普通提款权的补充。它是一种可用来归还 IMF 贷款和会员国政府之间偿付国际收支赤字的一种账面资产。由于它是会员国原有的普通提款权以外的提款权利，故称特别提款权。

这种无形货币与其他储备资产形式相比，有着明显的区别，表现在以下三个方面：

第一，它不具有内在价值，是 IMF 人为创设的一种账面资产，是一种记账单位。

第二，特别提款权只能在 IMF 会员国政府之间使用，可同黄金、外汇一起作为储备资产，经货币发行国同意后，可用于会员国向其他会员国换取可兑换货币外汇，支付国际收支差额，偿还 IMF 的贷款，但任何私人企业都不得持有和运用，也不能直接用于贸易与非贸易支付。

第三，不可以兑换成黄金。

第四，它是由 IMF 根据份额的大小向会员国政府无偿分配的。IMF 从 1970 年开始向会员国先后分配了 6 次、共 214 亿美元特别提款权单位。其分配的方法是：按照会员国向基金组织缴付的份额，成正比例关系，进行无偿分配。基金组织已分配而尚未使用的 SDRs，构成会员国国际储备资产的一部分。

第五，它用"一篮子"货币定值，价值比较稳定。目前，SDRs 的价值根据由美元、欧元、英镑和日元四种主要国际货币构成的"一篮子"货币的当期汇率确定，所占权重分别为 41.9%、37.4%、11.3% 和 9.4%。

货币篮子每 5 年审查一次，IMF 于 2015 年进行了最新一期的 5 年一次特别提款权货币篮子构成评估，人民币是否会纳入特别提款权货币篮子成为本次评估的重点之一。特别提款权评估主要有两个标准：一是货币发行国的出口贸易规模位居世界前列，二是该货币可自由使用。

现任 IMF 总裁拉加德认为，"IMF 考察的两个标准分别是货币发行国的出口体量和其货币是否可自由兑换。在 2010 年的审查中，人民币仅符合第一个标准，即将举行的新一轮审查主要将对人民币国际化的最新进展进行评估。"

2015 年审查结果是人民币正式成为 SDRs 的篮子货币，这对人民币走向国际化无疑是重要的转折点，新的货币篮子将于 2016 年 10 月 1 日正式生效，人民币汇率制度的改革也将进一步深化，并进一步与国际货币体系接轨。

> **人民币获批加入特别提款权货币篮子**
> 中国人民银行：欢迎国际货币基金组织的决定
>
> 　　本报华盛顿 11 月 30 日电（记者王如君、张朋辉）国际货币基金组织总裁拉加德 30 日在华盛顿举行新闻发布会宣布，国际货币基金组织当日在其华盛顿总部举行执董会会议，会议决定将中国的人民币纳入国际货币基金组织特别提款权货币篮子，人民币成为继美元、欧元、英镑、日元之后的第五个成员，人民币成为真正的"世界货币"。
>
> 　　执董会决定认为，人民币符合所有现有标准，自 2016 年 10 月 1 日起，人民币被认定为可自由使用货币，并将作为第五种货币，与美元、欧元、日元和英镑，一道构成特别提款权货币篮子。为确保基金组织、基金组织成员以及其他特别提款权使用方有充足时间进行调整以适应新的变化，新的货币篮子将于 2016 年 10 月 1 日正式生效。
>
> 　　拉加德表示："执董会关于将人民币纳入特别提款权货币篮子的决定是中国经济融入全球金融体系的一个重要里程碑。它是对中国在过去多年来在改革其货币和金融体系方面取得的成就的认可。中国在这一领域的持续推进和深化将推动建立一个更加充满活力的国际货币和金融体系。"
>
> 　　据新华社北京 12 月 1 日电（记者刘铮、王文迪）中国人民银行 1 日凌晨发布声明，欢迎国际货币基金组织（IMF）执董会关于将人民币纳入特别提款权（SDR）货币篮子的决定。
>
> 　　人民银行声明说，这是对中国经济发展和改革开放成果的肯定。人民币加入 SDR 有助于增强 SDR 的代表性和吸引力，完善现行国际货币体系，对中国和世界是双赢的结果。
>
> 　　　　　　　　　　　　（资料来源：人民网—人民日报，2015 年 12 月 1 日）

## 第三节　国际储备的管理

　　一国国际储备的管理包括两个方面：一方面是国际储备水平的管理，以获得适度的储备水平；另一方面是国际储备结构的管理，以获得合理的储备结构。

　　国际储备应保持最适度的量的水平和内部结构，但这个"适度"如何确定，是各国都必须面临的问题。

### 一、国际储备的水平管理

　　国际储备的水平管理，也称为国际储备规模（量）的管理，是指一国持有的国际储备数额与相关经济指标之间的对应关系（国内生产总值、国际收支差额、外债总额、平均进口额等)。

（一）国际储备的需求

决定一国对国际储备需求量的因素主要有：

1. 对外贸易状况

一国外贸在其国民经济中处于重要地位，而对外贸依赖程度较高的国家，需要较多的国际储备；反之，则需要较少的国际储备。一个在贸易条件上处于不利地位、其出口商品又缺乏竞争力的国家，需要较多的国际储备；相反，则需要较少的国际储备。对外贸易状况之所以是决定一国需要多少国际储备的重要因素，原因在于，贸易收支往往是决定国际收支状况的重要因素，而国际储备的最基本作用也是弥补国际收支逆差。

美国经济学家特里芬教授在其 1960 年出版的《黄金与美元危机》一书中总结了几十个国家的历史经验，并得出结论：一国的国际储备额应同其进口额保持一定的比例关系，这个比例关系以 40% 为最高限，以 20% 为最低限。一般认为，一国持有的国际储备应能满足其 3 个月的进口需要。照此计算，储备额对进口的比率为 25%。这就是所谓的"储备/进口比率法"，也称为"特里芬法则"。

特里芬法则的优点是易于操作，这也是它广为各国与国际组织采用的原因所在。它的缺点主要是：第一，它在理论上存在缺陷，即国际储备的作用并非是支付进口，而是弥补国际收支逆差。第二，各国具体情况不同。比如，各国对持有国际储备的好处与付出的代价看法不同，各国在世界经济中所处的地位不同，等等。这些差异决定了各国储备政策的差异，因而各国对储备的需求量也就不同，所以，只用进口贸易这个单一指标作为决定各国国际储备需求数量的依据，自然就有失偏颇。

2. 持有国际储备的成本

国际储备代表着一国对外国实际资源的购买力，它们若得到利用，就可以增加国内投资和加快经济的发展。因此，一国持有的国际储备，实际上是将这些资源储备起来，也就不能利用它们来加快本国经济发展，这是持有国际储备的机会成本，亦即使用这些资源进行投资的投资收益率的损失。它表明了一国持有国际储备所付出的代价。

但是，一国持有的国际储备中生息的储备资产还会有一定的利息收益。这样，一国持有国际储备的成本，便等于投资收益率与利息收益率之差。这个差额越大，表明持有国际储备的成本越高；差额越小，则表明持有国际储备的成本越低。受经济利益的制约，一国对国际储备的需求量，会同其持有国际储备的成本呈反方向变化：持有国际储备的成本越高，对国际储备的需求量越少；反之，对国际储备的需求量越大。

3. 借用国外资金的能力

一国借用国外资金的能力较强，其国际储备水平可低一些，因为该国的国际清偿能力不会因其储备水平较低而降低；反之，一国借用国外资金的能力较弱，则需要较高水平的国际储备。

4. 直接管制的程度

直接管制是指当一国发生国际收支逆差时，既不靠外汇资金来融通，也不靠实施经济调整来扭转，而是通过强制管制来增加外汇收入和限制外汇支出，从而实现国际收支的平衡。这些管制越严格，需要的储备就越少；管制越松，需要的储备就越多。当然，一国实行的管制越严格，就越反映了该国国际储备的短缺。

5. 汇率制度

维持本币汇率稳定是国际储备的作用之一。国际储备需求与汇率制度存在着密切的关系。如果一国实行固定汇率制和稳定汇率的政策条件，为了干预外汇市场，平抑汇率，对国际储备的需求量较大；反之，如果一国实行浮动汇率制，则对国际储备的需求量较小。

(二) 国际储备的供给

国际储备的供给也称为国际储备的来源。由于一国很难主动改变普遍提款权和特别提款权的数量，因此国际储备的供给主要指黄金和外汇储备的来源，主要有以下几个渠道：

1. 黄金储备

一国黄金储备的增加，是通过黄金的国内外交易实现的。就黄金的国际交易来说，储备货币发行国若用本币在国际市场购买黄金，该国的国际储备可随之扩大；非储备货币发行国只能用其外汇储备在国际市场购买黄金，其结果只能改变该国国际储备的构成，并不能扩大其国际储备的总量。

但是，若从黄金的国内交易来说，不论是储备货币发行国，还是非储备货币发行国，中央银行以本币在国内收购黄金，亦即所谓的"黄金货币化"，都可增大它们的黄金储备。当然，靠这种办法来增大黄金储备量是有一定限度的，受到黄金产量等条件的制约。

2. 外汇储备

一国增加外汇储备的渠道主要有：

(1) 国际收支顺差。国际收支顺差包括两方面内容：

一是国际收支中经常项目的顺差，它是国际储备的主要来源。该顺差中最重要的是贸易顺差，其次是劳务顺差。目前，劳务收支在各国经济交往中，地位不断提高，许多国家的贸易收支逆差甚至整个国际收支逆差，都利用劳务收支顺差来弥补。在不存在资本净流出时，如果一国经常项目为顺差，则必然增加国际储备；而在不存在资本净流入时，如果一国经常项目为逆差，则必然使国际储备进一步减少。

二是国际收支中资本和金融项目的顺差。它是国际储备的重要补充来源。目前国际资本流动频繁且规模巨大，当借贷资本流入大于借贷资本流出时，就形成资本项目顺差。如果这时不存在经常项目逆差，这些顺差就增加了国际储备。这种储备的特点是由负债所构成，到期必须偿还。但在偿还之前，可作储备资产使用。当一国的借贷资本流出大于借贷资本流入时，资本项目必然发生逆差，如果这时有经常项目逆差，则国际储备将会进一步大幅减少。

（2）干预外汇市场。中央银行干预外汇市场的结果也可取得一定的外汇，从而增加国际储备。一方面，当一国的货币汇率受供求的影响而有上升的趋势或已上升时，该国的中央银行往往就会在外汇市场上进行公开市场业务，抛售本币，购进外汇，从而增加本国的国际储备。另一方面，当一国的货币汇率有下浮趋势或已下浮时，该国就会购进本币，抛售其他硬货币，从而减少本国储备。

（3）国外借款。它是指一国政府直接从国际金融市场或国际金融机构借入贷款来补充外汇储备。

## 二、国际储备的结构管理

（一）概念

国际储备结构是指各种不同形式的国际储备资产在国际储备总额中所占的比重，以及它们相互之间的关系。由于普通提款权和特别提款权是一国政府很难主动去改变的储备部分，因此，国际储备结构管理主要包括确定黄金储备和外汇储备之间的适当比例以及确定外汇储备内部不同储备货币之间的比例。

（二）国际储备结构管理的基本原则

国际储备结构的基本原则是统筹兼顾各种储备资产的安全性、流动性、盈利性。外汇储备资产的管理除考虑安全性以外，还要兼顾流动性和盈利性的要求。

安全性是指储备资产有效、可靠和价值稳定。因此，一国货币当局在确定储备资产存放的国家和银行，以及币种和信用工具的选择时，应充分考虑储备货币发行国和国际金融中心所在国的外汇管制情况、储备币种的稳定性和银行的资信状况等。

流动性是指储备资产应具有较高的变现能力，一旦有对外支付和干预市场需要时，能随时转化为直接用于国际支付的支付手段。

盈利性原则是指在具备安全性和流动性的基础上，应尽可能地使储备资产增值、创利。

流动性和盈利性一般具有此消彼长的关系，如图 7-1 所示。

（三）国际储备结构管理的内容

1. 黄金储备与外汇储备的结构管理

黄金作为一种特殊的储备资产，具有作为最后的支付手段的特点，但黄金不能直接用于国际支付，且金价波动较大，其流动性和安全性较低。此外，持有黄金既不能生息，又需要较高的仓储费，因而盈利性也较低。有些国家对黄金储备采取了保守的数量控制政策，除了数量控制之外，黄金储备的管理还有买卖决策和买卖时机选择两个方面。

2. 外汇储备币种结构管理

外汇储备币种结构就是指储备币种的选择以及其在外汇储备中所占比重的确定。

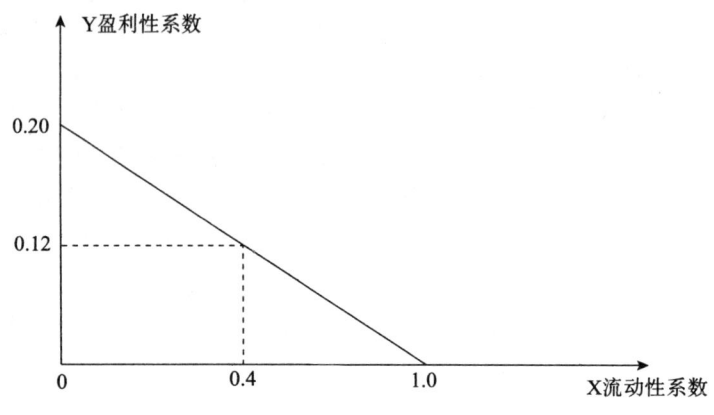

图 7-1 权衡流动性与盈利性的模型

储备币种结构的管理在遵循安全性、流动性和盈利性的前提下，还要考虑以下原则：(1) 储备币种结构应尽可能地与一国国际贸易结构和国际债务结构相匹配。(2) 储备币种应与干预外汇市场所需要的货币保持一致。(3) 应考虑各种不同货币的盈利性。

3. 外汇储备资产形式的结构管理

以安全性为基础，在保持一定的流动性条件下获取较高的收益率。

(1) 一级储备。流动性最高，但盈利性最低，包括在国外银行的活期存款、外币商业票据和外国短期政府债券，平均期限为 3 个月。

(2) 二级储备。盈利性高于一级储备，但流动性低于一级储备，如 2~5 年期的中期外国政府债券。

(3) 三级储备。盈利性高于二级储备，但流动性低于二级储备，如外国政府长期债券和其他信誉良好的债券，平均期限为 4~10 年。

由于持有储备的主要作用是进行对外支付和干预外汇市场，因此，一级储备的盈利性虽然最低，但一国货币当局仍必须保持有足够的这类资产。除此之外，为了应付一些难以预期的偶发性变动，还必须持有一定数量的二级储备，剩余的部分才可以考虑进行长期投资。当然，国情不同，各国货币当局持有上述三级储备的结构也就互不相同。

(四) 我国国际储备管理的原则与目标

1. 国国际储备管理的原则

一个国家外汇储备超额，既具有一定的积极作用，也具有消极作用。

积极作用主要有：具有抵御国际风险的坚实基础；有利于增强国内外对我国经济和人民币的信心；有利于提高我国对外清偿能力；有利于稳健货币政策的执行；有利于进一步扩大改革开放的成果。

消极作用主要有：损害了世界经济增长的潜力；支付了高额的成本，主要表现为承担巨大的收益损失；影响金融调控能力；影响国际优惠贷款的利用；导致经济结构的失衡。

在权衡利弊的基础上，我国国际储备管理的指导原则主要有以下几点：(1) 国际收支保持适当顺差；(2) 外汇储备水平保持适度或适当高些；(3) 外汇储备的货币构成保持分散化；(4) 黄金储备可根据国际金融形势尤其是黄金市场的变化及我国的实际需求作适当的调整。

2. 国际储备管理的目标

我国国际储备管理的具体目标包括：

(1) 保持一定的流动性。这是指所持有的储备资产具有充分的流动性，其持有量必须适应外汇流量季节性和周期性的变化，国家通过外汇流动资产的管理满足各种基本需要。

(2) 获取一定的收益。外汇代表了对外国商品和劳务的购买力，因此要求我国的储备资产能获得一定的收益；收益无论大小至少能抵偿其机会成本。总之，我国国际储备总额中具有相当大一部分资产，应设法获得尽可能大的收益。

(3) 保持适度的黄金储备。保持国际储备的目的之一是为防止在不测事件发生时，我国的对外金融地位被削弱。在这个时候黄金的稳定作用最大。因此，我国的国际储备必须包含一定数量的黄金。

(4) 维持外汇资产的价值。我国国际储备有时可能超出正常的需要，这时应研究如何保持国际储备资产的价值，以免受国际通货膨胀及汇率、利率波动的损害。

(5) 促进经济内外均衡。随着我国对外经济往来的日益频繁，国际储备尤其外汇储备管理对宏观金融调控及整体经济的影响越来越大。因此国际储备管理的目标还应包括在一定时期内促进经济内外均衡。其中，内部均衡的目标是充分就业、物价稳定和经济增长；外部均衡的目标是国际收支平衡。当一国经济实现了低通胀下的持续、稳定增长，同时国际收支也基本达到平衡，且汇率稳定时，就可以说一国经济处于内外均衡状态，这时的国际储备管理是恰当的或有效的。

上述目标的选择，在很大程度上取决于我国国际储备的数量。它们之间的关系可概括为：如果国际储备较少且储备地位是脆弱的，流动性则应当是最主要的目标；如果国际储备充裕而且稳定，则可以储备一定数量的黄金，还可考虑对外投资及对外援助；如果国际储备过多，首先要考虑的是国际储备资产价值的维持。

---

**阅读材料**

**国际储备体系的演变**

(一) 国际储备体系的发展历程

国际储备体系，是指在一种国际货币制度下国际储备货币或资产的构成与集合的法律制度安排。这种安排的根本问题是中心储备货币或资产的确定及其与其他货币或资产的相互关系。国际储备体系的演变，实际上就是中心货币或资产在国际经济交易中的延伸与扩大。整个演变是随着国际货币体系的变迁，从单元的储备体系逐步向多元的储备体系发展。

1. 第一次世界大战以前单元化的储备体系

在典型的金本位制度下，世界市场上流通的是金币。因此，国际储备体系单元化，其特点就是国际储备受单一货币支配。

2. 两次世界大战之间过渡性的储备体系

第一次世界大战后，典型的金本位制崩溃，各国建立起来的货币制度是金块本位制或金汇兑本位制（美国仍推行金本位制）。

3. 第二次世界大战后至20世纪70年代初以美元为中心的储备体系

第二次世界大战后，布雷顿森林货币体系建立了起来。美元取得了与黄金等同的地位，成为最主要的储备货币。这时的储备体系称为美元—黄金储备体系，其特点是储备受美元统治。在这个体系中，黄金仍是重要的国际储备资产，但随着国际经济交易的恢复与迅速发展，美元成为最主要的储备资产。

4. 20世纪70年代后至今的多元化储备体系

布雷顿森林货币体系崩溃后，国际储备体系发生了质的变化。这表现在储备体系完成了从长期的国际储备单元化向国际储备多元化的过渡，最终打破了某一货币如美元一统天下的局面。20多年来，形成了以黄金、外汇、特别提款权、储备头寸以及欧洲货币单位等多种国际储备资产混合构成的一种典型性的国际储备体系。其特点是国际储备受多种硬货币支配。多种硬货币互补互衡，共同充当国际流通手段、支付手段和储备手段。

（二）多元化国际储备体系产生的原因

1. "特里芬难题"的出现

"特里芬难题"的出现及其补救措施的失败，是促使国际储备体系多元化的一个重要原因。保证美元的中心储备地位须有三个条件，但自20世纪60年代开始，这些条件均不同程度地丧失或被破坏。

2. 日元、马克等货币地位的上升

随着第二次世界大战后日本、西欧经济的恢复与发展，相应地，这些国家的货币也被人们不同程度地看好而成为硬通货。当美元信用逐渐被削弱而使美元危机迭生时，这些硬货币也就成了人们作为中心储备货币的最佳选择。因此，许多国家在预期到美元贬值时，就纷纷将美元储备兑换成日元、马克、瑞士法郎等硬货币，甚至还抢购黄金，从而使国际储备资产分散化和多元化。1979年11月，美国对伊朗资产的冻结，又加速了储备货币多元化的进程。石油输出国为避免储备美元的风险，将大量的石油美元从美国调往日本和欧洲，并兑换成日元、马克和其他硬货币。这样储备货币中美元的比重就不断下降，而其他硬货币的比重则不断增加。

3. 西方主要国家国际储备意识的变化

一个储备体系的建立，除必须具备一定的客观条件外，还必须具备一定的主观条件，这个主观条件，主要是指各国对国际储备的意识。多元化国际储备的形成很大程度上是受这一意识的变化推动的，表现在：(1) 美国愿意降低美元的支配地位。(2) 前联邦德国、日本等硬货币国家愿意把本国货币作为中心储备货币。

4. 保持国际储备货币的价值

从 1973 年开始，浮动汇率制成了国际汇率制度的主体，随之而来的是汇率剧烈波动，且波幅很大。为了防止外汇风险，保持储备货币的价值，各国就有意识地把储备货币分散化，以此分散风险，减少损失。这种主观保值行为也推动了国际储备体系走向多元化。

(三) 多元化国际储备体系的发展特征

第一，国际储备多元化，但美元仍居主导地位。多元化国际储备体系的形成直接缘于美元在 20 世纪 70 年代的两次贬值，引起美元信誉下降。多元化储备体系的发展变化也基本上由美元地位与信誉的沉浮而引起。美元在多元化体系的形成与发展中，始终是最重要的作用因素。美元信誉下降，多元化储备体系发展进程快；美元信誉提高，多元化储备体系的发展进程就缓慢。在 80 年代初，多元化储备体系还有回归到原来的美元占绝对统治地位的单元化储备体系之势。

第二，国际储备总额迅速增长。

第三，国际储备中黄金仍占相当比重，但非黄金储备显著增长。

第四，国际储备分布不均衡。国际储备的数量及其分布始终是不均衡的，即发达国家拥有了绝大部分的黄金储备和大部分的非黄金储备，经济实力雄厚，国际清偿力充足。相反，发展中国家黄金储备极少，非黄金储备也不及发达国家，反映了发展中国家经济实力薄弱、国际清偿力不足。由此也引发了发达国家与发展中国家的矛盾，而如何解决这个矛盾，还须国际社会作长期的努力。

(四) 多元化国际储备体系建立的深远意义

多元化国际储备体系的建立具有以下积极影响：

第一，缓和了国际储备资产供不应求的矛盾。在美元—黄金储备体系或以美元为中心的储备体系下，美元是单一的储备货币。但随着各国经济的发展，对美元的需求不断扩大，美国无法满足这种需求，造成了国际储备资产供不应求的矛盾，这显然不利于除美国以外的其他国家的经济发展。而在多元化国际储备体系下，同时以几个经济发达国家的硬货币为中心储备货币，使各国可使用的储备资产增加，为各国提供了满足多样化需求和灵活调节储备货币的余地。

第二，打破了美元一统天下的局面，促进了各国货币政策的协调。在美元—黄金储备体系下，美国可利用其特殊地位，推行对外扩张的经济政策，操纵国际金融局势，控制他国经济。多元化体系的建立，使美国独霸国际金融天下的局面被打破，各国经济不再过分依赖美国。同时因国际储备货币多样化，可以很大程度上削弱一国利用储备货币发行国的地位而强行转嫁通货膨胀和经济危机的可能性。此外，多元化储备货币的付诸实践本身就是一个国际化的问题，为了维持多元化储备体系的健康发展和国际金融形势的稳定，各国必须互相协作，共同干预与管理。这些都有利于各国加强在国际金融合作，改善相互间的经济关系。

第三，有利于各国调节国际收支。一方面，各国可以通过各种渠道获取多种硬货币用于平衡国际收支逆差，这比起只有单一美元储备可用于弥补国际收支逆差方便得多；另一方面，多元化国际储备体系处于各国实行浮动汇率制度的环境中，在此制度下，各国可以采取相应的措施调节国际收支，但在单一储备体系下，各国为调节国际收支而需变更汇率时，须征得 IMF 同意后才可进行。

第四，有利于各国调整储备政策，防范、分散因储备货币汇率变动而带来的风险。这是因为多元化国际储备体系可为各国提供有效组合储备资产、规避风险的条件，即各国可根据金融市场具体的变化情况，适时、适当地调整储备资产结构，对其进行有效的搭配组合，从而避免或减少因单一储备资产发生危机而遭受的损失，保持储备价值的相对稳定，并尽力获取升值的好处。

（五）多元化国际储备体系带来的难题

多元化储备体系的积极作用，使该体系多年来经受住了多次经济危机的严峻考验，但该体系同时也带来了新的难题。

第一，国际储备资产分散化，一定程度上加剧了世界性的通货膨胀。世界性通货膨胀的一个导因是国际储备货币总额的过分增长，而多元化国际储备体系恰好能"制造"出更多的储备货币，促使国际储备总额成倍增长。

第二，多元化国际储备体系增加了管理的难度。国际储备资产分散化以后，储备资产的稳定如何，就成了国际性问题。因此，一国在管理国际储备时，必须要密切关注诸多储备货币国家的政治经济动态，密切关注外汇市场上这些货币汇率的变化，根据各种储备货币的外汇风险和利息收益，不断调整储备资产的货币构成，而这需要极发达的通信系统、灵敏的判断力以及过硬的操作技术，因此增加了储备货币管理的难度。

第三，多元化国际储备体系尚无法彻底平抑外汇市场投机，甚至有时还会刺激国际金融市场动荡不安。

（资料来源：百度百科《国际储备体系的演变》）

## 课后复习题

### 一、名词解释

1. 国际储备
2. 储备头寸
3. 特别提款权
4. 国际储备规模管理
5. 国际储备结构管理

### 二、简答题

1. 国际储备和国际清偿力的区别是什么?
2. 我国学术界经常有学者主张增加我国的黄金储备,你对此是否认同?
3. 我国的国际储备量已达世界第一,这对于我国有何利弊?请谈谈你对这一问题的看法。
4. 国际储备结构管理涉及哪些内容?
5. 特别提款权的性质和特点是什么?特别提款权作为国际储备资产有哪些不足?
6. 人民币加入特别提款权篮子货币,对我国来说有哪些好处?又承担着哪些义务?

# 第八章

# 汇率制度与外汇管制

【学习目标】
1. 理解汇率制度的含义。
2. 理解固定汇率制度、浮动汇率制度的概念及优缺点。
3. 理解浮动汇率制的分类。
4. 理解外汇管制的概念；了解外汇管制的发展趋势及类型。
5. 理解外汇管制的主要内容和措施。
6. 掌握我国现行的汇率制度；了解我国汇率改革历程及外汇管制现状。

## 第一节 汇率制度

### 一、汇率制度的含义与类别

（一）汇率制度的含义

汇率制度有两层含义，一是各国政府确定的本国货币与外国货币比价的原则和组织形式，包括货币当局对本国汇率水平的确定、维持、调整和管理所作的一系列安排和规定；二是为维持某种国际货币体系正常运转、由世界各国普遍承认和遵守的有关国际货币运行的某种程序及规则，这是国际协作的结果。各国政府在对本国汇率走势进行管理时，需遵循这些原则。

举例来说，1978年生效的《国际货币基金协定第二次修正案》规定了国际货币基金组织的监督责任，并规定了成员国干预汇率应遵循的原则：（1）会员国应避免操纵汇率，妨害对国际收支的调节或获取不正当利益；（2）外汇市场出现短期的破坏性波动，各会员国应进行干预；（3）会员国在干预外汇市场时应考虑其他会员国的利益等。

（二）汇率制度的类别

从国际货币体系的演进历史来看，各国所实行的汇率制度主要有两种，即固定汇率制度和浮动汇率制度。在固定汇率制度下，各国货币当局确定本币的中心汇率，本币汇率只能围绕中心汇率作小幅波动；在浮动汇率制度下，一国货币不再规定中心汇率，本币汇率随外汇市场的供求状况自由浮动。

联系国际货币体系来看，金本位制和布雷顿森林体系下，各国采用的是固定汇率制；牙买加体系倡导浮动汇率制，到现在来看，全球多数国家建立了浮动汇率制，也有少数国家受本国经济发展水平限制，仍采用固定汇率制。

## 二、固定汇率制度

（一）概念

固定汇率制度（Fixed Exchange Rate System），是指货币当局首先确定本国货币对基础货币的中心汇率，并将汇率围绕中心汇率的波动幅度限制在一定范围之内的汇率制度。固定汇率制度下的汇率在货币当局调控之下、在法定幅度内进行波动，因而具有相对的稳定性。

（二）固定汇率制度的优点

（1）减少不确定性。由于汇率稳定，使国际贸易和投资在能够预见的环境中进行，有利于长期合同的签订，从而减少风险、降低成本。

（2）内在稳定机制。由于政府有稳定汇率的承诺，当汇率波动超过上下限时，投资者预期政府将干预外汇市场，并改变买卖行为，所从事的外汇投机交易有助于市场汇率的稳定。

（3）自我约束机制。出于固定汇率制下维护汇率稳定的责任考虑，各国政府会自我抑制通货膨胀，以稳定汇率。

（三）固定汇率制度的缺点

（1）汇率变动缺乏弹性，通过汇率政策调节国际收支的能力有限。

（2）通货膨胀的国际传播。假设本国实行固定汇率制，国外发生通货膨胀，本国物价水平不变，则有利于本国商品出口，减少本国进口商品，本国国际收支有顺差趋势，本币有升值趋势。为维持固定汇率，本国会在外汇市场买进外汇，放出本币，从而导致本国货币供应量增加，物价有上涨趋势。同时，增加的出口会减少出口商品的国内供给，导致其国内价格上涨。

---

**阅读材料**

根据汇率决定的相对购买力平价理论得出：若一个国家采取钉住另一国货币的汇率制度，那么钉住国的通货膨胀率是由被钉住国决定的。据此，文章试图对此关系进行实证检验。

因为中国从 1994 年 1 月 1 日汇率改革以后，人民币的汇率基本上是钉住美元的，故文章选择中国和美国两个国家，对它们从 1994 年到 2005 年的通货膨胀率进行因果检验。结果显示，美国的通货膨胀率对我国的通货膨胀率具有较显著的 Granger 引致关系，美国才是全球通货膨胀的输出源头。

（资料来源：刘芹，"固定汇率制下通货膨胀的国际传播——基于相对购买力平价的 Granger 检验"，《中国外资》，2010 年第 8 期）

(3) 削弱了货币政策的有效性和独立性，当资本流动规模日益扩大时尤为明显。例如：固定汇率下，扩张型的货币政策会使货币供应量增加，国内利率下降，资本外流；同时出口有下降、进口有增加的趋势，本币有贬值压力，为维护固定汇率，货币当局在外汇市场中买入本币，卖出外汇，货币供给量减少。所以，在固定汇率下货币政策有效性削弱或无效。

在固定汇率制度下，一国要么牺牲本国货币政策的独立性，要么限制资本的自由流动，否则易引发货币和金融危机。如1992～1993年的欧洲汇率机制危机、1994年的墨西哥比索危机、1997年的亚洲金融危机、1998年的俄罗斯卢布危机，这些发生危机的国家都是采用了固定汇率制度，同时又不同程度地放宽了对资本项目的管制。

### 三、浮动汇率制度

**（一）概念**

浮动汇率制度（Floating Exchange Rate System）是指一个国家不规定本国货币与基础货币的中心汇率，也不规定汇率上下波动的范围，不承担维持汇率波动界限的义务，而使汇率随外汇市场供求的变化进行浮动的汇率制度。在浮动汇率制度下，外汇可看作是国际金融市场上的一种特殊商品，汇率成为买卖这种商品的价格，价格随外汇市场上该种货币的供需关系而变化。

**（二）浮动汇率制度的分类**

1. 浮动汇率制度下，以货币当局是否干预本币汇率为标准，可分为自由浮动和管理浮动

（1）自由浮动又称为清洁浮动，是指一国货币的汇率完全由外汇市场的供求关系决定，货币当局不采取任何干预本币汇率的措施。

（2）管理浮动又称为肮脏浮动，是指一国货币当局对外汇市场采取一定的干预措施，使本币朝有利于本国的方向浮动。

目前，世界上实行浮动汇率制的国家大都属于管理浮动汇率制。

2. 以浮动汇率的浮动形式为标准，可分为独立浮动和联合浮动

（1）独立浮动，是指一国货币对其他任何货币的汇率都主要根据外汇市场的供求关系进行浮动，不与其他国家联合浮动。如美国、日本、澳大利亚、加拿大等发达国家和一些发展中国家，大都实行独立浮动汇率制。

（2）联合浮动，是指在一个利益集团内部，各成员国货币之间保持固定汇率，而对集团外国家的货币统一浮动。

来看一下最早出现的联合浮动。1973年3月11日，欧洲经济共同体9国财政部长会议达成协议，率先建立联合浮动集团，3月19日开始实行联合浮动。参加国有共同体成员国比利时、丹麦、法国、联邦德国、荷兰、卢森堡及非成员国瑞典和挪威。另外3个共同体成员国英国、爱尔兰和意大利则因货币极不稳定和其他原因，

暂不参加联合浮动,继续实行单独浮动。

欧共体以及欧元流通之前的欧盟各成员国之间实行的是联合浮动汇率制。欧元流通后,欧盟的汇率制度有两个层面:一是欧元对欧盟外国家的货币实行单一的浮动汇率制;二是欧元对欧盟内非欧元成员国实行"欧洲第二汇率机制",即欧元与尚未加入欧元区的欧盟成员国货币间的汇率波动幅度保持在15%以内。

3. 按照国际货币基金组织的划分方法,可分为钉住汇率制和弹性汇率制

(1) 钉住汇率制度。一国货币与其他某一种货币或某"一篮子货币"之间保持比较稳定的比价,即钉住所选择的基础货币。例如在1994年汇率并轨、我国开始实行浮动汇率制度直到2005年7月的汇率制度改革之前,我国实行的就是人民币钉住单一美元的汇率制度。

(2) 弹性汇率制度。除钉住汇率制外的其他浮动汇率制度,统称为弹性汇率制度。采用弹性汇率制的国家,其货币汇率的变动不钉住某种货币或某"一篮子货币"。

(三) 浮动汇率制度的优点

(1) 国际收支平衡能够自动实现,无须以牺牲国内经济为代价。在固定汇率制度下,汇率不能发挥调节国际收支的经济杠杆作用。因此,当一国国际收支失衡时,需要采取紧缩性或扩张性的财政和货币政策,从而使国内经济运行出现失业增加或物价水平上涨现象,国内经济发展目标与国际收支平衡目标之间容易产生矛盾和冲突。而在浮动汇率制度下,汇率是调节一国国际收支失衡的经济杠杆,国际收支失衡可以通过汇率的自由浮动予以消除,则财政和货币政策就可以专注于国内经济目标的实现。

(2) 提高一国货币政策的自主性。在固定汇率制度下,主要贸易伙伴国采取扩张性的货币政策引起该国国际收支逆差时,也就意味着本国的国际收支顺差,则本国外汇储备增加,从而货币供给增加。有些学者提出:在布雷顿森林体系下,世界各国的货币政策都是由美国来制定的,当美国实行扩张性或紧缩性的货币政策时,美国的国际收支就会出现逆差或顺差,则世界其他国家货币对美元的汇率就会上升或下降。而为了维持固定汇率,世界各国就必须买进或卖出美元,由此导致货币供给的增加或减少。而在浮动汇率制度下,一国可以听任外汇汇率由外汇市场的供求关系决定,而不必通过外汇储备的增减来适应主要贸易伙伴的货币政策。

(3) 避免国际性的通货膨胀传播。在固定汇率制度下,国外的通货膨胀通过两个渠道传递到国内:一是通过"一价定律"促使本国商品和服务价格直接上涨;二是通过外汇储备的增加使国内货币供给增加,间接引起国内物价上涨。而在浮动汇率制度下,国外通货膨胀只能促使本国货币的汇率上升,从而抵消国外通货膨胀对国内物价的直接影响,将外国的通货膨胀隔绝在外。

(4) 无须太多的外汇储备,使更多的外汇资金用于经济发展。在浮动汇率制度下,一国没有义务维持汇率的稳定,不需要像在固定汇率制度下那么多的外汇储备,

则节约的外汇资金可以用于进口更多的资本品,增加投资,促进经济增长。

（5）可以促进自由贸易,提高资源配置的效率。由于浮动汇率制度下汇率的上下浮动能使国际收支自动恢复平衡,则一国就可以避免在固定汇率制度下为维持国际收支平衡而采取的直接管制措施,从而避免了资源配置的扭曲,提高经济效率。

（6）可避免汇率在短时间内大起大落,缓解汇率波动对经济的冲击。由于汇率即时随外汇市场供求而变化,可避免固定汇率制度下汇率无法维持时的短时大幅涨落给经济带来的巨大冲击。

### （四）浮动汇率制度的缺点

（1）助长投机,加剧金融动荡,给国际贸易和国际投资带来不确定性。在浮动汇率制度下,汇率频繁和剧烈的波动为国际游资创造了投机的机会,加剧了国际金融市场的风险；也使从事国际贸易、国际信贷和国际投资等的涉外经济主体难以核算其成本和收益,使他们遭受汇率风险,从这个意义上说,浮动汇率制度妨碍国际贸易和国际投资的顺利进行,对世界经济产生不利影响。

（2）国际协调困难,对发展中国家不利。浮动汇率制度助长世界各国在汇率制度上的利己主义和各自为政,削弱金融领域的国际合作,加剧国际货币体系的矛盾。而且,汇率的频繁波动对经常有巨额外债的发展中国家来说,制造了汇率风险,有可能加重外债负担,加大外债管理难度。

## 四、其他几种汇率制度的补充

### （一）货币局制

货币局制也称为联系汇率制,是指法律规定货币发行时本国货币与某一外国可兑换货币保持固定的兑换率,货币发行须以百分百的该种外国货币作为准备金。货币发行量取决于可用作准备金的外国货币数量的多少。

货币局制不仅要求货币发行必须以一定的（通常是百分之百）该外国货币作为发行准备金,并且要求在货币流通中始终满足这一准备金要求。这一制度中的货币当局被称为货币局,而不是中央银行。因为在这种制度下,货币发行量的多少不再完全听任货币当局的主观愿望或经济运行的实际状况,而是取决于可用作准备的外币数量的多少。货币当局失去了货币发行的主动权和最后贷款人的功能。

---

**阅读材料**

### 香港的联系汇率制度

所谓香港联系汇率制度,是指将香港本地的货币与某种特定的外币相挂钩,按照固定的汇率进行纸币的发行与回收的一种货币制度。在香港,纸币是由汇丰、渣打和中银三家指定的商业银行发行的。根据香港的法律,在联系汇率制度下,发钞银行需要向香港金融管理局交付美元,换取负债证明书,并将其拨入外汇基金账户,用以作为发行纸币的依据,再按照香港财政司规定的固定汇率,以 1 美元兑 7.8 港元的汇率发行等值的港币。其他银行(在香港称作持牌银行)则可以同样的汇率向发钞银行存入美元,并获得等值的港币。反过来,在回收港币时,外汇基金、发钞银行和持牌银行之间也按 1:7.8 的固定汇率进行方向相反的操作。由此不难看出,以美元作为港币发行的基础和依据,并使二者保持固定的汇率,是香港联系汇率制度的两个基本要点。

但是,在香港的公开外汇市场上,港币的汇率却是自由浮动的,汇率由市场的供求状况来决定,港币实行市场汇率。联系汇率与市场汇率并存、固定汇率与浮动汇率并存,是香港联系汇率制度最重要的机理。

自 1935 年以来,香港共实行过六种汇率制度,每次变动的原因都与当时国际货币体系的变化有关。但联系汇率制的实施,却有着更深层的政治及经济原因。1982 年 9 月,中英就香港前途问题正式开始谈判。由于最初谈判进展缓慢,导致谣言四起,人心浮动,房地产市场崩溃,港元不断贬值。其间,香港各阶层人士多次呼吁港府出面挽救港元,但港英当局以种种理由进行推诿。1983 年 9 月 24 日,港元在外汇市场上暴跌,对美元汇价逼近 1:10,港汇指数也锐挫至 57.2 的历史最低水平。在如此严峻的形势下,港英当局不得不放弃其完全不干预货币市场的原则,转而接受经济学家格林伍德的建议——建立一个钉住美元的浮动汇率制。据说,当时有人提议将汇率固定在 1:8 的水平,因为它有着象征"发"的吉利谐音。但此建议被当时的财政司长彭励治否定,而将汇率定为 1:7.8。

联系汇率制度的实施,迅速地稳定了香港货币。20 多年来,香港联系汇率制度受到多次的挑战。其间,经历了 1987 年的全球性股灾、1990 年的海湾战争、1991 年国际商业银行倒闭、1992 年欧洲汇率机制风暴、1995 年墨西哥货币危机以及 1997 年下半年以来的东南亚金融危机,但香港货币都能一一化解风险,成功地经受住了考验。港币信誉卓著,坚挺稳定。与此同时,香港经济运行良好,其国际金融中心、国际贸易中心和国际航运中心的地位不断得到巩固和加强。所有这些,联系汇率制度都起到了重要的、不可磨灭的作用。

实践表明,联系汇率制度已经不仅仅局限于当初"政治应急"的作用,而发展成为使香港能够有效地承受来自外部的金融震荡和政治冲击的经济手段。对香港而言,由于其典型的外向型经济的特点,决定了其经济对外有着强烈的依附性,外资和外贸在经济中占有极大的比重。因此,本地经济的增长往往受到各种无法预料和控制的外部因素的影响和制约。在这种情况下,用港元钉住美元,稳定汇率,减少了国际贸易和经济生活中大量存在的外汇风险,有利于各类长期贸易及经济合同的缔结及国际资本的集系,从而给香港带来了更多的利益和机会。这些也可以说是导致联系汇率制度得以产生并持续下来的内在根源。

> 当然,香港的联系汇率制度也有其自身的一些缺点。①它使得香港的利率和货币供应受制于美国的利率政策和货币政策,从而严重地削弱了这两个经济杠杆的调节能力。②联系汇率制度还被认为是造成香港高通货膨胀和实际上的负利率并存的主要原因。③由于实行了联系汇率,也无法通过汇率的手段来调节国际收支状况等。但是,尽管存在着种种缺陷,香港的联系汇率制度有着深刻和坚实的经济基础,历史也肯定了其稳定经济和市场的作用,同时,经过10多年的风雨和考验,这一制度本身也日趋完善。
>
> (资料来源:www.360doc.com,360doc个人图书馆)

### (二)爬行钉住汇率制

爬行钉住汇率制(Crawling Pegs)是指汇率可以经常地进行小幅度调整的固定汇率制度。

爬行钉住汇率制有两个基本特征:第一,实行该制度的国家负有维持某种平价的义务,这使得它在很大程度上属于固定汇率制;第二,平价可以进行经常性的、小幅度的和持续的调整,这使得该制度与普通的可调整钉住汇率制度不同,因为后者的平价调整非常偶然,而且一旦调整幅度会很大。

提倡爬行钉住制的学者认为,货币当局在进行汇率调整时,可以规定汇率调整的上下限值。有了上限值和下限值的存在,至少在理论上可以给货币当局提供某些纪律性要求。另外,他们还认为,在爬行钉住制下,汇率定期地调整这一事实也意味着汇率还是具有调整国际收支的作用。而且,由于每一次调整的幅度都很小,因此,对货币大规模投机的危险性就较弱。

但是,爬行钉住制的缺点也很明显。由于内部或外部的经济冲击所引起的一国国际收支状况的严重变化可能需要汇率有较大幅度的改变才能恢复国际收支的平衡。如果拘泥于严格的爬行钉住的调整,由于汇率不可能大幅度改变,因而就可能需要一国政府放弃一些内部目标的实现。进一步说,如果平价值的小额变化频繁发生(且是不可预测的),那对于国际贸易和投资就依然存在某些附加的风险。

### 五、汇率制度的选择因素

汇率制度的选择是一个非常复杂的问题,是一国政府的政策行为。它首先建立在一国所具有的特殊的经济特征基础之上;并且在不同的时期,由于政府所追求的政策目的不同,政府所选择的汇率制度也不同;在世界经济一体化的趋势下,一国汇率制度的选择还受其对外经济贸易关系的影响,受国际经济和金融大环境的制约。

1. 一国经济的结构性特征是汇率制度选择的基础

小国比较适宜于实行固定汇率制度,因为它一般与少数几个国家的贸易依存度较高,汇率的浮动会给它的对外贸易带来不利影响;此外,小国经济内部的结构调整成本较低。相反,大国由于对外贸易的商品构成多样化及贸易地区分布的多元化,就很难选择一种货币作为参照货币实行固定汇率,加之大国经济内部结构调整的成本较高,并且往往倾向于追求独立的经济政策。因此,大国一般比较适宜于实行浮动汇率制度。

2. 特定的政策意图是汇率制度选择的政策目的

在一国政府面临较高的国内通货膨胀率时,政府的政策意图是控制国内的通货膨胀,固定汇率制度就比较受青睐。这时候若采取浮动汇率制度则本国的高通货膨胀使本国货币贬值,本国货币贬值又通过成本、工资收入机制等进一步加剧国内的通货膨胀。若一国政府的政策意图是为了防止从国外输入通货膨胀,则应该选择浮动汇率制度。因为在浮动汇率制度下,一国货币政策的自主性较强。

3. 一国与其他国家的经济合作情况对汇率制度的选择有着重要的影响

当两国之间存在非常密切的经济贸易往来时,两国货币保持固定比价较有利于各自的经济发展。区域经济合作关系比较密切的国家之间,也适宜于实行固定汇率制度,如欧洲货币体系的汇率机制。

4. 国际经济和环境制约着一国的汇率制度选择

在国际资本流动日益频繁并且资本流动规模日益庞大的背景下,一国国内金融市场与国际金融市场联系越是密切,本国政府对外汇市场的干预能力越有限,则该国实行固定汇率制度的难度就越大。

在汇率制度的选择上,美国经济学家罗伯特·赫勒提出了"经济论"。这一理论认为,一国汇率制度的选择主要是由经济方面的因素决定的。这些因素有:经济规模和经济实力、外贸依存度大小、外贸商品结构或地域分布状况以及相对通货膨胀率等。平均来看,实行独立浮动制的国家平均经济规模是实行固定汇率制国家平均经济规模的 10 倍以上。外贸依存度较高、经济规模相对较小的国家,当世界经济波动时,其面临的冲击较大,倾向于选择固定汇率制度。外贸商品结构或地域分布集中度高的国家,往往选择钉住伙伴国货币的汇率制度。若一国通货膨胀率相对较高,一般倾向采用固定汇率制,以防止本国货币不断贬值。若一国通货膨胀率较低,为防止输入型通货膨胀,倾向于采用浮动汇率制。

发展中国家的经济学家,也集中讨论了发展中国家的汇率制度选择问题,提出了汇率选择的"依附论"。这一理论认为,发展中国家汇率制度的选择,主要取决于它们在经济、政治、军事等方面的对外联系特征。发展中国家在实行钉住汇率制度时,采用哪一种货币作为"参考货币"(被钉住的货币),主要取决于它们在经济、政治、军事等方面的对外依附关系。从美国的进口额在该国进口总额中占很大比重的国家,或者从美国得到大量军事赠予或从美国大量购买军需物资的国家,同美国有复杂的条约关系的国家,往往将本国货币钉住美元;同法国有传统殖民地联系的非洲国家,则倾向于钉住法国法郎;同美国等主要工业国家的政治经济关系较为"温和"的国家,则选择钉住其他货币。

## 第二节 外汇管制

**一、外汇管制概述**

(一) 外汇管制 (Foreign Exchange Control) 的概念

外汇管制又称外汇管理,它是一国为了防止资金外逃或流入,维持国际收支平衡和本国货币汇率水平稳定,通过法律、法令、条例等形式对外汇资金的收入和支出,对本国货币的兑换及汇率所进行的管理。譬如,有的国家将一切外汇集中在中央银行,而对付出外汇的性质、用途、数额都加以严格控制,这就是一种外汇管制;有的国家本国货币不能自由兑换成国际通用的货币,而需经该国货币管理当局批准,这也是一种外汇管制;有的国家对某些渠道的收入和支付外汇采取某种汇率结算,而对另一些渠道收付的外汇又采取另一种汇率进行结算,这也是一种外汇管制,等等。

(二) 外汇管制的产生和演变

外汇管制是资本主义经济发展到一定阶段的产物。第一次世界大战以前,资本主义国家实行金本位制,汇率的波动受黄金输送点限制,汇率基本稳定,国际收支是自动调节的,因此资本主义国家在当时不必实行外汇管制。

第一次世界大战爆发后,金本位制存在的外部环境不存在了。英、法、德、意等参战国因战争的巨额消耗,发生了严重的国际收支逆差,本国货币汇率猛跌,大量资本外逃。为了稳定本国经济,筹措支付战争所需的大量资金,防止资本外逃,参战各国纷纷取消了金本位制度,实行纸币流通制度,取消了外汇自由买卖,禁止黄金输出,外汇管制由此产生。

第一次世界大战结束后,西方各国经济逐步恢复和发展,国际经济各项指标如国际贸易规模、国际资本流量等很快超过了战前水平,汇率也基本稳定。在这种世界政治、经济出现相对稳定的外部环境下,西方国家先后建立起金块本位制和金汇兑本位制,并取消了在第一次世界大战期间所实行的外汇管制,外汇买卖的自由与国家间多边结算制度基本恢复。但是,1929~1933 年,资本主义世界爆发了规模空前的经济危机,美、英、德等主要资本主义国家经济陷入严重萧条,国际收支恶化、信用紧缩,国际支付无法正常维持,这导致金本位制度全面崩溃,纸币流通普遍实行,通货膨胀居高不下,许多国家为了争夺国际市场采取了侵略性保护贸易政策,实行了很多新的、严格的奖出限入的对外贸易政策手段。在这种情况下,经济不发达国家以及债务国又不得不先后重新恢复了外汇管制,采取包括全面集中分配外汇、严格控制用汇等一系列限制外汇自由出入国境的措施。经济实力强、外汇资金充裕的国家则采用设立外汇平准基金等手段,控制汇率,争取扩大出口,争夺国际市场,以平衡国际收支。

第二次世界大战期间，除了远离战场未受破坏的美国外，资本主义各国普遍实行了严格的外汇管制，取消了外汇市场。其目的与前相同，主要在于限制资本外流，集中本国的外汇资产。据统计，到 1940 年资本主义世界实行外汇管制的国家达到 100 多个。

战争结束后，各国经济极度不平衡。一方面，英、法、德、日、意等国由于受到战争的严重破坏，经济困难，通货膨胀严重，国际收支大量逆差，黄金外汇储备枯竭。为了恢复经济，把有限的外汇资金集中用于建设，解决国际收支困难，这些国家都进一步加强了外汇管制。另一方面，由于美国特殊的经济地位，没有实行外汇管制，建立了布雷顿森林货币制度。1944 年 7 月，国际货币基金组织成立，它的一个重要宗旨就是消除阻碍国际贸易和资金流动的外汇管制。

20 世纪 50 年代后，西欧、日本等资本主义国家经济迅速恢复，国际收支也有了很大改善，再加上美国利用美元的特殊地位抬高美元汇率，大量输出资本，掠夺廉价原料和劳动力，并一再对西欧、日本各国施加放松外汇管制的压力，这些国家在 1958 年实行了有限度的货币自由兑换，对国外的贸易收支解除了外汇管制，但对其余的外汇收支仍维持管制。20 世纪六七十年代后，西方主要工业化国家进一步解除外汇管制措施，实行全面的货币自由兑换。与此同时，亚太地区的一些新兴工业化国家及地区和中东一些富裕的产油国家，也逐步放宽以至取消了大部分外汇管制。到了 20 世纪 80 年代，随着全球经济、金融一体化趋势的加强，取消外汇管制成为一种发展趋势。但时至今日，多数国家尤其是发展中国家还实行外汇管制，即使名义上取消了外汇管制的国家，在对非居民资本项目或对居民非贸易收支还时时采取间接的限制措施。

（三）外汇管制的目的

从外汇管制演变的历史过程中可以看出，缓解国际收支危机、稳定本国货币汇率显然是各国实行外汇管制的最主要目的，具体包括以下几个方面：

1. 限制进口，扩大出口

通过实行外汇管制，一方面，可以对一切外汇交易活动和外汇资金的来源和运用进行严格控制，限制不利于本国经济发展的商品进口，支持有利于本国经济发展的商品进口，使本国商品有一个良好的国内市场环境，促进本国经济的发展；另一方面，通过一些政策措施，鼓励加工产品、工业产品出口，多创外汇，限制原材料、能源及初级产品的出口，提高国内资源的利用率。

2. 限制资本外逃，维持国际收支平衡

资本的国际流动，尤其是短期资本的国际流动对一国国际收支会产生很大的影响。实行外汇管制，可以通过一些管制的政策性措施，限制资本向不利于本国国际收支的方向流动。当国际收支出现大量逆差、对流出本国的国内资本不予兑换，防止资本外流；而当国际收支出现大量顺差、易引发国内通货膨胀时，则可通过各种措施来限制外国资本流入,比如存款不付息或倒收利息,以此改善国际收支大量顺差的状况。

3. 稳定货币汇率,抑制通货膨胀

通货膨胀与外汇汇率变动有着密切的联系。汇率贬值,会导致外汇收入增加,引起流通中货币供应量增多,易引发通货膨胀。实行外汇管制,可以对外汇的来源和使用加以限制,在汇率波动时由政府进行干预,以保持汇率稳定,抑制通货膨胀的发生。

4. 集中外汇财力,节约外汇支出,增加外汇储备,增强本币信誉

对于一些经济实力相对薄弱、外汇资金短缺的发展中国家来说,外汇缺口一直是制约其经济发展的主要障碍。通过实行严格的外汇管制,规定出口产品所创外汇必须出售给国家经营外汇的专业银行;进口使用外汇由国家有关部门统一审批,使有限的外汇用到急需项目上,这在一定程度上缓解了外汇供求矛盾,同时也有利于该国增加外汇储备,增强货币信誉。

5. 以外汇管制为手段,要求对方国家改善贸易关税政策

当前世界各国之间经济贸易关系十分密切,一些国家为了保护本国经济的发展和谋求国际收支状况的改善,往往以邻为壑,实行歧视性的贸易关税政策。实行外汇管制,可以以相类似的手段对上述国家的进口实行种种限制,以便增强贸易谈判地位,迫使对方放宽贸易限制,取消歧视性的关税。

总之,外汇管制已成为许多国家稳定汇率、平衡国际收支和保护本国经济发展的重要手段,也是发展中国家同发达国家在经济金融领域进行博弈的重要工具。

(四)外汇管制的类型

目前在世界上,根据各国对外管制的程度不同,大致有三种外汇管制的类型:

第一类:实行严格的外汇管制。无论是对国际收支中的经常项目还是资本项目,都实行严格管制,苏联、东欧国家和大多数发展中国家大多属于这一类型。据统计,这种类型的国家和地区有90多个。

第二类:实行部分的外汇管制。这种外汇管制一般是对非居民的经常性外汇收支(包括贸易和非贸易)不加限制,准允自由兑换或汇出国外,而对资本项目的外汇收支则加以限制。实行这类外汇管制的国家经济比较发达,国民生产总值较多,贸易和非贸易出口良好,有一定的外汇黄金储备。目前列入这一类型的国家和地区大约有40余个。

第三类:完全取消外汇管制。这种类型的国家和地区准许本国和本地区货币自由兑换成其他国家和地区的货币,对贸易和资本项目的收支都不加限制。一些工业很发达的国家,如美国、英国、德国、瑞士等,以及国际收支有盈余的一些石油生产国,如科威特、沙特阿拉伯、阿拉伯联合酋长国等均属于这一类型。这类国家和地区经济很发达,国民生产总值高,贸易和非贸易出口在国际市场上占有相当份额,有丰富的外汇黄金储备。目前列入这一类型的国家和地区大约有20余个。

由以上外汇管制的分类可以看出，一个国家和地区外汇管制的宽严程度，完全取决于这个国家和地区的经济发展情况和国际收支情况，以及外汇和黄金储备的多少。因此，随着世界经济格局的变化和经济秩序的重新形成，每个国家对外汇进行管制的程度也会不断变化和发展。

（五）外汇管制的利弊

外汇管制作为一种经济政策，在实施过程中，既有一定的积极作用，同时又有一定的消极作用。

从总体上看，外汇管制可以使一国经济少受或不受外来因素的影响，如稳定经济、改善国际收支状况、保护和促进本国工业发展等目标一般都可实现。但是与此同时，外汇管制的实施给本国经济和世界经济也会带来许多不利影响：

1. 阻碍国际贸易的正常发展，增加国际之间的摩擦

实行外汇管制，限制了外汇的自由买卖与支付，外汇管制国家之间以及外汇管制与不实行外汇管制国家之间必然要实行限制性程度不同的双边结算制度。这无疑会阻碍国际贸易扩大规模。另外，由于实行外汇管制，贸易往来和资本流动往往带有政府的意图，而不仅是商人之间的自由交易，因而必然会加深国家间猜忌、摩擦和矛盾，引起对方的报复，贸易战、货币战也会随之加剧。

2. 外汇市场机制的作用不能得到充分发挥

自由外汇市场和管制下的外汇市场有所不同，在自由外汇市场上，由于市场机制的作用，在外汇供求之间、远期汇率和利息率之间，在一定条件下能够取得均衡。而在外汇管制下，汇率由政府决定，外汇的供求也受到严格的控制，因此在外汇市场上不能进行多边交易，资本也不能自由流动，这就造成国际金融市场分裂和解体。

3. 降低资源的有效分配与应用

外汇管制的结果，隔离了本国市场与国际市场的联系，国内的生产者和商人无法正常地生产、销售、选购市场所需的价廉物美的商品，使生产与贸易脱节，破坏了国际贸易比较利益的原理，使资源有效分配的机制无法发挥作用。

4. 不利于引进外资

外汇管制的松紧一直被国外投资者认为是该国投资环境的一个最主要方面，因为外汇管制给他们在该国投资的还本付息、红利分配及债务偿还带来困难，从而降低了投资者投资的兴趣，使本国难以扩大吸收利用外资加快本国经济的建设。

5. 某些商品的成本提高，导致国内物价上涨

外汇管制虽有抑制国内物价上涨的作用，但是对于某些进口商品，或因征税过高，或因歧视汇率的实行，也会提高其价格，从而导致该类商品价格上涨，造成国内通货膨胀压力。

## 二、外汇管制的主要内容和措施

一般来说，一国实行外汇管制的基本内容主要4个方面，即管制的主管机构、

管制的对象、管制的地区以及管制的方法与措施。

（一）外汇管制的主管机构

实行外汇管制的国家，为了有效实施外汇管制的方针、政策、法令、法规和各种措施，都需要指定一个政府机构来执行外汇管制职能。各国的国情不同，因而执行机构也不同。较多的国家授权中央银行作为执行外汇管制的机构，如英国的英格兰银行行使外汇管制权力；有的国家由财政部负责外汇管制，如美国，虽然已经基本上取消了外汇管制，但出于政治上的原因，需要对某些国家的金融和商业往来实行限制，这种限制由财政部负责执行，还有日本由大藏省行使外汇管制权力；有的国家则成立专门的外汇管制机构，如法国、意大利等专门设立了外汇管制局（The Bureau of Foreign Exchange Control）；另外，还有极个别的国家把外汇管制的不同职能分别交给几个政府部门执行。我国的外汇管制机构是国家外汇管理局，隶属于中国人民银行。

（二）外汇管制的对象

外汇管制的对象可分为人和物两个方面。

对人的外汇管制通常分为居民（Resident）和非居民（Non-Resident）。居民又称境内户，指长期居住在本国境内的自然人（Natural Person）（包括本国人和外国侨民），依照本国法律在本国境内设立的具有法人地位的本国和外国机关、团体、企业以及本国驻外外交、领事、商务机构和派往国外的工作人员。非居民也称境外户，指长期居住在本国境外的自然人，依据当地法律设立的本国和外国机关、团体、工业及外国派驻本国的外交、领事、商务等机构及其工作人员。对居民和非居民的外汇管制往往采取不同的政策和规定。多数国家对居民实行严格外汇管制，而对非居民的外汇管制较宽松。

对物的管制，即对外汇及外汇有价物进行管制，其中包括外国货币（钞票、铸币）、外币支付凭证（汇票、本票、支票、银行存款凭证等）、外币有价证券（政府公债、国库券、公司债券、股票等），以及其他在外汇收支中所使用的各种支付手段和外汇资产。大多数国家把本币以及贵金属如黄金白银等也列入管制对象之中。

（三）外汇管制的地区

一般国家都以本国作为外汇管制的地区，对本国与国外的外汇收支实行管制。有些国家对本国的不同地区实行不同的外汇管制政策，比如对出口加工区（保税区）、自由港实行较宽松的外汇管制政策。

外汇管制地区的另一种含义是指对不同的国家和地区实行不同的外汇管制政策，对盟国和友好国家管制松，对不友好、敌对国家管制严，如美国对尖端技术、军需设备的出口就是以此来分类的。

一些殖民地、附属国在第二次世界大战取得独立后，与过去的宗主国在政治、经济等方面仍保持密切的联系，仍然参加由过去宗主国所组织的货币区，如曾经的英镑区、法郎区等，这些货币区是一个外汇管制地区，在货币区内办理国际结算基本自由，对货币区外则进行外汇管制。

（四）外汇管制的方法与措施

外汇管制的方法与措施也就是如何进行外汇管制的问题。按照国际货币基金组织《外汇安排和外汇管制》的划分，外汇管制主要包括以下几个方面的方法与措施：

1. 对汇率的管制方法与措施

汇率是宏观经济管理中一项重要的政策工具。为了促进国际收支平衡，有利于国民经济的发展，一般来说，各国都对汇率进行管理和控制，并基本上以奖出限入为目的。汇率管制主要有以下几种方法：

（1）直接管制汇率。即由一国政府指定一个部门按照国家政策、货币相对购买力和国际收支状况制定、调整、公布汇率，并规定各项外汇收支必须按照公布的汇率兑换本国货币。许多发展中国家都采取直接管制汇率的办法。

（2）运用经济手段干预汇率。这是一种对汇率进行间接管制的方法。汇率是由市场供求关系决定的，一国政府责成中央银行或货币管理当局建立外汇平准基金在外汇市场上对外汇买卖进行干预，以达到调节外汇供求、稳定汇率的效果。

（3）实行多种汇率制度（Multiple Exchange Rate System）。这是指对不同的外汇收支存兑使用不同的汇率。通过价值规律的作用调节国际收支，各国所实行的多种汇率千差万别，但大致可以归纳为以下几种形式：

① 法定的差别汇率。一些国家按照国家政策，对不同的外汇收支规定两种或两种以上的汇率。一般对进口和出口规定不同的汇率，如对出口采用较高的汇率，对进口采用较低的汇率，以达到奖出限入的目的；有的对不同商品规定不同的汇率，如对原料、粮食进口给予优惠的汇率，对奢侈品进口采取限制性的汇率；还有的国家对贸易和资本往来实行不同的汇率。

② 外汇转移证制度（Exchange Surrender Certificate System）。外汇转移证是外汇银行发给外汇供应者证明其交售外汇的凭证，是复汇率的一种特殊形式。为鼓励出口，一些国家政府规定，当出口商按官方法定汇率向外汇银行结汇时，除取得本币外，还取得一张外汇转移证，这种外汇转移证可转让、自由买卖，使出口商额外获利。反之，进口商进口商品，规定他们必须在市场上买进外汇转移证交给指定银行，银行才按官方法定汇率卖给其外汇，因而增大了进口成本。这是通过进口商对出口商补贴的一种办法，起着奖出限入的作用。过去韩国、我国台湾地区曾经实施过这种制度。

③ 官方汇率与市场汇率混合使用制度。它是指部分商品的进出口、非贸易业务的外汇收入与用汇收入按官方汇率给予结汇或售汇，而对某些出口商品和非贸易业务的全部或部分外汇收入可以不必售给银行，允许其在市场上出售；对某些进口商品的用汇或其他外汇需要，银行不按官价售予外汇，由用汇者到外汇市场上去购买。由于市场的价格一般高于官方价格，所以这种官方汇率和自由汇率相结合使用的制

度，实质上是一种隐蔽的复汇率制。

2. 对贸易外汇的管制方法与措施

贸易外汇收支是决定一国国际收支状况的最主要项目，因此对贸易外汇的管制就成为各国外汇管制的重点。各国特别是贸易逆差国都希望通过对贸易外汇的管制达到奖出限入、改善国际收支的目的。

（1）进口付汇管制。对进口外汇的管制就是对进口商品用汇的管制，其目的是为了限制与国内相竞争的商品进口，并禁止某些奢侈品及非必需品进口，以便节约外汇支出和保护本国工业。多数国家实行进口许可证制度，由外汇管制机关签发进口许可证，进口商只有获得进口许可证，才能购买进口所需外汇。此外，对进口限制还同时采取以下几种措施：

①对进口数量（包括进口总额或某项商品进口数量）实行限制，超过限额的一律不准进口。

②征收进口税和进口附加税。有些工业化国家为了保护本国工业，还对某些商品的进口征收反倾销税，以限制其进口。

③进口预先存款（Advance Import Deposit），即要求进口商在进口某项商品时，向指定银行预存一定的进口货款，银行不付利息，这部分存款可在商品进口时退还，或进口商品最后支付完成时退还。

（2）出口收汇管制。对出口外汇的管制就是对出口商品收汇的管制，其目的是为了鼓励出口，扩大外汇收入，同时限制某些商品如原材料、能源的出口，另外保证出口所得外汇能及时全部调回国内，由国家统筹安排使用。各国管制出口外汇的措施一般采取颁发出口许可证的办法，以加强对出口商品的控制。出口商在申请出口许可证时要填明出口商品的价格、金额、收汇方法等，并交验信用证，以防止隐匿出口外汇收入与本国资金外逃。同时还规定出口商必须把其全部或部分出口贸易所得的外汇收入按官方汇率结售给指定银行，以保证国家集中外汇收入，统一使用。

我国从 1994 年开始施行强制结售汇制度，取消各类外汇留成、上缴和额度管理制度，对境内机构经常项目下的外汇收支实行银行结汇和售汇制度。当时出台强制性结售汇制度的背景是我国外汇储备严重不足，1993 年外汇储备仅 210 亿美元。在该制度和出口退税等财政政策的共同作用下，我国贸易顺差连年增长，外汇储备规模也逐步攀升。2008 年新《外汇管理条例》的重要变化之一是取消了企业经常项目外汇收入强制结汇的要求。

为了鼓励出口，刺激出口商的积极性，各国往往采用以下几种措施：

① 信贷支持。由银行对某些出口产品的生产和销售提供资金支持和信贷担保。

② 出口补贴。由国家对某些成本较高或盈利较小的出口商品给予补贴，许多国家对农产品的出口都提供补贴，如欧共体等。

③ 出口退税。商品如在国内销售要按规定征税，但如果是出口，则退还各种间接税，以降低出口成本，增加盈利。

④ 以优惠利率贴现出口商的汇票。

⑤ 政府机构承保汇率波动风险。

3. 对非贸易外汇的管制方法与措施

非贸易外汇收支的范围比较广泛，包括运输费、保险费、港口使用费、邮电费、佣金、利润、股息、利息、专利费、稿费、旅游费等，实行非贸易外汇管制的目的，在于集中该项目的外汇收入，限制相应的外汇支出。实行外汇管制的国家一般都对非贸易外汇的收入与支出进行严格的管理。

非贸易管制的基本方法和措施主要有：属于进出口贸易的从属费用，如运费、保险费、佣金等，基本按贸易外汇管制办法处理；对其他非贸易外汇收入，一般要求卖给国家指定银行。对于非贸易外汇支出控制措施，一般也与贸易外汇管制相近，包括许可证审批、预付存款、征收外汇购买税、规定每次购买外汇的间隔时间等。

近年来非贸易外汇管制具有以下几个特点：

（1）不但多数发展中国家对非贸易外汇收支进行管制，发达国家也进行管制。如法国政府曾规定，居民可在任何时候自由地向国外汇款，但每人每次最多为3000法郎的等值外币，对公事出差的基本外汇配额除5000法郎外，每人每天加1000法郎等值外币，超过基本配额的任何类型旅游外汇须经法兰西银行批准。

（2）从发展中国家看，基本上对非贸易外汇收支均有相对严格的限制规定，但是对技术进口的费用支出与外国投资收入的汇出在某种程度上有放松的倾向，以达到较好地引进外国先进技术和改善投资环境的目的。

（3）为了促进旅游事业的发展，增加这方面的外汇收入，许多国家正在不断调整有关的管制措施。

4. 对资本输出和输入的管制方法与措施

根据《国际货币基金协定》的规定："各成员未经IMF同意，不得对国际经常往来的付款和资金转移施加限制，但是在必要的情况下可以对国际资本转移采取一些限制。"因此，对资本输出和输入的管制，在世界各国外汇管制中具有相当重要的地位。

由于各国经济发展和国际收支状况不同，对资本输出和输入管制的目的、要求也不相同，做法也大不一样。一般来说，外汇资金过剩、国际收支长期顺差的国家，为了避免本币汇率过分上浮，影响出口商品的竞争力，往往采取限制流入或鼓励本国资本外流的措施。具体做法有：

（1）通过银行限制资本流入。如规定银行吸收非居民存款要缴纳较高的存款准备金，规定银行对非居民存款不付利息或倒收利息，限制商业银行对非居民出售本国的远期货币业务等。

（2）通过企业限制资本流入。如限制非居民购买本国的有价证券，限制居民借用外国资本等。

对于发展中国家来说，通常把资本流入作为发展本国经济的一个资金来源，因而采取一系列措施鼓励外国资本在本国投资，大力吸引外资流入，限制资本外流。具体措施包括：

（1）对外资企业实行优惠税率政策，鼓励外国资本流入。

（2）对外商投资提供完备的基础设施配套，提供各方面的优惠服务。

（3）冻结账户，指未经管制机构批准，在账户上的资产，包括外国人的银行存款、证券及其他资产，不能动用，严禁汇出。

（4）直接限制企业在国外投资，限制居民购买外国有价证券。

（5）征收利息平衡税。规定本国居民购买外国证券一律征税，使外投资的收益和国内投资收益相等，甚至更低，从而达到限制资本流出的目的。

5. 对银行账户存款管制的方法与措施

外汇管制也涉及银行账户的存款，因为银行账户存款在居民与非居民之间以及非居民之间的调拨和外汇收支有直接的关系。

实行外汇管制的国家，根据银行账户存款属于居民或非居民，以及非居民所属的国别存款的来源规定了不同的管制方法。一般来说，把银行账户分为三类：

（1）自由账户，也称国外账户。非居民在此账户上的存款，可以办理国内支付或汇出境外。

（2）有限制账户，一般称国内账户。在这类账户上的存款，只能用于购买商品、支付其他费用，或转移到本国其他居民的同类账户上。

（3）封锁账户，也称只进不出账户。它禁止非居民把在国内的资金或居民所欠非居民的债务转到国外，而非居民在国内出售的有价证券、其他资产所得收入必须存入该账户。

6. 对黄金、现钞输出入的管制方法与措施

实行外汇管制国家一般禁止私人输出入黄金，若由于国际收支的不平衡急需输出或输入黄金则由本国中央银行或指定银行办理。

外汇管制的国家大多也对本国货币的输出输入进行管制，因为输出本国货币不仅可以被利用作为资本输出的手段，而且还会导致在外国市场上本币汇率下跌，因此，外汇管制的国家有的采取禁止本币现钞输出，有的则规定本币现钞输出的最高限额。但总体来说，目前各国尤其是发达国家对本国货币及黄金的输出入已逐渐出现放松管制的趋势。

## 第三节　我国的汇率制度与外汇管理

### 一、人民币汇率制度的演变

在新中国成立以来 60 多年的时间里，人民币汇率制度的演进主要经历了以下几

个阶段。

（一）1949～1952年的管理浮动制度阶段

人民币诞生初期，计划经济体制尚未建立，人民政府宣布人民币不以黄金为基础，在实际操作中实行的是管理浮动制。人民币对美元汇率根据人民币对美元的出口商品比价、进口商品比价和华侨日用生活费比价三者加权平均来确定。这段时期，人民币汇率确定的依据是物价，其作用实际上是调节对外贸易，照顾侨汇收入。

当时的人民币汇率能比较真实地反映人民币的对外价值，因为人民币的对外购买力的确定是以贸易和非贸易的国内外商品和劳务价格的对比为基础的。

在此阶段的人民币汇率调整频繁，变动幅度较大，造成这一现象的主要原因是我国正处于国民经济恢复时期以及发生抗美援朝战争，当时通货膨胀较严重，随着国内物价的上涨，导致根据物价对比法而计算出的人民币对美元的汇率不断调整。

（二）1953～1972年的固定汇率制度阶段

自1953年起，我国进入全面社会主义建设时期，国民经济实行计划经济体制，物价由国家规定且基本稳定。

鉴于我国对私人资本主义进出口企业的社会主义改造已经完成，对外贸易由外贸部所属的外贸专业公司按照国家规定的计划统一经营，外贸系统采取了进出统算、以进补出的办法。这一时期的人民币汇率主要是用于非贸易外汇兑换的结算，按国内外消费物价对比而制定的汇率已适当照顾了侨汇和其他非贸易外汇收入，亦无调整的必要。人民币汇率坚持稳定的方针，在原定汇率的基础上，参照各国政府公布的汇率，只有在资本主义国家的货币发生升（贬）值时，才作相应调整。由于在此阶段资本主义国家的货币实行固定汇率制度，汇率不常变动，因此人民币汇率亦保持稳定，实质上实行的是固定汇率制度。

（三）1973～1980年的钉住"一篮子货币"汇率制度

1973年3月，西方国家货币纷纷实行浮动汇率制度，汇率波动频繁。人民币对外比价要保持相对合理，就必须根据国际市场汇率的波动，相应地上调或下调。人民币汇率在固定汇率制度时期已确定的汇价水平的基础上，按"一篮子货币"原则确定对西方国家货币的汇价，即选择我国在对外经济贸易往来中经常使用的若干种货币，按其重要程度和政策上的需要确定权重，根据这些货币在国际市场的升降幅度，加权计算出人民币汇率。从1973年到1984年，选用的货币和权重曾作过7次调整。由于我国对外推行人民币计价结算的目的是为了保值，所以在制定人民币汇价的指导思想上要求人民币定值偏高一些。

为适应改革开放的需要，调动各企事业单位的创汇积极性，我国从1979年开始实行外汇留成制度，国家给予创汇单位一定的使用外汇的权力，即外汇额度留成，按规定可用于进口。随着外汇留成办法的实施，有些单位保有留成外汇，但其本身暂不需要进口，从而留成外汇处于闲置状态；而另外某些单位，急需进口，而又缺少外汇。为调剂外汇额度的余缺，中国银行于1980年10月开办了外汇调剂与额度借贷业务，从而形成了外汇调剂市场与外汇调剂价。外汇调剂价高于官方牌价。

（四）1981～1984 年实行贸易内部结算价

为了鼓励出口、限制进口，加强外贸的经济核算和适应我国对外贸易体制的改革，从 1981 年起，我国实行两种汇价。一种是适用于非贸易外汇收支的对外公布的汇价；另一种是适用于贸易外汇收支的贸易外汇内部结算价。贸易外汇结算价定为 1 美元 = 2.53 元人民币另加 10% 的利润，即 1 美元 = 2.8 元人民币左右，直至 1984 年底停止使用，中间未进行过调整。

在此期间，我国实际存在着三种汇率：一是对外的，并适用于非贸易收支的官方牌价；二是适用于贸易收支的贸易内部结算价；三是外汇调剂市场的外汇调剂价。

（五）1985～1993 年实行以美元为基准的有限弹性汇率制

1985 年 1 月 1 日，我国停止贸易内部结算价的使用，贸易收支与非贸易收支均按官方牌价结算。贸易内部结算价虽然与官方牌价并轨，但调剂外汇市场仍然存在，实际上除官方牌价外，仍存在一个调剂外汇价。

在此期间，官方牌价实际根据全国出口商品平均换汇成本的变化而不断调整，随着国内物价的逐步放开，出口商品换汇成本的逐步提高，人民币对外汇价也不断下调。官方牌价 1985 年 1 月为 1 美元 = 2.8 元人民币，1986 年 7 月 5 日调至 3.7 元人民币。1989 年 12 月 16 日调至 4.7 元人民币，1990 年 11 月 17 日调至 5.2 元人民币，1991 年 4 月以后外汇管理局根据国内物价上涨水平与美元汇率的涨落情况，经常进行微调，在 1992 年到 1993 年期间，大约保持在 1 美元 = 5.8 元人民币左右的水平。

在此期间，基本上受供求关系决定的外汇调剂价也在不断变化，从最初与官方牌价相差 1 元，曾一度下降到仅差 0.4 元。但是，由于需求的加大与其他因素的影响，到 1993 年底，官方牌价与外汇调剂价相差 3 元，即官方牌价 1 美元 = 5.8 元人民币左右，调剂外汇价 1 美元 = 8.7 元人民币左右。

（六）1994～2005 年实行以市场供求为基础、单一的、有管理的浮动汇率制度

1994 年 1 月 1 日，我国对人民币汇率制度进行重大改革，实施以市场供求为基础的、单一的、有管理的浮动汇率制度。人民币汇率一步并轨到 1 美元兑换 8.70 元人民币，国家外汇储备大幅度上升。在这种新的体制下，人民币汇率有以下几个特点：

（1）人民币汇率不再由官方行政当局直接制定，而是由中国人民银行根据前一日银行间外汇市场形成的价格公布当日人民币汇率，各外汇指定银行根据中国人民银行公布的汇率和规定的浮动范围，自行确定和调整对客户的买卖价格。

（2）由外汇指定银行制定出的汇率是以市场供求为基础的。这是因为：第一，新体制实行外汇收入结汇制，取消了外汇留成和上缴，一般企业在通常情况下不能开立外汇账户，所有经营项下的外汇供给均进入外汇市场；第二，实行银行售汇制，取消经常项目支付用汇的经常性计划审批，同时取消外汇收支的指令性计划，这意

味着经常项目的绝大部分外汇需求也必须通过外汇市场来满足。

（3）以市场供求为基础所形成的汇率是统一的。新的体制实施后，官方汇率自然不复存在，同时在结汇制和售汇制下，外汇的供求均以外汇指定银行为中介，企业之间不得直接相互买卖外汇，外汇调剂市场也就完成了历史使命，外汇调剂价也相应地演变成市场汇率，此即所谓的"汇率并轨"。由于汇率是各外汇指定银行自行确定的，但外汇供求在各银行的业务范围内的分布又是不一致的，人民币汇率的全国统一性就必须通过建立全国银行同行业间的外汇交易市场来实现。在1994年到1996年期间，我国曾出现严重通货膨胀和大量资本内流，1997年又遭遇亚洲金融危机，人民币汇率承受巨大压力。1997年以后，人民币汇率始终保持在较窄范围内浮动，波幅不超过120个基本点，并没有随宏观经济基本面变动而波动。此时的人民币汇率实际上是单一的钉住美元的汇率制度。自2003年起，国际社会强烈呼吁人民币升值，国内外关于人民币升值与否的论战不断升级。

（七）2005年至今实行以市场供求为基础的、参考"一篮子货币"进行调节的有管理的浮动汇率制度

自2005年7月21日起，我国开始实行以市场供求为基础、参考"一篮子货币"进行调节的、有管理的浮动汇率制度。人民币汇率不再钉住单一美元。改革的主要内容有：

1. 汇率调控的方式

实行以市场供求为基础、参考"一篮子货币"进行调节、有管理的浮动汇率制度。人民币汇率不再钉住单一美元，而是参照"一篮子货币"、根据市场供求关系来进行浮动。这里的"一篮子货币"，是指按照我国对外经济发展的实际情况，选择若干种主要货币，赋予相应的权重，组成一个货币篮子。同时，根据国内外经济金融形势，以市场供求为基础，参考"一篮子货币"计算人民币多边汇率指数的变化，对人民币汇率进行管理和调节，维护人民币汇率在合理均衡水平上的基本稳定。篮子内的货币构成，将综合考虑在我国对外贸易、外债、外商直接投资等外经贸活动中占较大比重的主要国家、地区的货币。

参考"一篮子货币"进行调节表明外币之间的汇率变化会影响人民币汇率。但参考"一篮子货币"不等于钉住"一篮子货币"，它还需要将市场供求关系作为另一重要依据，据此形成有管理的浮动汇率。这将有利于增加汇率弹性，抑制单边投机，维护汇率稳定。

2. 中间价的确定和日浮动区间

中国人民银行于每个工作日闭市后公布当日银行间外汇市场美元等交易货币对人民币汇率的收盘价，作为下一个工作日该货币对人民币交易的中间价格。

现阶段，每日银行间外汇市场美元对人民币的交易价仍在人民银行公布的美元交易中间价上下0.3%的幅度内浮动，非美元货币对人民币的交易价在人民银行公布的该货币交易中间价上下3%的幅度内浮动。

3. 起始汇率的调整

2005年7月21日19时，美元对人民币交易价格调整为1美元兑8.11元人民币，作为次日银行间外汇市场上外汇指定银行之间交易的中间价，外汇指定银行可自此时起调整对客户的挂牌汇价。这是一次性地小幅升值2%，并不是指人民币汇率第一步调整2%，事后还会有进一步的调整。因为人民币汇率制度改革重在人民币汇率形成机制的改革，而非人民币汇率水平在数量上的增减。

这一调整幅度主要是根据我国贸易顺差程度和结构调整的需要来确定的，同时也考虑了国内企业进行结构调整的适应能力。

（八）现阶段最新的人民币汇率制度改革措施

自2005年7月21日中国人民银行宣布人民币汇率形成机制改革以来，汇率形成机制的变化可以分为三个阶段。

1. 阶段一：2005年7月至2012年4月

在此期间，人民币汇率定价权完全由货币当局掌握，货币当局在外汇市场上美元持续供大于求的局面下，选择人民币对美元的渐进、持续升值。从汇率形成机制角度看，无论是钉住美元还是保持人民币对美元的渐进升值没有本质区别，市场对汇率价格没有直接决定作用，市场供求力量会不会影响汇率取决于央行的态度。

自2007年5月21日起，央行决定银行间即期外汇市场人民币兑美元交易价浮动幅度由3‰扩大至5‰，即每日银行间即期外汇市场人民币兑美元的交易价可在中国外汇交易中心对外公布的当日人民币兑美元中间价上下5‰的幅度内浮动。

2. 阶段二：2012年4月至2015年8月11日

自2012年4月16日起，银行间即期外汇市场人民币兑美元交易价浮动幅度由5‰扩大至1%，即每日银行间即期外汇市场人民币兑美元的交易价可在中国外汇交易中心对外公布的当日人民币兑美元中间价上下1%的幅度内浮动。外汇指定银行为客户提供当日美元最高现汇卖出价与最低现汇买入价之差不得超过当日汇率中间价的幅度由1%扩大至2%。

在此期间，人民币汇率定价部分向市场转移。标志性的时间是2012年4月，即期外汇市场人民币兑美元交易价日浮动幅度由0.5%扩大至1%；2014年3月，日浮动幅度由1%扩大至2%。人民币汇率日波幅明显放大，市场力量在人民币汇率形成中的作用开始显现和放大，尽管货币当局仍处于主导力量。

2014年中国央行的外汇储备基本保持稳定，金融机构外汇占款甚至略有下降，这反映市场流动性已经相对紧张，央行不再像过去积极入市购买美元资产干预人民币汇率，而是依靠中间价稳定汇率。人民币对美元汇率中间价在波动上有明显的自回归特征，即中间价在之前一段时间的升值幅度与未来一段时间的升值幅度存在负相关。决策层通过管理中间价波动性来平滑汇率走势。

尽管市场供求的力量逐渐显现，但人民币汇率仍然在很大程度上受中间价影响。人民币汇率变化轨迹变化取决于两个因素：一是人民币汇率中间价；二是日波动幅度限制。在2%的日波幅限制下，即期汇率会跟随中间价变化，货币当局对市场供求的影响非常显著，在汇率决定上处于核心作用。

3. 阶段三：2015年8月11日汇率形成机制改革后至今

2015年8月11日，央行公布对中间价报价机制的改革。做市商在每日银行间外汇市场开盘前，参考上日银行间外汇市场收盘汇率，综合考虑外汇供求情况以及国际主要货币汇率变化向中国外汇交易中心提供中间价报价。

此次改革中间价报价机制的主要目的，是进一步增强人民币汇率形成机制中市场供求的力量。目前，我国境内有两个人民币汇率，分别是央行每天上午交易前发布的中间价，以及在岸外汇市场交易形成的即期汇率——收盘价汇率。根据央行设定的外汇市场规则，汇率中间价是每日交易之前，全部做市商报价去掉最高和最低后的一个加权平均价格。理论上，这是一个窄幅波动的浮动汇率制度。

---

**阅读材料**

**2015年8月11日汇率形成机制改革的重大意义**

完善人民币中间价报价机制是人民币汇率形成机制改革的重大进步，有助于增强央行货币政策的自主性，降低外部冲击对境内金融市场的影响。具体体现在以下几个方面。

一、降低套息交易对跨境资本流动的冲击

不论是2014年3月汇改之前的跨境资本流入的套利交易，还是今年第一季度跨境资本流出的套息交易，很大程度上都源于人民币汇率形成机制存在漏洞。在此前的中间价报价机制中，相当于央行凭一己之力与全球套利资本对抗，通过在关键时点向市场注入方向引导的强烈信号，或者突然提高汇率的波动幅度，提高跨境资本套利的成本。但是，境外资本可能也很容易看清央行意图，重新实施新的套利策略。这种猫捉老鼠的游戏并不是长久之计。中间价参考收盘汇率将有助于提高人民币汇率形成机制的市场化程度，引导跨境资本合理流动，避免出现单方向的敞口累积。

二、促进在岸和离岸人民币汇率收敛

8月初，国际货币基金组织针对人民币是否符合加入SDR篮子条件的评估报告中，就指出香港离岸人民币汇率和在岸人民币汇率之间有较大偏离。如果SDR中的人民币汇率以在岸汇率计价，持有离岸人民币金融产品的投资者就无法使用SDR进行风险对冲。事实上，离岸人民币汇率市场化程度更高，每一次外部冲击都会出现剧烈贬值。但在岸汇率受中间价的影响更大，波动幅度要低于离岸汇率波幅。中间价报价实施更加市场化操作后，市场化程度更高的离岸汇率的波动可能会反过来影响在岸汇率的变化，促进在岸和离岸人民币汇率之差收敛，更加符合人民币加入SDR篮子的条件。

> **三、消化前期积累的人民币贬值压力**
>
> 美元已进入强势周期,美联储加息箭在弦上,全球资本短期内从新兴市场流出是大势所趋,中国经济也无法独善其身。目前我国资本项目逆差不断扩大,进出口商和私人投资者都愿意持有美元资产和人民币负债,对人民币汇率已形成事实上的贬值压力。中间价报价机制的改革有助于一次性释放前期累积的贬值压力。值得注意的是央行的表态:"完善人民币汇率中间价报价后,市场需要一段时间的适应与磨合。人民银行将密切监测市场,稳定市场预期。"这说明,人民币汇率在短期内并不会急剧贬值,央行更希望人民币逐渐贬值在合理水平,一旦出现与宏观基本面不相符的汇率超调,央行也会及时出手稳定市场预期。
>
> (资料来源:节选自 2015 年 8 月 25 日《解放日报》肖立晟的文章:《如何正确看待人民币汇率波动》)

### 二、我国汇率改革的长期基本目标

中国人民银行将根据市场发育状况和经济金融形势,适时调整汇率浮动区间。同时,中国人民银行负责根据国内外经济金融形势,以市场供求为基础,参考篮子货币的汇率变动,对人民币汇率进行管理和调节,维护人民币汇率的正常浮动,保持人民币汇率在合理、均衡水平上的基本稳定,促进国际收支基本平衡,维护宏观经济和金融市场的稳定。

### 三、人民币汇率的决定与变动

(一)人民币汇率的决定方式

(1)计划经济时代,汇率决定以平均换汇成本为基础,实际上反映了购买力价。例如:选择 6 种出口商品来计算平均换汇成本,它们各自的换汇成本分别是 9.5 元、9 元、8.5 元、8 元、7.5 元和 7 元,则平均换汇成本为:(9.5 + 9 + 8.5 + 8 + 7.5 + 7) ÷6 = 8.25(元)

(2)1994 年 4 月,中国外汇市场开始运行,实行以市场供求为基础、有管理的浮动汇率制度,平均换汇成本仍发挥较大作用。

(3)2005 年 7 月 21 日 19 时,美元对人民币交易价格调整为 1 美元兑 8.11 元人民币,作为次日银行间外汇市场上外汇指定银行之间交易的中间价,外汇指定银行可自此时起调整对客户的挂牌汇价。

(二)人民币汇率的调整方式 ——钉住篮子货币进行调整

(1)确定篮子中货币的种类与权重,如美元为 70%,日元为 20%,欧元为 10%。

(2)设定基期人民币对三种货币的双边汇率:

1 人民币 = 0.1208 美元

1 人民币 = 13.1406 日元

1 人民币 = 0.0997 欧元

测算当天日元与欧元各自对美元的双边汇率：

1 日元 = 0.0093 美元

1 欧元 = 1.2158 美元

测算当天人民币对美元的汇率：

1 人民币 = 1 人民币 × 70% + 1 人民币 × 20% + 1 人民币 × 10%

1 人民币 = 0.1208 × 70% + 13.1406 × 0.0093 × 20% + 0.0997 × 1.2158 × 10% = 0.1211 美元

1 美元 = 8.2576 人民币

# 课后复习题

## 一、名词解释

1. 固定汇率制度
2. 浮动汇率制度
3. 货币局制度
4. 自由浮动
5. 管理浮动
6. 联合浮动

## 二、简答题

1. 固定汇率制度与浮动汇率制度之间最本质的区别是什么？
2. 我国目前实行的是哪种汇率制度？
3. 有人认为，由于香港实行的联系汇率制使货币当局持有的外汇储备与港币发行量保持了 1∶1 的数量关系，因此，任何针对港币的外汇投机都不可能成功。你是否赞同这种观点？
4. 外汇管制的对象有哪些？

## 三、分析题

1. 试述固定汇率制下货币政策的无效性。
2. 试比较固定汇率制度与浮动汇率制度的优劣。

# 第九章

# 国际金融市场

【学习目标】
1. 理解国际金融市场的含义及国际金融市场的发展。
2. 了解国际金融市场的构成及国际货币市场、资本市场的业务类型。
3. 理解欧洲货币市场的概念及形成的原因。
4. 掌握欧洲货币市场的特点,理解其积极作用和消极作用。
5. 了解人民币离岸市场发展现状及前景。

## 第一节 国际金融市场概述

### 一、国际金融市场的概念

国际金融市场是国内金融市场的延伸与发展。我们知道,金融市场是指资金融通的场所,是因双边或多边发生资金借贷关系而形成的资金供求市场。国际金融市场是指非居民可以参加的国际货币资金借贷和交易的市场,是国家间进行资金融通的场所。

从交易主体来看,国内金融市场交易双方都是一国的居民,而国际金融市场交易主体至少有一方是非居民,即国际金融市场是居民与非居民之间或者非居民与非居民之间进行国际借贷、资金融通的场所。

国际金融市场通常可分为广义和狭义的两种。广义的国际金融市场指的是从事各种国际金融业务的国际性市场。这些业务活动包括长短期资金借贷、外汇交易和黄金买卖等。所以,广义的国际金融市场包括国际货币市场、国际资本市场、外汇市场和黄金市场。狭义的国际金融市场仅指长短期资金借贷和交易的市场,即国际货币市场和国际资本市场。

从组织形式来看,国际金融市场是一种抽象的市场,即无形市场,它没有一个固定的营业场所,而是由各类银行及其他非银行金融机构组成营业主体,以各种现代化的通讯工具相互连接，昼夜运转，全球通连，从而开展各种国际金融业务活动。

## 二、国际金融市场的发展

国际金融市场的发展按照参与主体、监管政策等的不同大致可以分为两个阶段。

### （一）第一阶段：传统国际金融市场阶段

**1. 传统国际金融市场主要特点**

1957年前，国际金融市场为传统国际金融市场阶段，也称为外国金融市场。顾名思义，外国金融市场是指一些国家的国内金融市场对外国人开放。也就是说，传统国际金融市场的交易主体是该国的居民和非居民。概括来看，传统国际金融市场的主要特点是：

（1）交易在当地居民与非居民之间。传统国际金融市场其经营活动和金融交易发生在居民与非居民之间，它是国内金融市场的延续，也可以称为在岸国际金融市场。

（2）交易货币是东道国即市场所在国货币。在一国境内的交易货币只有本币，没有境外货币。例如，在英国伦敦的交易货币是英镑，在美国纽约的交易货币是美元等。

（3）任何交易都受所在国政府金融法令法规管辖。早期的国际金融市场其借贷货币是本币，所以受到市场所在国税收制度和相关法律、法规的制约，接受与国内金融市场类似的监管。

（4）借贷成本较高。借贷成本高是相对于后期发展的离岸市场而言的。传统的国际金融市场存贷差要大于离岸市场该货币的存贷差，所以对于贷款人来说，成本相对较高。或者说，在没有离岸市场的情况下，本国银行对本币的垄断经营使银行获得了更高的利润。

**2. 国际金融中心**

传统国际金融市场阶段先后崛起了一些代表性的国际金融中心。这些金融中心的形成具有历史的累积性，也呈现了一些共同的特点。第一，金融中心所在的国家通常经济实力较强，经济开放程度较高，对外经济往来活跃，进出口贸易发达，与世界各国的经济金融合作较多，因此逐步形成国际资金借贷的中心。第二，金融中心所在国外汇管制较松，资金能相对较自由地输出入国境，非居民参与资金融通活动受到的限制较少。第三，金融中心所在的国家各类金融机构较为发达，金融工具多样化，国家金融监管制度较为完备，国家对稳定金融市场的秩序具有掌控度。第四，金融中心自身具有经济地理优势，处于交通枢纽，通讯设备也较为发达等。

不妨看一下这一阶段两个具有代表性的全球金融中心的形成和发展。

（1）伦敦国际金融市场的形成与发展。18世纪中期以后，资本主义工业革命在欧洲国家相继发生，商品生产规模迅速扩大，国际贸易蓬勃开展。作为老牌资本主义国家的英国，受重商主义思想的影响以及随之产生的传统国际贸易理论的指引，通过国际贸易积累了大量财富。第一次世界大战前，英国政局稳定、经济发达、金融体系较为完备，英镑成为当时世界上主要的国际结算和国际储备货币，首都伦敦成为当时全球最重要的国际贸易集散地和国际金融中心，19世纪初伦敦成为全球最早形成的国际金融市场。

第一次世界大战之后，英国的资本主义头号强国地位被美国所取代。1929年爆发的资本主义世界经济危机使英国放弃了金本位制，英镑作为国际结算与国际储备货币的地位有所衰落。第二次世界大战后，纽约国际金融新中心的崛起使伦敦国际金融市场的地位有所削弱。但伦敦仍是重要的国际金融市场，直至今日。

(2) 纽约国际金融市场的形成与发展。第二次世界大战期间，美国利用战时经济迅速积累了大量财富。第二次世界大战后，美国以绝对优势超越英国成为资本主义世界的"领头羊"，建立的布雷顿森林货币体系实质上就是以美元为中心的国际货币体系，美元是唯一与黄金直接挂钩的货币，也是各国最重要的储备货币。在这期间，纽约金融市场随之崛起，并发展成为全球新的国际金融中心。发展到今天，纽约华尔街已经成为全球金融大鳄的集聚地、全球金融市场行情的晴雨表以及全球金融创新中心。

(二) 第二阶段：离岸国际金融市场主导阶段

1957年以后，一种新型的国际金融市场模式崛起并逐渐后来居上，超越传统国际金融市场成为国际金融市场的主导形式，这种市场模式即离岸金融市场，也称为欧洲货币市场。

简单而言，最初的欧洲货币市场是指经营境外货币资金借贷的市场，这里的欧洲等同于"境外"，后来随着欧洲货币市场与在岸市场关联程度的加深，有些国家在本国境内也建立起经营本币"离岸业务"的专门机构，并在监管、税收等方面实施特殊的政策，所以现在的欧洲货币市场不完全等同于"境外货币市场"，稍后会对此展开论述。

先来看欧洲货币市场的兴起。在欧洲货币市场兴起之前，人们对于"某种货币的存贷业务是否只能由该货币发行国市场的金融机构经营"这一问题的回答毫无疑问是肯定的。欧洲货币市场的产生颠覆了人们对于国际金融市场的观念，金融的创新形式使资本的国际化产生质的飞跃。

欧洲货币市场中最早形成的是美元境外市场。离岸市场的形成有其根源、前提和诱因。

(1) 经济根源是生产和资本的国际化。生产的发展和经济水平的提高，加快了资本的国际流动，随着金融机构服务水平的多样化和金融创新的涌现，借贷关系打破一国国界的限制成为可能。

(2) 前提是大量的游离于境外的美元资金的存在。离岸金融市场的经营也是围绕货币展开的，以银行的表内业务为例，没有货币银行就丧失了盈利的媒介，这种新兴的市场形式也无从发展。而最早的伦敦离岸美元市场的兴起，恰恰是由于吸收了大量寻求境外存储的美元存款而逐步发展起来的。

（3）诱因是各国涉外金融管制政策的差异。资本具有趋利性，各国金融监管政策的松紧度不同为资本逐利提供了选择的余地。从银行角度来说，也会根据国家监管政策的不同选择不同的货币作为盈利工具。资金的供给方和需求方达成一致后，很容易促成新的金融市场经营模式的产生。

自20世纪50年代末60年代中期以来，离岸金融市场迅猛发展，这种市场最早产生于欧洲的伦敦、卢森堡等地，后来又延伸到亚洲的新加坡、香港，美洲巴哈马的拿骚、巴拿马等地，形成许多著名的离岸金融市场。欧洲货币市场的交易量大量增加，货币种类不断丰富，并逐渐成为国际金融市场的主体模式。发展到今天，国际金融市场已经成为一个以欧洲货币市场为主体的真正国际化的金融市场。

对于欧洲货币市场形成的具体原因、欧洲货币市场的特点、作用及市场模式、发展趋势等，由于其重要性和涵盖内容较多，我们会在本章第二节作专门论述，这里先不展开。

### 三、国际金融市场的作用

国际金融市场的产生和发展，是全球经济一体化的结果，也是货币资源在全球范围内进行配置的结果，它极大地推动了国际贸易和国际投资等国际经济活动的开展，使资源的配置更有效率，为世界各国经济发展作出了巨大贡献。同时，国际金融市场的发展不可避免地也有一些消极的影响。

（一）国际金融市场在世界经济发展中的积极作用

1. 促进了国际贸易与国际投资的迅速增长

国际金融市场本质上是资金融通的市场，它的发展使国际资金的调拨、运用和结算变得更加快捷和便利，也使资金融通的成本大大降低，时间大幅缩短，从而为国际贸易和国际投资的发展提供了有利条件。

2. 改善国际资金分配状况，提高世界资源配置效率

国际金融市场使国际资本的流动更加便利，资金配置的效率大大提高，为世界各国提供了充分利用闲置资本和迅速筹集经济发展资金的交易场所，从而使生产和资本的国际化程度不断加深。在市场机制的自发调节下，国际金融市场上的资金通常会流向经济效益较好、资金利用率较高的交易中，从而有利于资源的全球优化配置，有利于优化国际分工。

3. 为各国的国际收支调节提供资金融通

国际金融市场越来越多地成为各国政府融通外汇资金的选择，尤其在一国国际收支出现逆差、需要通过国际借贷缓解外汇储备压力的时候，国际金融市场成为一国外汇资金的重要来源，为各国调节国际收支提供了资金融通，从而有利于维持一

国汇率的稳定。

4. 促进了银行信用的国际化水平和金融创新的发展

国际金融市场的发展，促进了金融服务业国际化水平，通过在全球资本流动中发挥中介作用，银行等金融机构的专业化水平不断提高。在融通资金的大量实践中，银行为了提高收益，降低自身和客户的资金风险，急需适应国际金融市场发展的新的金融技术和金融工具等的出现，因此在这一过程中，金融创新不断涌现，整体促进了金融服务业的发展。

(二) 国际金融市场的消极影响

1. 增大了国际经济活动的风险

国际金融市场在促进国际资本大量流动的同时，也加剧了国际金融市场的动荡和风险，使外汇市场上汇率的波动更加频繁和剧烈，这给国际贸易和国际投资等经济活动带来了更多的不确定性，从而增大了国际经济活动的风险。

2. 加剧了外汇投机

资本的大量流动和汇率的频繁波动，使外汇投机行为加剧。投机者试图利用同一地区不同时点或不同地区同一时点汇率的差异来获益，尤其是一些国际炒家的加入，有时主动制造某种货币汇率短时期的大幅变动来获益，给这些国家的经济带来极大损失。

3. 影响一国内部金融政策的实施

国际金融市场是伴随着全球外汇管制的整体放松而发展起来的。各国外汇管制的程度不同，尽管有些国家外汇管制较严，但第二次世界大战后，外汇管制的总体趋势是放松管制，这也是经济全球化发展的内在要求。有些发达国家或新兴发展中国家已经取消了外汇管制或外汇管制非常宽松，国际资本在这些国家的流入流出非常频繁，这不利于一国货币政策目标的实现。如果一国金融监管不到位，资本的流入流出也会给国内金融市场的稳定带来威胁，严重的会引起货币危机乃至经济危机的发生。20世纪90年代发生的欧洲国家货币危机、墨西哥金融危机、东南亚金融危机等都与国际资本的流动有关。

4. 助长了全球范围内的通货膨胀，引发经济危机

国际金融市场，尤其是不受市场所在国监管的欧洲货币市场，是有别于一国国内金融市场的新的货币创造的场所，在基础货币之上，货币创造的机制产生了更多的货币供应量，当这些货币回流到发行国，有可能会使流通中的货币供应量大大超过一定时期的货币需求量，从而导致通货膨胀的发生，如果影响到一国经济的运行还会引发经济危机。

5. 增加了债务危机发生的可能性

国际金融市场在为发展中国家和最不发达国家提供资金支持的同时，也增加了这些国家的债务负担，如果这些国家经济发展水平持续得不到改善，本金和利息的支付有可能使这些国家陷入债务危机。因此，国际金融市场的借贷也埋下了国际债

务危机的隐患。

**四、国际金融市场新的发展趋势**

(一) 金融创新的蓬勃发展

1. 金融创新的含义

金融创新是指金融领域内出现的有别于既往的新业务、新技术、新工具、新机构、新市场与新制度安排的总称。也可以理解为：引进新的金融要素或已有要素的重新组合，在最大化原则基础上构造新的金融生产函数的过程[①]。

2. 金融工具的创新

早期金融业务或金融工具的创新主要包括货币市场的回购协议、大额可转让存单（CDs）等，以及资本市场上的浮动利率债券、动产抵押债券以及证券化等。后期的金融衍生产品主要包括金融期货（包括外汇期货、利率期货、股指期货）、期权和货币互换等。

3. 金融创新的原因

（1）金融创新是国际分工、生产国际化和资本流动国际化发展的客观要求。这是金融创新蓬勃发展的根本原因。

（2）金融动荡为金融创新提供了原动力。20世纪七八十年代爆发了世界性通货膨胀，于是金融中介需要发展有效的保值方法消除风险，这一需要刺激金融机构积极开发能够用以转移风险的新金融工具。

（3）科技进步为金融创新提供了物质保证。近年来，金融市场和金融交易对新的计算机技术和通讯技术广泛加以运用，这些都使新金融工具的出现成为可能，并使交易成本大大缩减，从而进一步促进了金融创新的发展。

（4）各国金融管制或金融政策差异的产物也是金融创新的动力之一。最典型的例子是：欧洲货币市场的产生也属于金融创新的范畴，各国金融管制或金融政策差异催生了新的市场以及后续的市场模式的不断丰富。

(二) 参与国际金融市场的银行等金融机构呈现出的新特点

1. 证券化趋势

所谓证券化，就是信贷资金流动从银行贷款转向可买卖的债务工具，也即意味着银行系统的非中介化，商业银行既是新证券的发行安排者和经营者，又是证券的主要发行者和购买者。证券化最主要的作用是为银行提供了转移可能承受的风险的有效途径，同时也使银行通过证券经营获得了额外收入。

2. 银行表外业务的重要性日益增加的趋势

表外业务指一般不增加银行资产和负债的银行业务，通常都是收费性质的业务。

---

① 有关金融创新的定义，大多是根据美籍奥地利著名经济学家熊彼特（Joseph Alois Schumpeter, 1883～1950）的观点衍生而来。熊彼特于1912年在其成名作《经济发展理论》中对创新所下的定义是：创新是指新的生产函数的建立，也就是企业家对企业要素实行新的组合。

银行的广义表外业务包括中间业务和狭义的表外业务。中间业务也称为银行的代理业务，包括代理收费、代理证券业务、保险箱业务、代理政策性银行业务以及其他代理业务；狭义的表外业务主要指信用保证业务、承兑业务等银行担保业务。

表外业务对银行来说风险相对较小，而且不需要银行自有资本的参加，通过银行提供的各类服务来收取费用，对银行来说，是与传统的以存贷款业务为主体的表内业务不同的业务范围，给银行带来了日益增加的收益。

3. 一体化趋势进一步加强

一体化趋势加强主要表现在两个方面：

（1）银行业全球一体化。这表现为更多的本国银行向海外发展，同时更多的外国银行进入本国市场。

（2）证券市场的全球一体化。这主要表现为：一国投资者和筹资者可以在本国证券市场上买卖外国证券；一国投资者和筹资者也可以在外国证券市场上买卖本国的政府债券、公司债券和股票等，还可以在外国证券市场上发行新证券。

## 第二节 国际货币市场、资本市场与黄金市场

我们知道，广义的国际金融市场包括四个子市场：国际货币市场、国际资本市场、国际黄金市场和外汇市场。外汇市场在外汇交易一章已进行过介绍，以下着重介绍前三个子市场的主要业务及发展。

**一、国际货币市场**

国际货币市场也称短期资金市场，是国家间从事一年期及一年期以内的资金融通场所。

1. 国际货币市场的特征

国际货币市场的主要特征有以下几点：

（1）国际货币市场属于短期资金市场。通过国际货币市场，资金盈余者的短期闲置资金得到利用并获得应得的收益，资金短缺者临时性、流动性的资金需求得到满足。

（2）金融工具的流动性强。国际货币市场由于风险较小，短期债券、票据等的转让相对容易、灵活，资金周转速度快。

（3）各种金融工具的利率差别不大，利率低。短期的金融工具利率相对较低，收益性小，无论是活期存款还是贴现票据，利率差别不大。

（4）商业银行是主要经营者。在国际货币市场，主要业务是商业银行的同业拆借以及商业银行对客户的短期资金融通，因此，商业银行在短期借贷市场是主要的经营者和参与者。

2. 国际货币市场的作用

（1）满足经济实体流动性的需要。国际货币市场资金的变现能力强、流动性好，为临时的资金供求提供了方便。

（2）满足季节性财政收支不平衡的调节。短期借贷市场满足了政府对财政收支不平衡进行管理的需求，也满足了商业银行及其他企业应对季节性或临时性外汇收支不平衡、进行头寸管理的需要。

（3）为央行进行宏观金融管理提供资金融通。央行可以在国际货币市场进行短期资金的融通，用以调节国际收支不平衡、干预本国外汇市场以及维持本国汇率的稳定。

（4）投机者套利套汇的主要场所。国际货币市场是国际投资者从事套汇、套利和其他投机活动的主要场所，因为资本市场风险太大，所以风险相对较小的国际货币市场就是投机者活跃的主要市场。

3. 国际货币市场的业务分类

（1）银行短期信贷市场。其业务又分为两类：银行对非银行客户的资金借贷以及银行同业拆借市场。

（2）贴现市场。即票据持有人把未到的期票据卖给银行或贴现公司以获得资金融通的交易市场。

（3）短期证券市场，是指一年期以内的短期证券交易活动的场所。它是包括短期国债、银行承兑汇票、商业承兑汇票、政府机构债券以及地方政府债券等期限在一年期及一年期以下的融资工具的交易市场。

**二、国际资本市场**

1. 国际资本市场的定义及特征

国际资本市场是一年期以上资金融通的场所。通常 1~5 年融资为中期，5 年以上为长期。

国际资本市场以满足经济实体投资性资金需求为其主要作用，主要是向跨国公司和各国政府提供长期投资所需的资金，其利率为中长期利率，有固定利率和浮动利率两种形式，通常采取复利计算。

国际资本市场是中长期资金融通市场，其主要特点有：

（1）投资风险相对较大。相对于国际货币市场，由于国际资本市场的投资期更长，随着投资期延长，不确定性越来越大，意味着风险也在增大。

（2）有二级市场的存在，资金变现性也较强。债券和股票都存在二级转让市场，即使是银行的中长期贷款，由于国际金融市场证券化趋势的加强，也可以进行转让，因此国际资本市场的变现能力也在逐步增强。

（3）投资者主要是金融机构。由于国际资本市场的投资额较大，投资期长，风险相对较大，因此，资金的提供者主要是金融机构，有些时候，特别大额的贷款甚至需要多个金融机构共同承担资金和风险。

2. 国际资本市场的作用

（1）把储蓄转化为投资。从社会整体来看，国际资本市场是全球范围内把储蓄集中起来转化为投资的主要场所，社会的生产性投资所产生的对资金的中长期需求，需要通过国际资本市场来满足。

（2）使长期投资产生流动性。国际资本市场既有一级市场也有二级市场，这就使长期投资也具有变现的渠道，即长期投资也可以获得流动性，为中长期投资者提供了更多的选择。

（3）使金融机构有效管理金融资产和负债。金融机构的传统业务是吸收存款、发放贷款，从存贷差获得收益。国际资本市场的存在使金融机构可以对负债和资产进行有效管理，通过贷款品种、贷款期限的组合，一方面使负债和资产在时间上进行匹配，另一方面也使银行获得可观的收益，同时对风险进行有效管理。

3. 国际资本市场的业务分类

（1）银行中长期信贷市场，即从事一年期以上的资本借贷的市场。其包括双边贷款和多边贷款。双边贷款是由一家银行向一位客户提供贷款。多边贷款又称辛迪加贷款或银团贷款，是由几家或几十家大银行共同向一家客户提供贷款，从而实现收益共享和风险共担。

（2）证券市场，是从事股票、债券等有价证券交易的场所。其中，股票是资本所有权凭证，债券是债权凭证。证券市场主要分为两类：

①一级市场，也称初级市场或发行市场，是经营有价证券的初次发行和分销业务的资本市场。

②二级市场，也称次级市场或流通市场，是从事已发行证券交易的市场。

债券从发行主体来分类，包括政府面向非居民发行的政府债券以及公司（包括金融机构）面向非居民发行的公司债券。

债券从发行的市场来看，分为外国债券和欧洲债券。

①外国债券是以销售市场所在国的外国货币为面值发行的债权债务凭证。可以根据发行市场对外国债券进行命名，例如，扬基债券是在美国市场发行的外国债券，武士债券是在日本市场发行的外国债券。

②欧洲债券是借款人以外国货币为票面标价货币并在该标价货币发行国以外国家的金融市场上发行的债券。欧洲债券的发行不受发行市场所在国法规管辖。

欧洲债券的发行人近一半是资信较高的西方工业发达国家的公司和私人金融机构，其次是西方国家政府和一些超国家机构，如世界银行、欧洲投资银行、亚洲开发银行等。

### 三、国际黄金市场

国际黄金市场是国家间专门经营黄金交易的市场。20 世纪 60 年代末期，美国开始实行黄金双价制,即在官方黄金市场及非公开黄金市场实行两种不同价格的制度,在官方之间的市场上,仍然实行35美元等于1盎司的比价;而在私人黄金市场上,美国不再按35美元等于1盎司黄金这一价格供应黄金,金价由市场的供求关系决定。世界私人黄金市场开始发展起来。

牙买加协定确定了黄金的非货币化,全球黄金市场逐渐形成规模。由于黄金同货币的传统联系以及黄金仍在国际储备中发挥着重要作用,因此,黄金市场是国际金融市场的一个重要组成部分。

目前,世界上可以自由买卖黄金的国际市场有40多个,其中,英国伦敦、美国纽约和芝加哥、瑞士苏黎世、德国的法兰克福以及中国香港五大黄金市场因其市场规模大、国际性黄金交易集中,其交易价格对世界其他黄金市场影响较大,因此在世界黄金市场中占主导地位。

私人部门参与国际黄金交易的主要目的是消费和投资,政府官方部门参与黄金市场交易的主要目的是调整储备资产中黄金与外汇储备的内在比例。

黄金交易市场分为有形的场内市场和无形的场外市场,其交易品种有现货和期货交易等。

从交易市场的形态来看,国际黄金交易市场主要有以下几种:

1. 欧式黄金交易市场

欧式黄金交易市场以伦敦黄金交易市场和苏黎世黄金市场为代表,这类市场的黄金交易没有一个固定的场所,一般都是通过电话、电讯、电传或通过银行进行交易,买价和卖价都较为保密,交易量也较难统计。

2. 美式黄金交易市场

美式黄金交易市场以美国的纽约商品交易所和芝加哥商品交易所为代表,通常是在固定的商品交易所内进行黄金买卖。交易所作为一个非营利机构本身不参加交易,只是提供场地、设备,同时制定有关法律法规,确保交易公平、公正地进行,并对交易进行严格监控。

3. 亚式黄金交易市场

亚式黄金交易市场以香港金银业贸易市场和新加坡黄金交易所为代表,黄金在专门的黄金交易所里进行交易。这类市场可同时进行黄金的期货和现货交易,黄金交易所实行会员制,只有达到一定条件的公司和银行才能成为会员。交易所对会员的数量有极为严格的控制,进入交易场内的会员数量较少,但是信誉极高,场内会员交易采用公开叫价、拍卖的形式来进行。

## 第三节 欧洲货币市场

在第一节的基础上,我们继续深入探讨欧洲货币市场的各个方面。

### 一、欧洲货币市场形成的具体原因

通过洞察 20 世纪 50 年代末国际金融领域各国相关的具体事件，首先我们来探讨欧洲货币市场形成的具体原因。

**1. 来自苏联及东欧国家的美元供给**

20 世纪 50 年代东西方正处于冷战时期，苏联及东欧国家鉴于美国在朝鲜战争期间冻结了其在美国的美元资产，便将其在美国银行的美元资金转移至美国境外的其他银行。这就产生了美元资金的大量供给。

**2. 英国的外汇管制的影响**

1957 年，英国国际收支严重恶化，外汇短缺，国内资金紧张，英镑发生货币危机，英国政府为了维护英镑的稳定，加强了外汇管制，其中一条管制措施是：限制本国银行向英镑区以外的企业发放英镑贷款。银行表内业务主要靠存贷差获得收益，既然发放英镑贷款受到限制，则英国银行就有了发放美元贷款的动机，这就产生了银行等金融机构对美元资金的需求。可以说，英镑危机是促成境外美元市场形成的重要条件。

**3. 美国金融法令的管制，加强了美元流出境外的趋势**

1958 年以后，美国的国际收支开始出现赤字，并且规模逐渐扩大，美元不断流向国外，主要积存在西欧一些国家的商业银行，促进了欧洲美元的存储与贷放规模的扩大。20 世纪 60 年代以后，在越南和朝鲜的两次战争使美国的国际收支逆差进一步扩大，不断增加的国际收支赤字迫使美国政府采取一系列的措施来限制资金的外流。当时的美国联邦储备委员会为加强对银行业务的管理，出台了一系列限制资金流动的措施，1963 年，美国政府实行 Q 项条例，实行利息平衡税，即美国居民购买外国居民在美国发行的有价证券所得利息一律要纳税；1968 年，美国政府又颁布了"自愿限制对外贷款指导方针"，要求美国的银行和跨国公司自愿限制对外贷款以及对外直接投资的规模。同时美联储也规定了商业银行储蓄与定期存款利率的最高限，这直接导致了美国国内金融机构与大公司纷纷将大量资金转存欧洲各国，这对欧洲美元市场的发展起了很大的推动作用，为欧洲美元市场注入了中长期信贷的资金来源。这也产生了对境外美元的大量供给。

**4. 其他欧洲货币业务的产生**

20 世纪 50 年代末 60 年代初，西欧一些国家为了缓和通货膨胀、减少本国货币流通量而采取的相关货币政策，激起了境外货币的大量涌现。例如，德国、瑞士为抑制通货膨胀，对非居民持有的马克（瑞士法郎）存款，不仅不付正利息，还倒扣利息。这促成了欧洲美元之外的其他欧洲货币的境外市场的产生和发展。

**5. 欧洲货币市场本身具有内在优势**

在欧洲货币市场上经营境外货币的欧洲银行的存贷利差比国内银行小，即存款利率较高，贷款利率较低。因此，银行等金融机构也总是愿意进入欧洲货币市场交易，这使得欧洲货币市场的交易量大量增加，货币种类不断丰富，并逐渐成为国际金融市场的主体模式。

欧洲货币市场的发展进程可以划分为三个阶段：其中，1963~1973 年为早期发展阶段，1974~1980 年为市场扩展阶段，1981 年开始欧洲货币市场在调整中不断向纵深发展。欧洲货币市场不仅包括欧洲大陆的伦敦、卢森堡、法兰克福等早期市场，在东南亚的新加坡、香港、中东的科威特、巴林，加勒比海地区的巴哈马、开曼群岛等地从事欧洲货币业务的银行都属于欧洲货币市场。这样在全世界范围内便形成了欧洲银行网。

**二、欧洲货币市场的主要特点**

欧洲货币市场的主要特点可以归纳为以下几点。

1. 交易主体主要是市场所在国的非居民

欧洲货币市场的借贷都发生在非居民之间，这与传统的国际金融市场不同，后者交易发生在市场所在国的居民和非居民之间，这是国际金融市场两个阶段的显著差异，也是判断离岸市场和在岸市场的首要标准。

2. 交易货币主要是可自由兑换的各种境外货币

从欧洲货币市场的发展模式来看，绝大多数货币的离岸市场存在于货币发行国的境外，从这个角度来说，欧洲货币市场主要经营的都是市场所在国的境外货币。但 20 世纪 80 年代，少数国家也在本国建立了本币独立的离岸交易市场，随后在"欧洲货币市场模式"部分会详细介绍。

3. 所有交易基本不受所在国政府金融法令法规的管辖

离岸金融市场的最大特点是几乎不受任何国家金融法令法规的限制。如在伦敦经营美元的存贷款及债券业务，可以不受美国金融法规的限制，在这个市场上资金交易自由，利率自由，且无须像国内金融机构那样缴纳存款准备金。欧洲货币市场可以看作是一个超国家的借贷市场。即使是在本国内建立的本币离岸交易市场，也不受本国金融监管政策、法规的管辖。

4. 借贷成本较低

这是使欧洲货币市场迅速发展的最大优势，通常欧洲货币市场的存款利率略高于货币发行国的存款利率，而贷款利率略低于其国内贷款利率，存贷利差小，一般为 0.25%~0.5%，甚至有时低于 0.125%。这吸引了大量私人部门以及各国政府在离岸市场进行资金融通。

5. 单笔交易量大，手续简便灵活

欧洲货币市场上的存款人和借款人多是大客户，单笔交易量大，具有整存整取的特点，银行、政府、大的私人企业等都可以参与欧洲货币市场的业务，其中又以银行的同业拆借为主。欧洲货币市场的借贷手续较为简便，借款条件灵活，资金周转也相对较快。

6. 离岸市场的形成与市场所在国的经济实力无必然联系

与传统国际金融市场阶段全球金融中心的形成有所不同，离岸金融市场既可以在传统金融中心的基础上进一步发展，如伦敦、纽约、东京等；也可能在一些别的小国或不起眼的地区生根成长，只要这些小国或小的地区政局稳定、无外汇管制或外汇管制松、政策优惠、通信发达、建立离岸市场手续便利，即使本身没有强大的经济实力也可能发展成为一个离岸的国际金融中心，如卢森堡、巴哈马、巴拿马等。

### 三、欧洲货币市场的市场模式

这里所说的市场模式主要是从离岸市场在实际运作中与在岸市场关联程度的大小角度进行划分的，主要有四种类型。

（一）一体型离岸金融市场

一体型离岸金融市场，也称内外混合型，是指直接利用境内现有的金融系统开展离岸金融活动的离岸市场，即境内金融市场与境外金融市场的业务融为一体，资金相互补充，银行的离岸业务与在岸业务没有严格的界限，资金的流入流出一般无严格管制，非居民可同时从事离岸和在岸的存款和贷款业务。但境内金融系统的法律法规和监管规则不适用于离岸金融业务，离岸资金也不实行存款准备金制度。最早出现的伦敦欧洲美元市场以及香港的离岸市场就属于这种类型。

（二）分离型离岸市场

分离型离岸市场，也称内外分离型，即境内金融业务与离岸金融业务严格分离，分账处理。通常这种类型的市场是货币当局人为创设的市场，通常是在本国设立的、专门开展本币离岸市场业务的金融机构。也就是在既有的在岸金融体系之外建立独立的离岸金融体系，居民与非居民的存贷款业务分开，严格禁止资金在离岸账户与在岸账户间流动，其业务类型和范围通常会受到货币当局的限制。美国国际银行设施（IBF）和日本离岸金融市场（JOM）均属于此种类型。

1981年12月，美联储授权在美国境内建立了全球第一家境内离岸金融市场——国际银行业设施（International Banking Facilities，IBFs），建立的主要目的是与欧洲等地的离岸金融中心形成竞争之势，是由美国政府主动培育建成的境内美元离岸市场。

美联储规定：（1）美国境内银行根据法律规定可以使用其国内的机构和设备向非居民客户提供存款和放款等金融服务，但是要设立单独的账户。（2）所有获准吸收存款的美国银行、外国银行均可申请加入IBFs，可成为其会员银行，IBFs的交易严格限于会员机构与非居民之间。（3）该市场交易可豁免存款准备金、利率上限、存款保险，交易者还被豁免利息预扣税和地方税。（4）其业务范围受到监管机构的限制。

日本离岸金融市场（Japan Offshore Market，JOM）成立于1986年12月1日，作为金融市场国际化的一个重要象征，它是模仿美国的IBFs而设立的、在日本境内开设日元离岸业务的专门机构,该市场无法定准备金要求和存款保险金要求,没有利息预扣税,不受利率管制,但仍需缴纳地方税和印花税。此外,在该市场上不能进行债券业务和期货交易。

日本离岸金融市场的交易币种不仅限于日元,其他货币也可以进行交易。但日元交易占离岸金融市场的绝大部分。为了促进离岸金融市场的发展,日本政府于1989年4月放松了对该市场的一些限制性规定,如放松了对离岸金融市场和国内市场间资金转移的限制等。

正是这些人为设立的境内离岸市场的发展,改变了最初有关离岸市场和在岸市场的划分标准。欧洲货币市场不再等同于境外货币市场,"离岸市场"的含义也演变为抽象的"离岸"。那么,离岸市场如何判定呢?首先要看交易双方是否是非居民身份,其次要看监管制度以及税收政策是否与国内金融市场具有差异化,最好能具体到市场模式进行判断。

(三)渗漏型离岸金融市场

渗透型离岸金融市场介于内外混合型与内外分离型之间,其设立基础是分离型,即离岸业务与在岸业务分立两大账户,居民交易和非居民交易基本上分开运作,但允许资金的单项或双向渗透,主要根据一国货币当局的具体规定来进行。比如有的国家只允许离岸账户上的资金单向贷给本国居民,如印度尼西亚、泰国、马来西亚的一些离岸市场;有的国家只允许在岸账户资金单向流向离岸账户,比如日本的离岸市场;有的国家则允许资金的双向流动,比如新加坡的离岸市场等。

(四)簿记型离岸金融市场

簿记型离岸金融市场,亦称避税港型,这类市场没有实际的离岸资金交易,只办理其他市场交易的记账业务,目的是逃避交易市场所在地税收。加勒比海的巴哈马、开曼群岛、英属维尔京群岛以及百慕大等、巴拿马、地中海的塞浦路斯岛、西欧的马恩岛等地的离岸金融市场即属于此类型。

20世纪70年代起,许多银行将资产大量转移到加勒比海的巴哈马、开曼群岛等岛国,因那里政局稳定、税负低、没有外汇管制。许多外国银行为了避税,只是在此进行记账,并不进行实际交易,从而形成一种账面上的离岸金融市场。

**四、欧洲货币市场的作用**

欧洲货币市场自其产生以来,在国际金融领域中起着十分显著的作用,其在对世界经济的发展起到促进作用的同时,也具有一些消极影响。

(一)欧洲货币市场的积极作用

(1)欧洲货币市场是国际资本转移的重要渠道,最大限度地解决了国际资金的供需矛盾,进一步促进了经济、生产、市场和金融的国际化。

(2)打破了传统的国际金融市场阶段各国国际金融中心之间相互隔离的状态,使其联系不断加强,使国际金融市场的有利因素得到最大限度的发挥。

(3) 欧洲货币市场的利率优势分别给存款人和贷款人带来了更多的收益、降低了成本，并给他们提供了更多的存、贷方式的选择。

(二) 欧洲货币市场的不利影响

(1) 欧洲货币市场上资金的流动进一步加剧了国际金融市场的动荡不安。欧洲货币市场促成了更大规模的国际资本流动，使汇率更加剧烈波动，给国际贸易和投资带来了更大的风险，进一步助长了投机行为。

(2) 欧洲货币市场增加了国际贷款的风险。欧洲货币市场上长期巨额信贷牵涉众多的辛迪加成员银行，银行危机极易产生连锁反应。

(3) "存短贷长"使国际金融市场更加脆弱。欧洲货币市场吸收的绝大部分是一年以下的短期存款，而放款多半是中长期期限，一旦金融市场有风吹草动，银行资金周转不灵，很可能带来金融市场的动荡。

(4) 欧洲货币市场的存在进一步影响了一国内部货币政策的有效执行。欧洲货币市场不受一国金融法规监管，对一国执行的货币政策会起到削弱作用，欧洲货币市场也更容易引发一国的通货膨胀。欧洲货币市场对20世纪70年代严重的通货膨胀起到了推波助澜的作用。

### 五、欧洲货币市场的发展趋势

第一，未来仍将获得进一步的发展。欧洲货币市场的存在符合国际经济一体化的需要，它的发展进一步受到西方发达国家推行的金融自由化政策的促进，也受到金融工具不断创新的促进，这是大势所趋。

第二，今后欧洲货币市场应受到较多的管制。欧洲货币市场的消极影响正越来越多地受到国际社会的关注，尤其是"存短贷长"的方式潜伏着信用危机爆发的极大可能性。因此，欧洲货币市场要想获得长足发展，不能再自由放任，而应该由国际金融组织协调各国出台监管的法令法规，形成各国均应遵守的金融秩序。此外，欧洲货币市场上银行间的竞争将进一步趋于激烈和复杂，对于银行的行为也应有相应的法律法规进行规范，否则恶性竞争可能带来的是客户利益的损失。

## 第四节 人民币离岸市场

从上述欧洲货币市场的发展我们已经知道，传统离岸市场是指在货币发行国境外经营该国货币存放款业务的市场；随着离岸市场模式的不断创新，从20世纪80年代以来，在货币发行国专门设立经营离岸市场业务机构的模式开始出现，与在岸金融市场最大的区别是：离岸市场交易的主体都是非居民。所以，一般来说，人民币离岸市场是指在中国境外（或境内）经营人民币存放款业务的市场，交易双方均为中国非居民。但目前，人民币离岸市场还是传统的境外市场模式。

在人民币没有完全自由兑换之前，流出境外的人民币要有一个交易的市场，这样才能够形成人民币流出和流入的正常途径。发展人民币的离岸市场，使流到境外的人民币在人民币离岸市场上进行交易，可以使拥有人民币的企业能融出人民币、需要人民币的企业能融入人民币，持有人民币的企业获得相应收益。从银行角度来说，经营人民币离岸业务的银行应能提供人民币的存贷款业务以及其他业务。

**一、人民币离岸市场发展现状**

人民币在岸市场的波动范围逐步扩大，市场化程度逐渐提升。同时，为了推进人民币国际化，中国逐步推进了离岸市场的建立和发展。

（一）人民币离岸结算中心不断崛起

2011年8月，中央政府表示支持香港发展成为离岸人民币业务中心，积极支持香港人民币市场发展，拓展香港与内地人民币资金循环流通渠道，支持香港离岸人民币金融产品创新发展。由此，香港成为第一个人民币离岸市场所在地。

自2011年以来，中国大陆已分别于台湾地区、新加坡、伦敦、法兰克福、巴黎、卢森堡、首尔及多伦多设立人民币清算行。

2015年3月23日，北美首个人民币交易中心在加拿大安大略省成立。随后，加拿大蒙特利尔银行（BMO）金融集团完成了该清算中心启动后的首笔交易。

2015年4月14日，中东地区首个人民币清算中心在卡塔尔首都多哈正式开业。该中心的开业将促进中国和海湾阿拉伯国家之间贸易和投资的发展。

（二）跨境人民币使用规模增长较快

以跨境人民币业务为例，来自2015年跨境人民币业务暨有关监测分析工作会议的信息显示，2014年，人民币跨境收支9.95万亿元，占全部跨境收支的比重接近1/4；2014年年末，人民币合格境外投资者（RMB Qualified Foreign Institutional Investors，RQFII）试点已拓展到10个境外国家和地区，可投资额度达8700亿元；在14个国家和地区建立人民币清算安排，支持人民币成为区域计价、结算及投融资货币。

另据央行网站消息，仅2015年3月至2015年4月一个月的时间，中国央行已先后与苏里南中央银行、亚美尼亚中央银行、南非储备银行等签署双边本币互换协议，规模分别为10亿元人民币/5.2亿苏里南元、10亿元人民币/770亿亚美尼亚元和300亿元人民币/540亿南非兰特，互换协议有效期均为三年。

而根据环球银行金融电信协会（SWIFT）数据，2014年11月，人民币首次成为全球第五大支付货币，市场份额为2.17%，位于美元、欧元、英镑和日元之后。

值得一提的是，2015年最新的一项面向全球央行外汇储备管理者的调查显示，人民币作为储备货币的地位将在未来十年逐步提升，占全球外汇储备的比重将有望于2025年达到10.4%。其中，亚洲受访对象的看法最为乐观，有亚洲外储管理者甚至认为，人民币将在2030年前占全球外汇储备总额的50%。

## (三) 人民币流出、流入机制正逐步建立健全

从人民币离岸市场的发展过程来看，目前已经初步形成人民币流出、回流机制。

1. 流出途径

(1) 贸易出境。即边境贸易的进口以人民币支付。虽然随着中国经济实力的日益增强，人民币的接受程度也逐渐提高，但是当前与发达国家在贸易往来中推行人民币结算难度相对较大，而与东亚及资源类国家和地区在贸易中推行人民币计价结算的可行性较大。

(2) 投资出境。在 2015 年 8 月以前，投资出境主要是以政府项目为基础的境外投资和私营企业在境外的直接投资来带动人民币资本流出。在人民币跨境贸易结算试点不断开放之际，中国人民银行再度加快人民币国际化的步伐，在人民币境外投资方面迈出一大步。2015 年 8 月 2 日，中国人民银行发布《境外直接投资人民币结算试点管理办法》，宣布正式启动境外直接投资以人民币结算，鼓励企业用人民币"走出去"，这标志着资本项目下人民币国际化的一大跨越。

(3) 货币互换途径。2008 年以来，中国与韩国、马来西亚、白俄罗斯、印度尼西亚、阿根廷、新加坡、新西兰、乌兹别克斯坦、蒙古、哈萨克斯坦、俄罗斯、泰国、巴西、阿联酋、土耳其、澳大利亚、乌克兰等多个国家签订了货币互换协议。

(4) 购买特别提款权。2009 年，中国签署了从 IMF 购买价值约 500 亿美元 IMF 债券的协议。尽管支付对价的计量单位为美元，但支付货币为人民币。

---

**阅读材料**

### 央行发布新规：境外直接投资可用人民币结算

2015 年 8 月 2 日，央行发布《境外直接投资人民币结算试点管理办法》。

亮点一　境内非金融企业海外投资可直接汇出人民币

央行表示，为配合跨境贸易人民币结算试点，便利银行业金融机构和境内机构开展境外直接投资人民币结算业务，跨境贸易人民币结算试点地区内登记注册的非金融企业，若要进行海外投资（包括通过设立、并购、参股等方式，在境外设立或取得企业或项目全部或部分权益），可到银行办理境外直接投资人民币资金汇出。

根据办法，"走出去"企业累计汇出的前期费用原则上不得超过其向境外直接投资主管部门申报的中方投资总额的 15%。银行为境内机构办理的境外直接投资汇出的人民币资金和外汇资金之和，不得超过境外直接投资主管部门核准的境外直接投资总额。

境内机构可以将其所得的境外直接投资利润，以人民币汇回境内。银行可以为该境内机构办理境外直接投资人民币利润入账手续。境内机构因境外投资

企业增资、减资、转股、清算等人民币收支，可以凭境外直接投资主管部门的核准文件到银行直接办理人民币资金汇出入手续。如确因境外并购等业务需要，前期费用超过15%的，应当向所在地外汇局说明并提交相关证明材料。

亮点二　银行可向境外投资的企业发放人民币贷款

此外，央行还表示，银行可以按照有关规定向境内机构在境外投资的企业或项目发放人民币贷款。通过本银行的境外分行或境外代理银行发放人民币贷款的，银行可以向其境外分行调拨人民币资金或向境外代理银行融出人民币资金，并在15天内向所在地人民银行备案。在办理上述业务时，银行应当向人民币跨境收付信息管理系统报送有关人民币跨境收付信息。

而境内机构已经汇出境外的人民币前期费用，应当列入其境外直接投资总额。银行在为该境内机构办理境外直接投资人民币资金汇出时，应当扣减已汇出的人民币前期费用金额。银行应当向人民币跨境收付信息管理系统报送人民币前期费用跨境支付信息。

办法还规定，自汇出人民币前期费用之日起6个月内仍未获得境外直接投资主管部门核准的，境内机构应当将剩余资金调回原汇出资金的境内人民币账户。对拒不调回的，银行应当向所在地人民银行备案。

（一）评论观点：人民币资本项开放的重要里程碑

以前只有经常账户下以贸易为载体的外贸可以用人民币结算，这次人民币在资本项下的开放，是人民币国际化另一个重要里程碑。中央财经大学中国银行业研究中心主任郭田勇昨日接受本报记者采访时表示，开放人民币海外直接投资结算，是资本项下开放人民币跨出的一大步，对外投资的走出去，对整个人民币国际化进程推动非常大。

中信银行国际中国业务首席经济师廖群认为，这是人民币国际化的一个重要步骤，"现在的贸易结算已经可以使用人民币了，但人民币要成为国际货币，不仅要可以用以贸易结算，也应该可以作为投资工具"。

郭田勇还指出，目前国内流动性偏多，CPI高涨通胀难抑。鼓励企业用人民币进行对外投资有利于将钱引导到国外，可以部分缓解当前过多的流动性，减少国内通胀压力。

美国投资大师罗杰斯日前再度表示，人民币为当今世界上最安全的货币之一。罗杰斯在去年12月曾表示，人民币是目前最具吸引力的币种，预计中国或将允许人民币在2013年实现完全的自由兑换。

（二）评论观点：海内外企业使用人民币结算意愿增强

正如跨境人民币贸易结算一开始遇到的问题一样，目前有不少人持有疑问：使用人民币进行投资，被投资的对象是否愿意。此外，人民币目前还不能自由兑换，拿到人民币后的回流渠道怎样解决。

> 不可否认，人民币国际化不仅仅受升值因素的影响，还包括对国家主权的信赖，以及对国家制度的认同。有分析认为，央行目前放开资本项下的人民币对外投资，主要是借助人民币目前升值的吸引力，让人民币走向全世界。昨日，人民币对美元已经突破了 6.60，市场普遍预期人民币未来升值幅度将达到 5% 左右。
>
> 而根据汇丰去年底的一项针对全球贸易企业的调查发现，随着人民币结算在全球贸易中的推广，海内外的贸易企业使用人民币结算的意愿正在增强，一半左右的香港和马来西亚企业表示未来半年内会考虑在跨境贸易中使用人民币结算，而中国内地也有近 1/4 的外贸企业表示将考虑人民币结算。
>
> 渣打银行近日发布研究报告表示，机构投资人对于美国政府保值美金的意愿和能力产生质疑，由此开始积极寻找新的国际储备货币，到 2030 年之前最有可能出现的情景，就是"多重储备货币"，而人民币将成为大赢家。中国的经济重要性可能会保证人民币在全球范围内发挥更大的作用。
>
> （资料来源：中国新闻网，2015 年 8 月 3 日）

2. 回流途径

（1）贸易入境，即边境贸易支付流回境内。

（2）银行信用渠道入境，主要包括境外居民直接在我国口岸金融机构存入人民币和外方银行将吸收的人民币存款转存至我国境内银行。

（3）投资入境，即境外居民到境内购买资产、直接投资等。

2015 年最新的一项面向全球央行外汇储备管理者的调查显示，全球已有 35 家央行表示已投资或正在考虑投资人民币资产。但外储管理者普遍认为，如果进一步投资人民币，主要需解决的是人民币可自由兑换性问题。

2015 年中央政府工作报告中明确提出"要稳步实现人民币资本项目可兑换"，相比 2014 年政府工作报告中提出"推进人民币资本项目可兑换"的表述，决策层的态度无疑更加坚决。中国人民银行行长周小川亦在博鳌亚洲论坛、中国发展高层论坛多个重要场合表示，2015 年将努力实现人民币资本项目可兑换。

加之 2015 年 12 月 5 日，IMF 正式决定将人民币纳入特别提款权篮子货币，推动资本账户开放、实现人民币完全可自由兑换已刻不容缓。

## 二、人民币离岸市场发展的原因

人民币离岸市场正蓬勃发展，离岸业务的网点不断增加，地域不断扩展，人民币流出和回流的途径也在探索中逐步增加，那么人民币离岸市场产生及发展的深层原因又是什么呢？

（一）根本原因是我国经济实力的增强以及人民币国际化程度不断加深的需要

改革开放以来，我国经济改革取得了巨大成果。尤其是近十几年来，中国经济发展所取得的成就令人瞩目。据世界贸易组织秘书处的统计，2013年，我国货物进出口总额约为4.16万亿美元，其中出口2.21万亿美元，进口1.95万亿美元，中国据此成为世界第一货物贸易大国。这也是中国继成为全球第二大经济体、最大外汇储备国和最大出口国之后的又一突破。

伴随着中国对外贸易额的增长，人民币国际化程度也不断加深，人民币被越来越多的国家接受为贸易结算货币。自2003年12月，香港金融管理局宣布启动香港人民币业务试点以来，人民币跨境贸易结算试点不断开放。人民币在国际结算中发挥着应有的作用，这也是人民币迈向国际货币至关重要的第一步。

在人民币跨境贸易结算发展的同时，中国人民银行再度加快人民币国际化的步伐。2015年8月2日，中国人民银行发布《境外直接投资人民币结算试点管理办法》，宣布正式启动境外直接投资以人民币结算，鼓励企业用人民币"走出去"，这标志着资本项下的人民币国际化迈出一大步。

随着人民币国际结算职能的发挥，一方面会有越来越多的人民币流出国境，另一方面也会产生对人民币的大量需求。人民币欲真正成为国际结算货币，除国内货币当局的政策支持外，还必须建立一个进出自由能为非居民提供人民币汇兑、结算和投融资服务的金融市场。在人民币尚未实现完全可兑换之前，就需要有一个集中交易的场所，为人民币的融入融出提供途径。因此，人民币离岸市场的发展具有客观需求。

（二）发展人民币离岸市场是人民币在岸市场更好地与国际金融市场接轨的需要

通常一国参与国际金融市场交易的两个层次：一是对非居民开放国内金融市场，二是发展本币离岸市场。我们国家的情况是：在人民币还未实现完全自由兑换、国内金融市场并未完全开放的情况下，离岸人民币市场的发展同时被提上日程。

当前，我国在资本和金融项目下还存在着外汇管制，但放开资本和金融项目是大势所趋，尤其是在人民币加入特别提款权篮子货币之后，实现人民币的完全兑换已刻不容缓。按照常理，一种货币只有先实现了完全自由兑换才能逐步成为国际货币。国际货币基金组织在对特别提款权的篮子货币进行审查时，货币的可自由兑换也是一个必要条件。人民币是一个特例，人民币尽管还未实现完全自由兑换，但由于其在国际收支中已经实际发挥了国际结算的作用，且结算额占重要比重，因此2015年年底人民币通过了IMF的审查成为特别提款权篮子货币之一。但这也意味着对人民币改革进程提出了更高的要求，也就是说，人民币实现完全自由兑换已刻不容缓，相应的监管法律法规以及制度建设也要随之更新。

人民币实现完全可兑换后，资本可以自由输出入国境。国内金融市场将成为传统国际金融市场的一部分，人民币在岸市场将迎来大量外部资本的进入，同时会有资本流出国境，居民和非居民之间的金融交易将成为常态。如何对人民币在岸市场进行监管、保持在岸金融市场的稳定发展是金融监管部门即将面临的挑战。

通过发展人民币离岸市场，探索人民币投融资的新模式、扩展金融交易工具，可以为在岸市场接纳外资以及融出资本提供宝贵经验。同时，我们从前面的章节已经了解到：在岸市场和离岸市场并不是完全割裂的，发展人民币离岸市场也为在岸业务与离岸业务的融合、渗透打下基础。

（三）为人民币在国际货币舞台发挥应有的作用打下基础

按照国际权威统计，中国是世界第二大经济体[①]，中国对世界经济的发展贡献着重要份额，2015年，中国人口占世界人口的比例约为18.8%。2015年10月，在国际货币基金组织（IMF）开始5年一次的SDR货币篮子组成评估的前夕，环球银行金融电讯协会（SWIFT）发布报告显示：人民币作为国际支付货币的排名及市场占有率显著跃升，2015年8月首次超过日元，成为仅次于美元、欧元及英镑的全球第四大支付货币。

目前人民币在国际结算中发挥着重要作用，也已加入特别提款权篮子货币，下一步，人民币国际化的程度将会继续加深，人民币承担国际储备货币的职能指日可待。因此，人民币在国际金融市场也应该有更多的参与，给国际投资者提供更加多样化创新的投融资工具，树立投资者对人民币的信心，进一步提高人民币的国际地位。发展人民币离岸市场是必经的途径，也会使以我国经济实力为后盾的人民币在国际货币舞台发挥更大的影响力。

### 三、人民币离岸市场面临的挑战及发展前景

对于人民币离岸市场面临的挑战，央行货币政策委员会委员、著名学者陈雨露作了精辟概括，主要集中在全球通连的离岸人民币清算系统的建立、人民币离岸市场法律制度的建立、离岸人民币金融产品研发和服务能力的提升以及离岸市场与在岸市场的对接对金融监管提出的挑战等四个方面。

目前，促进人民币离岸市场发展的人民币流出回流框架逐渐完善，未来人民币离岸市场将在以下几个方面取得进一步的发展：一是离岸市场向更多国家、更多地区拓展，且通过各个离岸市场的相互竞争，促进人民币影响力的扩大。二是离岸人民币产品将更加多元化。目前，人民币离岸产品的多样性和风险回报率仍然受到一定的管制，产品相对比较简单，风险较小。随着离岸市场的逐渐成熟，离岸人民币产品将更加多元化。三是离岸市场与在岸市场的关联度将进一步加强。

---

[①] 国际货币基金组织曾在2015年把中国列为全球最大经济体，中国官方对此不予认可，李克强总理在公开场合明确表示："按照国际权威统计，中国也就是世界第二大经济体。更重要的是，按人均GDP，我们是在世界80位以后。按照世界银行的标准，中国还有近2亿贫困人口，中国是实实在在的发展中国家。"

> **阅读材料**
>
> **人民币离岸市场面临四大挑战（节选）**
>
> 　　陈雨露分析了人民币离岸市场未来发展面临的四个主要挑战和对策。
>
> 　　第一，缺少高效、安全、低成本的离岸人民币清算系统。这就打击了境内外企业和金融机构使用人民币的积极性，制约了主要国际金融中心的离岸人民币交易规模，影响人民币国际化程度的进一步提高。应参考美国 CHIPS 系统尽早建立起全球范围的离岸人民币清算系统，使之成为运行时间重合的实时全额清算系统。
>
> 　　第二，尚未建立人民币离岸市场的法律制度框架，因此必须做好应对国际法律冲突的准备。此外，还要强化境内的国际税收征管，加强双边和多边的国际税收合作机制，打击逃税，防范税收流失，维护我国依法纳税的税收秩序。
>
> 　　第三，离岸人民币金融产品链和金融机构服务能力不理想。中资金融机构离岸业务总体上还是停留在传统的存款、贷款和国际结算业务上，急需在金融产品研发方面实现创新突破。除了要求中资金融机构在人民币离岸市场建设中更有担当以外，也要鼓励外资金融机构利用网络和声誉优势开展离岸人民币业务，共同提升人民币的市场份额。
>
> 　　第四，离岸金融市场达到一定规模，就会冲击在岸市场利率和汇率的形成机制，进而削弱货币政策有效性，对金融监管形成新的挑战。离岸市场交易将使得人民币利率和汇率决定机制更加复杂，甚至将人民币定价权夺走。这就要求加速利率、汇率市场化改革，促进货币政策调控从数量目标转向价格目标。建立全新的宏观审慎金融监管模式，将离岸市场纳入监测范围，建立健全市场引导机制，加强金融监管的国际合作，确保人民币离岸市场平稳、健康发展。
>
> （资料来源：陈雨露，《中国青年报》，2014 年 7 月 28 日第 5 版）

# 课后复习题

## 一、名词解释

1. 外国债券
2. 欧洲债券
3. 欧洲货币
4. 离岸市场

## 二、简答题

1. 国际金融市场的构成包括哪些市场?
2. 国际货币市场和国际资本市场各有什么特点?
3. 欧洲货币市场的特点与传统国际金融市场有何不同?
4. 按照离岸市场与在岸市场之间的关联划分,离岸市场有哪几种市场模式?
5. 欧洲货币市场有哪些积极作用,又有哪些消极作用?
6. 人民币离岸业务的发展现状及前景如何?

# 主要参考文献

1. 扬帆著：《人民币汇率研究——兼论国际金融危机与中国涉外经济》，首都经济贸易大学出版社2000年版。
2. 刘澜飚、张靖佳："中国外汇储备投资组合选择——基于外汇储备循环路径的内生性分析"，《经济研究》，2012年第4期。
3. 张晓朴：《人民币均衡汇率研究》，中国金融出版社2001年版。
4. 冯文伟编著：《国际金融学》（第四版），立信会计出版社2014年版。
5. 吴念鲁：《人民币汇率研究》，中国金融出版社2002年版。
6. 王永中："中国外汇储备的构成、收益与风险"，《国际金融研究》，2011年第1期。
7. 易宪容、黄少军著：《现代金融理论前沿》，中国金融出版社2005年版。
8. 李国辉、周小川："建设更加稳定更具韧性的国际货币体系"，《金融时报》，2016年4月2日。
9. 中国外汇交易中心研究部编：《中国外汇市场的实践与探索》，中国金融出版社1996年版。
10. 李婧：《中国外汇市场与资本项目可兑换的协调发展》，首都经济贸易大学出版社2007年版。
11. 陈绍昌编著：《国际金融计算技术》，中国对外经济贸易出版社1992年版。
12. 陈湛匀、范卫尧主编：《国际金融实务和案例》，华东化工学院出版社1992年版。
13. （加）赫尔著：《期权、期货和其他衍生品》（第六版），清华大学出版社2009年版。
14. 赵瑱："人民币汇率变动促进我国进出口企业发展的正向拨动"，《财经界（学术版）》，2013年第13期。
15. 易纲著：《中国金融改革思考录》，商务印书馆2009年版。
16. 唐旭主编：《金融理论前沿课题》中国金融出版社2009年版。
17. 吕随起、王曙光等：《国际金融》，北京大学出版社2007年版。
18. （美）克鲁格曼著：《投机败局：克鲁格曼谈不稳定的汇率》，中信出版社2010年版。

19. 钱荣堃、陈平、马君潞：《国际金融》，南开大学出版社 2002 年版。
20. 陈彪如著：《国际金融概论》（增订本），华东师范大学出版社 1991 年版。
21. 姜波克：《国际金融新编》（第五版），复旦大学出版社 2012 年版。
22. 陈彪如、马之騆编著：《国际金融市场》，复旦大学出版社 1998 年版。
23. 刘舒年主编：《国际金融》（第三版），对外经济贸易大学出版社 2004 年版。
24. 陈健樑主编：《新编国际金融学》，中山大学出版社 1995 年版。
25. 刘舒年等：《国际金融》（第四版），北京对外经贸大学出版社 2010 年版。
26. 黄国波："对外汇储备多元化投资运用的思考"，《中国外汇》，2014 年第 23 期。
27. 张颖："欧债危机导致欧元的国际地位下降"，《金融博览》，2012 年第 9 期。
28. 刘巍编著：《宏观金融理论解析》，中山大学出版社 2003 年版。
29. 刘瑞霞："加快人民币国际化，走出'美元陷阱'"，《金融论坛》，2015 年第 7 期。
30. 刘金宝主编：《银行外汇交易与风险管理》，文汇出版社 1998 年版。
31. 杰弗瑞·弗兰克尔、孔莹晖："美元国际地位的最新研究"，《国际经济评论》，2014 年第 1 期。
32. 施兵超著：《金融期货与期权》，上海三联书店出版社 1996 年版。
33. 陈雨露主编：《国际金融（精编版）》（第五版），中国人民大学出版社 2015 年版。
34. 陈彪如、马之騆主编：《国际金融学》，西南财经大学出版社 2000 年版。
35. 孙杰编著：《汇率与国际收支——现代西方国际金融》，经济科学出版社 1999 年版。
36. 匡桦："'池'的意义：人民币国际地位提升中的债券市场"，《金融市场研究》，2013 年第 2 期。
37. 滑冬玲："中国金融改革的制度保障体系构建"，《人民论坛》，2012 年第 20 期。
38. 谭雅玲、王中海著：《国际金融与国家利益》，时事出版社 2002 年版。
31. 向松祚：《汇率危局——全球流动性过剩的根源和后果》，北京大学出版社 2007 年版。
39. 刘金波等：《国际金融实务》（第二版），中国人民大学出版社 2013 年版。
40. 陈岱孙、厉以宁：《国际金融学说史》，中国金融出版社 1997 年版。
41. 王广谦：《20 世纪西方货币金融理论研究：进展与评述》，经济科学出版社 2000 年版。
42. 保罗·R.克鲁格曼等：《国际经济学：理论与政策》（第 8 版）（下册，国际金融部分），中国人民大学出版社 2013 年版。

43. 王爱俭：《国际金融理论研究：进展与评述》，中国金融出版社 2005 年版。

44. 裴平：《国际金融学》（第三版），南京大学出版社 2006 年版。

45. 韩复龄：《一篮子货币：人民币汇率形成机制、影响与展望》，中国时代经济出版社 2005 年版。

46. 张晶晶："美国货币政策对中国经济的影响分析"，《新金融》，2013 年第 12 期。

47. 雷达等：《人民币汇率与中国货币政策研究》，中国经济出版社 2006 年版。

48. 张健华：《金融危机早期预警系统及其在东亚地区的运用》，中国金融出版社 2006 年版。

49. 刘莉亚：《新兴市场国家（地区）金融危机理论研究》，上海财经大学出版社 2004 年版。

50. 吴惠萍："国际货币和货币国际化研究成果综论"，《现代财经（天津财经大学学报）》，2010 年第 7 期。

51. 赵珍华：《汇率风险与管理手册》（上下册），中国轻工业出版社 2006 年版。

52. 龙永图："金融开放为中国经济注入新活力"，《商》，2011 年第 5 期。

53. 王健、马小芳：《企业如何应对浮动汇率——化汇率风险为利润之道》，中国经济出版社 2005 年版。

54. 张震珺："外贸企业如何规避外汇交易风险"，《改革与开放》，2010 年第 11 期。

55. 丁一兵：《汇率制度选择》，社会科学文献出版社 2005 年版。

56. 岳华：《国际汇率制度改革之路固定与浮动的博弈》，中国金融出版社 2005 年版。

57. 张宁："人民币汇率变动对中国贸易收支影响分析"，《商业时代》，2014 年第 32 期。

58. 杨玉桢：《地方政府与跨国公司对外直接投资》，知识产权出版社 2007 年版。

59. 倪信琦等：《国际金融》（第二版），中国人民大学出版社 2013 年版。

60. 程惠芳：《中国民营企业对外直接投资发展战略》，中国社会科学出版社 2004 年版。

61. 杨青：《现代经济发展过程中的对外直接投资》，中国财政经济出版社 2002 年版。

62. 姜波克：《国际金融新编》（第三版），复旦大学出版社 2001 年版。

63. 孙建中、马淑琴、周新生：《中国对外直接投资产业选择研究》，中国财政经济出版社 2002 年版。

64. 李继民："日元国际化历程及受阻原因分析"，《技术经济与管理研究》，2014 年第 1 期。

65. 唐礼智：《东南亚华人企业集团对外直接投资研究》，厦门大学出版社 2004 年版。

66. 刘树军：《QFII 进入中国指引》，中国金融出版社 2003 年版。

67. 谢红霞：《应对合格境外机构投资者（QFII）的法律规制研究》，人民法院出版社 2005 年版。

68. [美] 麦克尔·梅尔文：《国际货币与金融》，上海人民出版社 1994 年版。

69. [美] 托马斯·A. 普格尔（Thomas A. Pugel）：《国际金融》（第 14 版），中国人民大学出版社 2009 年版。

70. （英）苏伦斯·S. 科普兰：《汇率与国际金融》，中国金融出版社 2002 年版。

71. 张翔宇："构建国际金融新秩序　实现全球经济共发展——亚投行背后的大国情怀"，《中国商论》，2016 年第 13 期。

72. （美）迈克尔·梅尔文：《国际货币与金融》，上海三联书店 1991 年版。

73. 张晨："当前国际金融发展趋势与对策研究"，《现代经济信息》，2011 年第 5 期。

74. （美）莫瑞斯·奥博斯特费尔德、肯尼斯·若戈夫：《高级国际金融教程》，中国金融出版社 2006 年版。

75. （美）莫里斯·戈登斯坦、菲利浦·特纳：《货币错配——新兴市场国家的困境与对策》，李扬译，社会科学文献出版社 2005 年版。

76. 蒋茜："人民币加入 IMF 特别提款权的前景分析"，《中国市场》，2016 年第 20 期。

77. （美）罗纳德·麦金农：《美元本位下的汇率——东亚高储蓄两难》，中国金融出版社 2005 年版。

78. 王爱俭：《国际金融理论研究：进展与评述》，中国金融出版社 2005 年版。

79. 黄祎："国际金融衍生品市场发展的趋势分析"，《财经论坛》，2016 年第 10 期。

80. 陈建："国际货币体系需制定新规则"，《经济日报》，2016 年 5 月 12 日。

81. P. R. Krugman, M. Obstfeld, International Economics – Theory and Policy, Addison Wesley Publishing Company, 2000.

82. A. C. Shapiro, Foundations of Multinational Financial Management, John Wiley & Sons, INC.

83. S. Copeland, Exchange Rates and International Finance, Pearson Education, 2000.

84. W. Kolb, Understanding Futures Markets, Blackwell Business, 1998.

85. C. Hull, Options, Futures, & Other Derivatives, Prentice – Hall International, Inc. , 2000.

86. Williamson, J, C. Milner, The World Economy – A Textbook in International Economics, Harvester Wheatsheaf, 1991.

87. IMF, International Financial Statistics Yearbook, 2002.

88. Iran H. Giddy, Global Financial Markets, D. C. Heath and Company, 1994.

89. Maurice Levi, International Finance, McGraw – Hill Book Company, 1996.

90. Anthony Saunders, Marcia Millon Cornett, Financial Institutions Management, McGraw – Hill Irwin, 2003.

91. Triffen, R. , Golden and Dollar Crisis, New Haven: Yale University Press, 1960.

92. Isard, P, Exchange Rate Economics, Cambridge University Press, 1995.

93. Nelson, Mark, International Macroeconomics and Finance: Theory and Empirical Methods, Blackwell Publishing, 2001.

94. 中国人民银行网站，www. pbc. gov. cn.

95. 国家外汇管理局网站，www. safe. gov. cn.

96. 国际货币基金组织网站，http：//www. imf. org/.

97. 中国货币网：http：//www. chinamoney. com. cn/.

98. 世界银行网站：http：//www. worldbank. org.